Ensayo

Richard H. Thaler es catedrático de Economía y Ciencias del Comportamiento en la Escuela de Negocios de la Universidad de Chicago, donde dirige el Center for Decision Research. En 2017 recibió el Premio Nobel de Economía por sus contribuciones al campo de la economía conductual y las finanzas.

Cass R. Sunstein está especializado en Derecho constitucional, políticas regulatorias y análisis económico de las leyes. Es sin duda el profesor de Derecho más citado de Estados Unidos. Escribe para numerosos medios y revistas, como *The New York Times*, *The Washington Post*, *Los Angeles Times*, *The Boston Globe*, *Chicago Tribune*, *The American Prospect*, *Time*, *Harper's Magazine* o *New Republic*. Antes de incorporarse a la facultad de Derecho de la Universidad de Chicago, trabajó para el Departamento de Justicia estadounidense. Es autor, entre otros libros, de *Rumorología* (Debate, 2010).

Richard H. Thaler
Cass R. Sunstein

Un pequeño empujón
(Nudge)

El impulso que necesitas para tomar
mejores decisiones sobre salud,
dinero y felicidad

Traducción de
Belén Urrutia

DEBOLS!LLO

El papel utilizado para la impresión de este libro ha sido fabricado a partir de madera
procedente de bosques y plantaciones gestionadas con los más altos estándares ambientales,
garantizando una explotación de los recursos sostenible con el medio ambiente y beneficiosa para las personas.

Un pequeño empujón
El impulso que necesitas para tomar mejores decisiones sobre salud, dinero y felicidad

Título original: *Nudge. Improving Decisions About Health, Wealth, and Happiness*

Primera edición en Debolsillo en México: marzo, 2022

D. R. © 2008, Richard H. Thaler y Cass R. Sunstein
Publicado mediante acuerdo con Yale University Press

D. R. © 2009, Penguin Random House Grupo Editorial, S. A. U.
Travessera de Gràcia, 47-49, 08021, Barcelona

D. R. © 2022, derechos de edición mundiales en lengua castellana:
Penguin Random House Grupo Editorial, S. A. de C. V.
Blvd. Miguel de Cervantes Saavedra núm. 301, 1er piso,
colonia Granada, alcaldía Miguel Hidalgo, C. P. 11520,
Ciudad de México

penguinlibros.com

D. R. © 2009, Belén Urrutia, por la traducción
Diseño de la portada: Penguin Random House Grupo Editorial

ISBN: 978-607-380-536-0

Impreso en México – *Printed in Mexico*

Para France, que hace que todo sea mejor en la vida,
incluso este libro
R. H. T.

Para Samantha, que convierte cada momento
en una alegría
C. R. S.

ÍNDICE

CUARTA PARTE
EXTENSIONES Y OBJECIONES

AGRADECIMIENTOS

La investigación para este libro no habría sido posible sin el apoyo económico de la Escuela de Negocios y de la Escuela de Derecho de la Universidad de Chicago. La Fundación John Templeton también ha contribuido generosamente con una beca al Center for Decision Research.

Muchas personas nos han ayudado en este libro. Sydelle Kramer, nuestra agente, nos dio consejos maravillosos en todo el proceso. Dan Heaton, editor del manuscrito, pulió nuestra escritura con estilo y buen humor. Debemos un agradecimiento especial a nuestro extraordinario y divertido equipo de ayudantes de investigación durante dos veranos; forman parte de él John Balz (a quien estamos doblemente agradecidos por soportarnos durante dos veranos), Rachel Dizard, Casey Fronk, Matthew Johnson, Heidi Liu, Brett Reynolds, Matthew Tokson y Adam Wells. Kim Bartko nos proporcionó ayuda inestimable con las ilustraciones del libro y el diseño de la cubierta.

Muchos colegas han contribuido a mejorar el libro. Debemos ideas, sugerencias e incluso algunos *nudges* más allá de lo que exigen el deber e incluso la amistad en particular a Schlomo Benartzi, Elizabeth Emens, Nick Epley, Dan Gilbert, Tom Gilovich, Jonathan Guryan, Justine Hastings, Eric Johnson, Christine Jolls, Daniel Kahneman, Emir Kamenica, Dean Karlan, David Leonhardt, Michael Lewis, Brigitte Madrian, Cade Massey, Phil Maymin, Sendhil Mullainathan, Don Norman, Eric Posner, Richard Posner, Raghu Rajan, Dennis Regan, Tom Russell, Jesse Shapiro, Eldar Shafir, Edna Ullman-Margalit, Adrian Vemeule, Eric Wanner, Elke Weber, Roman Weil, Susan Woodward y Marion Wrobel. Los consejos más acertados e implacables fueron de France Leclerc y Martha Nussbaum; gracias especialmente a France y a Martha por ayudarnos a introducir incontables mejoras. Vicky Drozd resolvió todo tipo de dificultades, como siempre, y se encargó de que los ayudantes cobraran, lo que ellos agradecieron. Gracias también a Hellyn Ruddick-Sunstein por sus conversaciones iluminadoras, su paciencia, su intuición, sus bromas sobre la economía del comportamiento y su buen humor.

También hemos de dar las gracias al personal del restaurante Noodles de la calle 57. Nos ha alimentado y escuchado nuestros planes y discusiones sobre este libro, entre otras cosas, durante varios años. Volveremos la semana que viene.

Para la edición internacional queremos dar las gracias de nuevo al indispensable John Balz, que es el arquitecto del libro. Gracias también a Chris Hsee, Dan Muldoon, Chiara Monticone y Adair Turner.

NOTA DEL EDITOR

Se ha considerado preferible mantener la palabra inglesa «nudge», que significa literalmente «empujar suavemente o dar un golpecito en las costillas, sobre todo con el codo» a fin de «avisar, recordar o amonestar suavemente a otro». De un modo más general, en este libro tiene el sentido de estimular, incentivar o encaminar en la toma de decisiones.

Introducción

El comedor

Una amiga, Carolyn, es directora del servicio de comedor del sistema escolar de una ciudad grande. Tiene a su cargo cientos de colegios, y cientos de miles de niños utilizan sus comedores cada día. Carolyn ha estudiado nutrición (que es una licenciatura en la universidad pública) y es una persona creativa a la que le gusta pensar sobre las cosas de forma innovadora.

Una tarde, mientras daban cuenta de una botella de buen vino, a ella y a su amigo Adam, consultor de gestión de orientación estadística que ha trabajado con cadenas de supermercados, se les ocurrió una idea. Sin cambiar los menús, llevarían a cabo unos experimentos en los colegios para determinar si la forma en que se coloca y se presenta la comida puede influir en las decisiones de los niños. Carolyn dio a los encargados de docenas de comedores escolares instrucciones específicas sobre la forma en que se debían presentar los distintos platos. En algunos colegios los postres estaban colocados al principio, en otros al final y en otros separados de los demás platos. La colocación de los distintos alimentos variaba de un colegio a otro. En algunos, lo primero que se veía eran las patatas fritas; en otros la zanahoria rallada.

A partir de su experiencia en el diseño de plantas de supermercados, Adam sospechaba que los resultados serían llamativos. Estaba en lo cierto. Simplemente con reorganizar el comedor se podía aumentar o disminuir el consumo de muchos alimentos hasta en un 25 por ciento. Carolyn aprendió una lección fundamental: es posible ejercer una gran influencia sobre los colegiales, lo mismo que sobre los adultos, mediante pequeños cambios en el contexto. La influencia puede ser para mejor o para peor. Por ejemplo, Carolyn sabe que puede aumentar el consumo de los alimentos sanos y disminuir el de los no saludables.

Al trabajar con cientos de colegios y disponer de un equipo de estudiantes voluntarios para recoger y analizar los datos, Carolyn piensa que ahora tiene un poder considerable para influir en lo que comen los niños. De hecho, se está preguntando qué hacer con ese poder que acaba de descubrir. Éstas son algunas sugerencias que ha recibido de sus habitualmente sinceros —pero en ocasiones malévolos— amigos y colegas:

1. Colocar la comida para que, en último término, los niños salgan beneficiados.
2. Colocar la comida aleatoriamente.
3. Intentar colocar la comida de manera que los niños escojan los mismos platos que tomarían por sí solos.
4. Maximizar las ventas de los alimentos de los proveedores que estén dispuestos a ofrecer los mayores sobornos.
5. Maximizar los beneficios, y punto.

El atractivo de la opción 1 es evidente; no obstante, parece que tiene algo de intromisión e incluso de paternalismo. Pero las demás alternativas son peores. La opción 2, colocar la comida de forma aleatoria, podría considerarse objetiva y ecuánime, y en cierto sentido es neutral. Pero si las distintas formas de colocar los alimentos se asignan aleatoriamente a los colegios, los niños de algunos colegios tendrán una dieta menos saludable que los de otros. ¿Es esto deseable? ¿Debe escoger Carolyn este tipo de neutralidad, cuando puede beneficiar fácilmente a los niños, en parte mejorando su salud?

La opción 3 podría parecer un intento honorable de evitar la intromisión: tratar de imitar lo que los niños escogerían por sí solos. Quizá sea ésta la opción verdaderamente neutral y quizá debería Carolyn seguir neutralmente los deseos de los niños (al menos, de los estudiantes mayores). Pero un poco de reflexión revela que sería muy difícil ponerla en práctica. La experiencia de Adam demuestra que lo que eligen los niños depende del orden en que se colocan los alimentos. Así que, ¿cuáles son las verdaderas preferencias de los niños?

¿Qué quiere decir que Carolyn debería intentar imaginar lo que los niños escogerían «por sí solos»? En un comedor es inevitable colocar la comida de alguna forma.

La opción 4 podría resultar atractiva para una persona corrupta que estuviera en el cargo de Carolyn, y manipular la colocación de los alimentos sería otra arma en el arsenal de recursos para explotar su poder. Pero Carolyn es honorable y honesta, por lo que ni siquiera se plantea esta opción. Como las opciones 2 y 3, la 5 tiene cierto atractivo, en especial si Carolyn piensa que el mejor comedor es el que da más dinero. Pero realmente, ¿debe intentar maximizar los beneficios si el resultado es que los niños estén menos sanos, especialmente cuando trabaja para el sistema educativo?

Carolyn es lo que denominaremos «arquitecto de las decisiones», es decir, tiene la responsabilidad de organizar el contexto en el que tomamos decisiones. Aunque Carolyn sólo es producto de nuestra imaginación, muchas personas reales son arquitectos de las decisiones, en su mayor parte sin ser consciente de ello. Si usted diseña la papeleta que los votantes utilizan para escoger a sus candidatos, es un arquitecto de las decisiones. Si es médico y tiene que describir los tratamientos posibles a un paciente, es un arquitecto de las decisiones. Si diseña el formulario que los nuevos empleados rellenan para suscribir el seguro médico de la empresa, es un arquitecto de las decisiones. Si es un padre que está describiendo a su hijo o hija las opciones educativas posibles, es un arquitecto de las decisiones. Si es vendedor, es un arquitecto de las decisiones (pero eso ya lo sabía).

Hay muchos paralelismos entre la arquitectura de las decisiones y las formas de arquitectura más tradicionales. Uno decisivo es que el diseño «neutral» no existe. Consideremos la tarea de diseñar un nuevo edificio académico. Al arquitecto se le dan ciertos requisitos: debe haber espacio para 120 despachos, 8 aulas, 12 salas de reuniones, etcétera. El edificio debe estar en el terreno especificado. Se impondrán muchos otros requisitos —algunos legales, otros estéticos, otros prácticos—. Al final, el arquitecto deberá presentar un edificio real con puertas, escaleras, ventanas y pasillos. Como saben los buenos arquitectos, decisiones en apariencia arbitrarias, como dónde colocar los lavabos, influyen de manera sutil en cómo interaccionan las personas que utilizan el edificio. Cada vez que alguien va al lavabo se crea una oportunidad de que se encuentre con sus colegas (para bien o para mal). Un buen edificio no sólo es atractivo; también «funciona».

Como veremos, detalles pequeños, en apariencia insignificantes, pueden tener un importante efecto en la conducta de las personas. Una buena norma básica es dar por supuesto que «todo importa». En muchos casos, esos pequeños detalles son tan poderosos porque atraen la atención de los usuarios en una dirección determinada. Un ejemplo excelente de este principio lo proporcionan precisamente los lavabos de caballeros del aeropuerto Schiphol de Ámsterdam. Allí, las autoridades han hecho grabar la imagen de un moscardón en cada urinario. Parece que los hombres no prestan demasiada atención a dónde apuntan, lo que puede resultar bastante enojoso, pero si ven un blanco aumenta mucho su atención y por tanto su precisión. Según el hombre al que se le ocurrió la idea, funciona de maravilla. «Mejora la puntería —sostiene Aad Kieboom—. Si un hombre ve una mosca, apunta hacia ella». Kieboom, que es economista, está a cargo de la ampliación de Schiphol. Su equipo llevó a cabo pruebas en urinarios-con-mosca y descubrió que los grabados reducen las salpicaduras en un 80 por ciento[1].

La idea de que «todo importa» puede tener un efecto paralizante o potenciador. Los buenos arquitectos son conscientes de que aunque no sea posible construir el edificio perfecto, pueden tomar algunas decisiones de diseño que tengan efectos beneficiosos. Las cajas de escaleras abiertas, por ejemplo, pueden producir más interacción y circulación en el centro de trabajo, lo que probablemente sea deseable. Y lo mismo que el arquitecto de edificios necesariamente acaba construyendo un edificio concreto, un arquitecto de las decisiones como Carolyn debe escoger una colocación concreta de los alimentos y, con ello, puede influir en lo que comen los niños. Puede dar *nudges**.

---

* Una pequeña nota sobre la arquitectura de la lectura de este libro en lo que se refiere a las notas a pie de página y a las referencias. Las notas como ésta, cuya consulta nos parece interesante durante la lectura, se señalan con un asterisco y se colocan a pie de página para que sea más fácil ubicarlas. Hemos tratado de reducirlas al mínimo. Las notas numeradas contienen información sobre las fuentes. Excepto los lectores más eruditos, la mayoría pueden saltárselas. Cuando los autores de una fuente citada se mencionan en el texto, a veces añadimos una fecha entre paréntesis —Smith (1982)— para que los lectores interesados puedan ir directamente a la bibliografía sin tener que buscar primero en las notas.

Si, teniendo en cuenta todo esto, usted piensa que Carolyn debería aprovechar la oportunidad de orientar a los niños hacia los alimentos que sean mejores para ellos, la opción 1, bienvenido a nuestro nuevo movimiento: el *paternalismo libertario*. Somos muy conscientes de que este término de entrada no va a contar con muchas simpatías. Las dos palabras son un tanto disuasorias, cargadas como están de estereotipos de la cultura y la política populares que las hacen poco atractivas para mucha gente. Incluso peor, parecen contradictorias. ¿Por qué combinar dos términos desacreditados y contradictorios? Nosotros pensamos que, entendidos correctamente, estos dos términos reflejan el sentido común, y son mucho más atractivos juntos que por separado. El problema es que los dogmáticos se han apoderado de ellos.

El aspecto libertario de nuestras estrategias radica en la convicción de que, en general, las personas deben ser libres para hacer lo que desean, y para desvincularse de los acuerdos desventajosos si lo prefieren. Tomando una expresión del difunto Milton Friedman, los paternalistas libertarios queremos que la gente sea «libre para elegir»[2]. Aspiramos a diseñar políticas que mantengan o aumenten la libertad de elección. Cuando empleamos el término *libertario* para calificar la palabra *paternalismo,* simplemente queremos decir «que mantenga la libertad». Y cuando decimos «que mantenga la libertad», ésa es nuestra intención literalmente. Los paternalistas libertarios queremos facilitar a las personas que sigan su propio camino; no queremos poner obstáculos a aquellos que desean ejercer su libertad.

El aspecto paternalista radica en que pensamos que es legítimo que los arquitectos de las decisiones traten de influir en la conducta de la gente para hacer su vida más larga, más sana y mejor. En otras palabras, estamos a favor de que las instituciones, tanto del sector privado como del Gobierno, se esfuercen de forma consciente por orientar las decisiones de las personas en direcciones que mejoren sus vidas. Nos parece que una política es «paternalista» si intenta influir en las decisiones de manera que quienes deciden salgan beneficiados, *a juicio de ellos mismos*[3]. Basándonos en hallazgos probados de las ciencias sociales, mostramos que, en muchos casos, los individuos toman decisiones muy malas —decisiones que no habrían tomado si hubie-

19

ran prestado atención y si hubieran dispuesto de toda la información, capacidades cognitivas ilimitadas y un autocontrol absoluto—.

El paternalismo libertario es un tipo de paternalismo relativamente débil y blando, y que no supone una intromisión porque las opciones no se bloquean ni se eliminan, ni se gravan de forma significativa. Si alguien quiere fumar, comer muchos caramelos, suscribir un seguro médico poco ventajoso o no ahorrar para la jubilación, los paternalistas libertarios no le obligaremos a que actúe de otra forma (ni siquiera le pondremos las cosas difíciles). Sin embargo, el enfoque que recomendamos se considera paternalista porque los arquitectos de las decisiones públicas y privados no se limitan a intentar identificar o poner en práctica las decisiones que esperan de las personas. Más bien, intentan orientarlas en direcciones que mejorarán sus vidas. Dan nudges.

Un nudge, tal y como empleamos el término, es cualquier aspecto de la arquitectura de las decisiones que modifica la conducta de las personas de una manera predecible sin prohibir ninguna opción ni cambiar de forma significativa sus incentivos económicos. Para que se pueda considerar como nudge, debe ser barato y fácil de evitar. Los nudges no son órdenes. Colocar la fruta de forma bien visible es un nudge. Prohibir la comida basura no lo es.

Muchas de las políticas que recomendamos pueden ponerse en práctica, y de hecho se han puesto, en el sector privado (con y sin nudges por parte del gobierno). Por ejemplo, los empresarios son importantes arquitectos de las decisiones en numerosos ejemplos que abordamos en este libro. En áreas relacionadas con los seguros médicos y los planes de jubilación, pensamos que los empresarios pueden dar a los trabajadores algunos nudges útiles. Las empresas privadas que quieren ganar dinero, y hacer el bien, incluso pueden beneficiarse de los nudges medioambientales, al tiempo que contribuyen a reducir la contaminación del aire (y la emisión de gases de efecto invernadero). Pero, como veremos, los mismos argumentos que justifican el paternalismo libertario por parte de las instituciones privadas también son aplicables a los gobiernos.

Humanos y Econs: por qué pueden servir de ayuda los nudges

Quienes rechazan el paternalismo con frecuencia sostienen que los seres humanos toman unas decisiones magníficas y, si no magníficas, desde luego mejores que las que tomaría cualquier otro (especialmente si ese cualquier otro trabaja para el gobierno). Tanto si han estudiado economía como si no, muchas personas parecen suscribir implícitamente el concepto de *homo economicus* u hombre económico: la idea de que cada uno de nosotros siempre piensa y escoge bien y por tanto encaja en la imagen de los seres humanos que presentan los libros de texto de los economistas.

En estos libros aparece un *homo economicus* que puede pensar como Albert Einstein, tiene tanta memoria como el ordenador de mayor capacidad y la voluntad de Mahatma Gandhi. Bien por él. Pero la gente que conocemos no es así. La gente real tiene dificultades para dividir por más de una cifra sin calculadora, a veces olvida el cumpleaños de su pareja y tiene resaca el día de Año Nuevo. No es *homo economicus*; es *homo sapiens*. Para mantener el uso del latín al mínimo a partir de ahora denominaremos a esas especies imaginaria y real «econs» y «humanos» respectivamente.

Consideremos la cuestión de la obesidad. En Estados Unidos la tasa de obesidad se aproxima al 20 por ciento, y más del 60 por ciento de los estadounidenses está obeso o tiene sobrepeso. En todo el mundo hay más de 1.000 millones de adultos con sobrepeso, de los cuales 300 millones están obesos. Las tasas de obesidad varían desde menos del 5 por ciento en Japón, China y algunos países africanos hasta más del 75 por ciento en las zonas urbanas de Samoa. Las tasas de obesidad se han triplicado desde 1980 en algunas áreas de Norteamérica, el Reino Unido, Europa del Este, Oriente Medio, las islas del Pacífico, Australia y China, según la Organización Mundial de la Salud. Está demostrado que la obesidad incrementa el riesgo de sufrir enfermedades del corazón y diabetes, que con frecuencia conducen a una muerte prematura. Sería irreal sugerir que todo el mundo está escogiendo la dieta adecuada, o una dieta que es preferible a la que podrían producir unos pocos nudges.

Desde luego, las personas sensatas se preocupan por el sabor de los alimentos, no sólo por la salud, y comer es una fuente de placer en sí mismo. No afirmamos que todas las personas con sobrepeso no estén actuando racionalmente, pero rechazamos la idea de que todos o la mayoría de los estadounidenses escogen su dieta de manera óptima. Y lo que es cierto en la dieta lo es en otras conductas relacionadas con el riesgo, como fumar y beber alcohol, que producen más de quinientas mil muertes prematuras cada año. Respecto a la dieta,

21

al tabaco y al alcohol, no puede pretenderse razonablemente que las opciones actuales de la gente sean la mejor forma de promover su bienestar. De hecho, muchas personas que fuman, beben y comen en exceso están dispuestas a pagar a terceros para que les ayuden a tomar mejores decisiones.

Pero nuestra fuente básica de información aquí es la emergente ciencia de la decisión, que se basa en las minuciosas investigaciones llevadas a cabo por los científicos sociales en las últimas cuatro décadas. Esas investigaciones han planteado serias dudas sobre la racionalidad de muchos de nuestros juicios y decisiones. No es que los econs hagan siempre previsiones perfectas (eso implicaría que son omniscientes), sino que sus previsiones no son sesgadas. Es decir, pueden ser erróneas, pero no sistemáticamente erróneas en una dirección predecible. A diferencia de los econs, los humanos se equivocan de forma predecible. Por ejemplo, tomemos la «falacia de la planificación» —la tendencia sistemática al optimismo no realista sobre el tiempo que se tarda en llevar a cabo los proyectos—. A nadie que haya hecho alguna obra en su casa le sorprenderá saber que para todo se tarda más tiempo del previsto, incluso si se conoce la falacia de la planificación.

Cientos de estudios confirman que las previsiones humanas son sesgadas y defectuosas. La toma de decisiones humana tampoco es gran cosa. De nuevo, por mencionar sólo un ejemplo, consideremos el denominado «sesgo del statu quo», una manera elegante de referirse a la inercia. Por infinidad de razones, que examinaremos más adelante, tenemos una marcada tendencia a preferir el statu quo o la opción por defecto.

Al comprar un nuevo teléfono móvil, por ejemplo, hay una serie de opciones. Cuanto más moderno sea el teléfono, más opciones habrá, desde el fondo de la pantalla hasta el tono de llamada y el número de veces que tiene que sonar antes de que salte el contestador. El fabricante ha seleccionado una opción por defecto en cada uno de esos casos. La investigación muestra que, sean cuales sean las opciones preseleccionadas, muchas personas las dejan, incluso cuando se trata de cuestiones bastante más importantes que escoger el sonido que hace el teléfono cuando llaman.

De esta investigación se pueden extraer dos importantes lecciones. La primera: nunca hay que infravalorar el poder de la inercia. La segunda: es posible utilizar el poder de la inercia para tus propios fines. Si las empresas privadas o los funcionarios públicos piensan que una política produce mejores resultados, pueden ejercer una gran influencia escogiéndola como la opción por defecto. Como veremos, establecer opciones por defecto y otras estrategias similares de cambio en el menú, aparentemente triviales, pueden tener un gran efecto en los resultados, desde aumentar los ahorros hasta mejorar la atención sanitaria o proporcionar órganos para transplantes que pueden salvar vidas.

El efecto de unas opciones preseleccionadas con acierto no es más que una ilustración del poder benigno del nudge. De acuerdo con nuestra definición, un nudge es cualquier factor que altera de forma significativa la conducta de los humanos, aunque sería ignorado por los econs. Los econs responden principalmente a los incentivos. Si el gobierno grava los caramelos, comprarán menos caramelos, pero no les influyen factores tan poco interesantes como el orden en que se muestran las opciones. Los humanos también responden a los incentivos, pero se ven igualmente influidos por los nudges*. Desplegando adecuadamente tanto incentivos como nudges, podemos aumentar nuestra capacidad para mejorar la vida de la gente y contribuir a resolver muchos de los grandes problemas de la sociedad. Y lo podemos hacer sin renunciar a la libertad de elección de cada uno.

UN SUPUESTO FALSO Y DOS EQUIVOCACIONES

Muchas personas que están a favor de la libertad de elección rechazan cualquier tipo de paternalismo. Quieren que el gobierno permita a los ciudadanos escoger por sí mismos. La recomendación política que se suele desprender de esta forma de pensar es que hay que dar a la gente todas las opciones posibles y después dejar que escoja la que más le guste (con el mínimo de intervención o nudge guberna-

---

* Los lectores atentos observarán que los incentivos pueden tener formas diferentes. Si se toman medidas para incrementar el esfuerzo cognitivo —como colocar la fruta en el lugar más visible y los caramelos en el más oscuro—, cabría decir que el «coste» de escoger caramelos aumenta. En cierto sentido, algunos de nuestros nudges imponen costes cognitivos (más que materiales) y en esa medida alteran los incentivos. Sólo cuentan como nudges, y se consideran paternalismo libertario, si los costes son bajos.

mental). Lo bueno que tiene esta forma de pensar es que ofrece una solución simple a muchos problemas complejos: Sólo Maximizar (el número y la variedad de) las Opciones. Y eso es todo. Esta política se ha impuesto en muchos ámbitos, desde la educación hasta los planes médicos. En algunos círculos, Maximizar las Opciones se ha convertido en un mantra político. A veces se piensa que la única alternativa a este mantra es un mandato del gobierno que se ridiculiza como «Talla única». Los que están a favor de Sólo Maximizar las Opciones no se dan cuenta de que hay mucho espacio entre su política y el mandato único. Son contrarios al paternalismo, o creen que lo son, y escépticos respecto a los nudges. Nosotros pensamos que su escepticismo se basa en un supuesto falso y en dos equivocaciones.

El supuesto falso es que casi todas las personas, casi siempre, eligen lo que es mejor para ellas o, al menos, mejor que si eligieran otras en su lugar. Nosotros sostenemos que este supuesto es falso —y además de manera evidente—. De hecho, pensamos que nadie lo creería después de reflexionar un poco.

Supongamos que un principiante en ajedrez tuviera que jugar contra un jugador experimentado. Es de suponer que el principiante perdería precisamente porque sus decisiones no fueron buenas —podrían haber sido mejores con algunas sugerencias—. En muchos ámbitos, los consumidores son principiantes que interaccionan en un mundo de profesionales experimentados que les intentan vender cosas. Más en general, hasta qué punto escoge bien la gente es una cuestión empírica, cuya respuesta varía según los ámbitos. Parece razonable sostener que toma buenas decisiones en los contextos en que tiene experiencia, buena información y *feedback* rápido: por ejemplo, al escoger sabores de helados. Cada uno sabe si le gustan de chocolate, vainilla, café, licor o algún otro. Toma decisiones menos buenas en contextos en los que tiene poca experiencia e insuficiente información, y en los que el *feedback* es lento o poco frecuente: por ejemplo, al escoger entre fruta y helado (los efectos a largo plazo son lentos y el *feedback* es débil) o al escoger entre opciones de inversión o tratamientos médicos. Si a usted le ofrecen cincuenta planes médicos, de distintas características, quizá le venga bien un poco de ayuda. En la medida en que las elecciones no son perfectas, algunos cambios en la arquitectura de las decisiones podrían mejorar la vida de la gente (de acuerdo con sus propias preferencias y no con las de algún burócrata). Como trataremos de demostrar, no sólo es posible diseñar una arquitectura de las decisiones que beneficie a las personas, sino que en muchos casos es muy fácil hacerlo.

La primera equivocación es que es posible evitar influir en las decisiones de la gente. En muchas situaciones, alguna organización o agente *debe* hacer una elección que afectará a la conducta de otras personas. En esas situaciones no es posible evitar orientarlas en alguna dirección y tanto si se quiere como si no, esos nudges influirán en lo que escojan. Como se vio en el ejemplo de los comedores de Carolyn, sus elecciones están influidas por el diseño que los arquitectos de las decisiones hayan seleccionado. Desde luego, es cierto que algunos nudges no son intencionados; los empresarios pueden decidir (por ejemplo) si pagan a sus empleados mensual o quincenalmente sin tener en mente ningún tipo de nudge, pero les sorprendería descubrir que los trabajadores ahorran más si se les paga quincenalmente, porque dos veces al año cobran tres veces en un mes. También es cierto que las instituciones privadas y públicas pueden aspirar a algún tipo de neutralidad: por ejemplo, escogiendo aleatoriamente o tratando de imaginar lo que quiere la mayoría de la gente. Pero los nudges no intencionados pueden tener grandes efectos y, en algunos contextos, esas formas de neutralidad no son deseables; veremos muchos ejemplos a lo largo del libro.

Algunas personas estarán dispuestas a aceptar este argumento para las instituciones privadas, pero se oponen de manera tajante a que el gobierno trate de influir en las decisiones con el objetivo de mejorar la vida de la gente. Sostienen que no cabe confiar en que los gobiernos vayan a ser competentes o benignos. Temen que los gobernantes elegidos y los burócratas pongan sus intereses por delante o atiendan a los objetivos egoístas de los grupos privados. Nosotros compartimos esa inquietud. En particular, estamos completamente de acuerdo en que el riesgo de que el gobierno se equivoque, sea parcial o se exceda en sus funciones es real y a veces grave. En parte por esa razón preferimos los nudges a las órdenes, exigencias y prohibiciones. Pero los gobiernos, no menos que los comedores (que aquéllos gestionan con frecuencia), deben tener puntos de partida de algún tipo. Es ineludible. Como señalaremos más adelante, lo hacen cada día con las normas que establecen de maneras que inevitablemente afectan a algunas de las decisiones y sus resultados. En este sentido, la posición antinudge es improductiva, literalmente no lleva a ningún sitio.

La segunda equivocación es que el paternalismo siempre implica coerción. En el ejemplo del comedor, por ejemplo, la elección del orden en que se presentan los platos no impone a nadie una dieta determinada; sin embargo, Carolyn y otras personas con una responsabilidad similar podrían decidir que los platos se colocaran de una forma determinada con argumentos que son paternalistas en el sentido en que nosotros empleamos el término. ¿Se negaría alguien a colocar la fruta y la ensalada antes que los postres en el comedor de un colegio si el resultado fuera inducir a los niños a comer más manzanas y menos dulces? ¿Es esta cuestión fundamentalmente distinta si los clientes son jóvenes e incluso adultos? Al no haber coerción pensamos que algunos tipos de paternalismo deberían ser aceptables incluso para quienes más valoran la libertad de elección.

En ámbitos tan variados como el ahorro, la donación de órganos, el matrimonio y la atención sanitaria presentaremos sugerencias concretas de acuerdo con nuestro enfoque general. Y pensamos que los riesgos que entrañan los diseños ineptos e incluso corruptos se reducen manteniendo las opciones sin restricciones. La libertad de elección es la mejor salvaguardia contra una mala arquitectura de las decisiones.

CÓMO FUNCIONA LA ARQUITECTURA DE LAS DECISIONES

Los arquitectos de las decisiones pueden mejorar en buena medida la vida de los demás diseñando entornos amigables para el usuario. Muchas de las empresas de más éxito han ayudado a la gente, o triunfado en el mercado, precisamente por esa razón. A veces la arquitectura es muy visible y a los consumidores y empleados les gusta mucho. (El iPod y el iPhone son buenos ejemplos no sólo por su diseño elegante, sino también porque al usuario le resulta fácil manejarlos). A veces la arquitectura se da por supuesta y podría mejorar si se le prestara un poco de atención.

Consideremos un ejemplo de la institución para la que trabajamos, la Universidad de Chicago. Como muchos grandes centros de trabajo, tiene un periodo de revisión de las condiciones laborales cada mes de noviembre, en el que los empleados pueden revisar las decisiones que tomaron previamente sobre beneficios como el seguro médico y el plan de pensiones. Y deben hacerlo *on-line*. (Aquellos que no disponen de acceso a Internet pueden utilizar ordenadores públicos). Los empleados reciben por correo electrónico un paquete de materiales que les explican las opciones que tienen y les indican cómo conectarse para tomar sus decisiones. Todo esto se les recuerda mediante mensajes de correo electrónico y cartas.

Como los empleados son humanos, algunos no llegan a conectarse, por lo que es crucial decidir cuáles son las opciones por defecto para los despistados o los que están muy ocupados. Simplificando, supongamos que hay que considerar dos alternativas: a quienes no toman una decisión activa se les puede asignar la misma opción del año anterior o su elección puede volver a «cero». Supongamos que el año pasado una empleada, Janet, aportó mil dólares a su plan de jubilación. Si Janet no toma una decisión para el año siguiente, las alternativas serían repetir la aportación de mil dólares o no hacer ninguna aportación. Denominaremos estas opciones «statu quo» y «vuelta a cero». ¿Cómo debería decidir el arquitecto cuál de ellas establece como opción por defecto?

A los paternalistas libertarios les gustaría que se hiciera preguntando qué preferirían a los empleados reflexivos que ocupan un puesto como el de Janet. Aunque este método no siempre puede conducir a una decisión clara, desde luego es mejor que elegir al azar o establecer «statu quo» o «vuelta a cero» como las opciones por defecto para todo. Por ejemplo, es de suponer que a la mayoría de los empleados no les gustaría cancelar un seguro médico que se beneficia de una generosa subvención. Así que para el seguro médico la opción de statu quo (el mismo plan que el año anterior) parece muy preferible a la de vuelta a cero (que significaría perder el seguro médico).

Comparemos esto con una «cuenta de gastos flexible» en la que el empleado ahorra dinero cada mes para hacer frente a ciertos gastos (como los que no estén cubiertos por el seguro médico o los de guardería). El dinero que se destina a esta cuenta tiene que gastarse cada año o se pierde, y los gastos previstos pueden variar mucho de un año a otro (por ejemplo, los gastos de guardería se reducen cuando los niños empiezan a ir al colegio). En este caso, la opción cero probablemente es mejor que el statu quo.

El problema no es sólo hipotético. En una ocasión nos reunimos con tres de los principales responsables de la universidad para debatir cuestiones como éstas y la reunión tuvo lugar en el último día del periodo de revisión de las condiciones laborales. Cuando lo mencionamos y les preguntamos si ya habían cumplido aquel trámite, uno dijo que tenía previsto hacerlo más tarde y que agradecía que se lo recordáramos, otro reconoció que lo había olvidado y el tercero dijo que esperaba que su esposa se hubiera acordado. Entonces volvimos a la cuestión de cuál debía ser la opción por defecto para un programa de reducción salarial suplementaria (un programa de ahorro desgravable). Hasta entonces, había sido la opción «vuelta a cero», pero como las aportaciones a este programa se podían interrumpir en cualquier momento, el grupo acordó que sería mejor cambiarla por «igual que el año pasado». Confiamos en que gracias a esto muchos profesores despistados tengan mejores jubilaciones.

Este ejemplo ilustra algunos principios básicos de una buena arquitectura de las decisiones. Los que eligen son seres humanos, por lo que los diseñadores deberían hacer las cosas tan fáciles como fuera posible: enviar recordatorios y después intentar minimizar los costes impuestos a aquellos que, a pesar de tus (y sus) esfuerzos, no prestan atención. Como veremos, estos principios (y muchos más) pueden aplicarse tanto en el sector público como en el privado, y hay mucho margen para ir más allá de lo que se está haciendo ahora.

UNA NUEVA VÍA

Tenemos mucho que decir sobre los nudges privados. No obstante, buena parte de las aplicaciones más importantes del paternalismo libertario está en manos del Gobierno, por lo que haremos una serie de recomendaciones para la política y el derecho públicos. Nuestra esperanza es que esas recomendaciones sean bien recibidas a ambos lados del espectro político. De hecho, pensamos que tanto conservadores como liberales pueden hacer suyas las políticas que sugiere el paternalismo libertario. Algunas de esas políticas ya han sido adoptadas por David Cameron, líder del Partido Conservador británico, y por Barack Obama, el actual presidente de Estados Unidos. Una razón crucial es que muchas de ellas cuestan muy poco o nada: no supondrían ninguna carga para los contribuyentes.

Muchos republicanos pretenden ir más allá de la mera oposición a la acción gubernamental. Como mostró la experiencia del huracán *Katrina,* con frecuencia los gobiernos se ven obligados a actuar, pues son el único instrumento mediante el cual se puede reunir, organizar y distribuir los recursos necesarios. Los republicanos quieren mejorar la vida de la gente; simplemente todo lo que suponga eliminar las opciones les causa un escepticismo legítimo.

Por su parte, muchos demócratas están reconsiderando su entusiasmo por una planificación gubernamental agresiva. Los demócratas razonables desde luego esperan que las instituciones públicas puedan mejorar la vida de la gente. Pero en muchos ámbitos están de acuerdo en que la libertad de elección es un fundamento bueno e incluso indispensable de la política pública. Aquí hay una base real para salvar las diferencias partidistas.

Nosotros creemos que el paternalismo libertario es una base prometedora para una política común. En muchos ámbitos, como la protección medioambiental, el derecho familiar y la elección de colegio, mostraremos que una mejor gobernanza requiere menos en el sentido de coerción y limitación gubernamentales y más en el de libertad de elección. Si las exigencias y prohibiciones son sustituidas por incentivos y nudges, el gobierno será más pequeño y más modesto. Por decirlo claramente: *no propugnamos un gobierno más grande, sino sólo mejor gobernanza.*

En realidad, tenemos indicios de que nuestro optimismo (que, admitimos, puede ser un sesgo) no es ilusorio. El paternalismo libertario respecto a los ahorros, que se trata en el capítulo 6, ha recibido un apoyo entusiasta y generalizado en el Congreso de Estados Unidos por parte de actuales y antiguos senadores republicanos conservadores como Robert Bennett (Utah) y Rick Santorum (Filadelfia), así como de demócratas liberales como Rahm Emanuel (Illinois). En 2006, algunas de las ideas clave se incorporaron sin dificultades a la legislación. La nueva ley ayudará a muchos estadounidenses a disfrutar de jubilaciones mejores, sin embargo, esencialmente no cuesta nada en dólares a los contribuyentes.

En suma, el paternalismo libertario no es ni de derechas ni de izquierdas, ni demócrata ni republicano. En muchos ámbitos, los demócratas más conscientes están superando su entusiasmo por los programas que no ofrecen opciones. Por su parte, los republicanos más conscientes están abandonando su oposición automática a las iniciativas gubernamentales constructivas. Pese a todas sus diferencias, esperamos que estén dispuestos a converger en apoyo de unos amables nudges.

PRIMERA PARTE

HUMANOS Y ECONS

1

SESGOS Y ERRORES

Por favor, eche un vistazo a estas dos mesas:

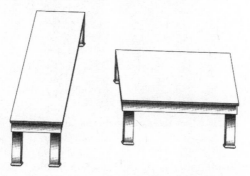

1.1 Dos mesas (adaptado de Shepard [1990])

Supongamos que está pensando cuál quedaría mejor como mesita auxiliar en el salón. ¿Qué dimensiones diría que tienen? Calcule a ojo el ratio de la longitud respecto a la anchura de cada una.

Si usted es como la mayoría de la gente, pensará que la mesa de la izquierda es mucho más larga y estrecha que la de la derecha. Las estimaciones típicas son que el ratio de la longitud respecto a la anchura es de 3:1 para la mesa de la izquierda y 1,5:1 para la mesa de la derecha. Ahora coja una regla y mídalas. Verá que los dos tableros son idénticos. Mídalos hasta que se convenza, porque éste es uno de los casos en que no basta ver para creer. (Cuando Thaler mostró este ejemplo a Sunstein en su restaurante habitual, Sunstein cogió el palillo chino para comprobarlo).

¿Que hemos de concluir a partir de este ejemplo? Si la mesa izquierda le parece más larga y más estrecha que la derecha, no cabe duda de que es humano. Eso no tiene nada de malo (al menos, nada que podamos detectar en esta prueba). Sin embargo, su juicio estaba sesgado, y de forma predecible: nadie piensa que la mesa derecha sea más estrecha. No sólo estaba equivocado, sino que probablemente tenía la seguridad de estar en lo cierto. Si lo desea, puede utilizar esta prueba visual cuando esté en compañía de otros que sean igualmente humanos y que estén dispuestos a apostar dinero, por ejemplo en un bar.

1.2 Tableros (adaptado de Shepard [1990])

Ahora consideremos la figura 1.2. ¿Son iguales o distintas estas dos formas? De nuevo, si usted es humano, y su vista es razonablemente buena, es probable que le parezcan iguales, y lo son. Sin embargo, no son más que los tableros de las mesas de la figura 1.1, sin las patas y reorientados. Tanto las patas como la orientación crean la ilusión de que los tableros son diferentes en la figura 1.1, así que al eliminar esas distracciones se restablece la habitualmente asombrosa precisión del sistema visual*.

Estas dos figuras captan la idea clave que los economistas del comportamiento han tomado de los psicólogos. Normalmente la mente

---

* Uno de los trucos utilizados al dibujar estas mesas es que las líneas verticales parecen más largas que las horizontales. Como resultado, el arco Gateway de St. Louis parece más alto que ancho, aunque en realidad su altura y su anchura son iguales.

humana funciona extraordinariamente bien. Reconocemos a personas que llevamos años sin ver, comprendemos las complejidades de nuestra lengua materna y bajamos corriendo un tramo de escaleras sin caernos. Algunos hablan doce lenguas, mejoran los ordenadores más avanzados y/o crean la teoría de la relatividad. No obstante, esas mesas probablemente habrían engañado incluso a Einstein. Eso no significa que, como humanos, haya algo que no funcione bien en nosotros, sino que comprenderemos mejor la conducta humana si somos conscientes de cómo nos equivocamos sistemáticamente.

Para ello debemos explorar algunos aspectos del pensamiento humano. Su conocimiento del sistema visual permitió a Roger Shepard (1990), psicólogo y artista, dibujar esas engañosas mesas. Sabía qué dibujar para inducir a nuestra mente a equivocarse. Saber algo sobre el sistema cognitivo ha permitido a otros descubrir sesgos sistemáticos en nuestra forma de pensar.

CÓMO PENSAMOS: DOS SISTEMAS

El funcionamiento del cerebro humano es un tanto desconcertante. ¿Cómo es posible que seamos tan ingeniosos para algunas tareas y que nos veamos tan desorientados al abordar otras? Beethoven escribió su increíble *Novena sinfonía* cuando era sordo, pero no nos sorprendería si nos enterásemos de que con frecuencia se le olvidaba dónde había dejado las llaves de su casa. ¿Cómo es posible que seamos al mismo tiempo tan listos y tan tontos? Muchos psicólogos y neurocientíficos han coincidido en una descripción del funcionamiento del cerebro que nos ayuda a comprender estas contradicciones aparentes. Su enfoque implica la distinción entre dos tipos de pensamiento: uno intuitivo y automático y otro más reflexivo y racional[1]. Al primero lo denominaremos sistema automático, y al segundo, sistema reflexivo. (En la literatura de la psicología a veces se les denomina sistema 1 y sistema 2 respectivamente). Las características más importantes de cada sistema se muestran en el cuadro 1.1.

El sistema automático es rápido e instintivo —o da esa sensación— y no implica lo que normalmente asociamos con la palabra *pensar*. Cuando nos agachamos para esquivar una pelota que nos han lanzado inesperadamente, o nos ponemos nerviosos porque el avión ha entrado en una zona de turbulencias, o sonreímos porque hemos visto un cachorro adorable, estamos empleando el sistema automático. Según los neurólogos, las actividades del sistema automático están asociadas con las zonas más antiguas del cerebro, las que tenemos en común con los lagartos (así como con los cachorros)[2].

Cuadro 1.1
Dos sistemas cognitivos

Sistema automático	Sistema reflexivo
No controlado	Controlado
Sin esfuerzo	Laborioso
Asociativo	Deductivo
Rápido	Lento
Inconsciente	Autoconsciente
Experto	Sigue normas

El sistema reflexivo es más premeditado y autoconsciente. Utilizamos el sistema reflexivo cuando se nos pregunta: «¿Cuánto es 411 por 37?». También es probable que la mayoría de la gente utilice el sistema reflexivo para decidir qué camino toma al hacer un viaje y si va a estudiar en la escuela de derecho o en la de negocios. Cuando escribimos un libro estamos (la mayor parte del tiempo) utilizando el sistema reflexivo, pero a veces se nos ocurren ideas cuando estamos en la ducha o dando un paseo y no pensamos en el libro, y probablemente éstas vengan del sistema automático[3]. (Por cierto, parece que los votantes se fían principalmente del sistema automático. Un candidato que de entrada causa mala impresión, o que intenta obtener votos con argumentos complejos y demostraciones estadísticas, es probable que lo tenga difícil)*.

En todo el mundo, la mayoría de la gente reacciona con el sistema automático a una temperatura dada en grados Celsius, pero uti-

---

* Se puede predecir el resultado de las elecciones al Congreso con una precisión preocupante simplemente pidiendo a la gente que eche un vistazo a las fotografías de los candidatos y que diga cuál de ellos le parece más competente. Los estudiantes que respondieron a esta pregunta no conocían a los candidatos y acertaron el nombre del ganador dos de cada tres veces (Toderov *et al.* [2005]; Benjamin y Shapiro [2007]).

liza el sistema reflexivo para procesar una temperatura dada en Farenheit; en el caso de los estadounidenses ocurre lo contrario. La gente habla su lengua materna a través del sistema automático y suele esforzarse por hablar otras con el sistema reflexivo. Ser verdaderamente bilingüe significa hablar dos lenguas con el sistema automático. Los buenos jugadores de ajedrez y los atletas profesionales tienen una intuición extraordinaria; sus sistemas automáticos les permiten evaluar rápidamente situaciones complejas y responder con una precisión asombrosa y una velocidad excepcional.

Una forma de contemplar todo esto es considerar el sistema automático como la reacción visceral y el sistema reflexivo como el pensamiento consciente. Los sentimientos viscerales pueden ser muy precisos, pero con frecuencia nos equivocamos porque confiamos demasiado en el sistema automático. El sistema automático dice: «El avión está dando bandazos, voy a morir», mientras que el reflexivo responde: «¡Los aviones son muy seguros!». El sistema automático dice: «Ese perro tan enorme me va a morder», y el reflexivo responde: «La mayoría de las mascotas son inofensivas». (En ambos casos, el sistema automático se queja sin parar). El sistema automático comienza sin tener ni idea de cómo jugar al golf o al tenis. Sin embargo, las incontables horas de práctica permiten a un buen golfista evitar la reflexión y confiar en su sistema automático —hasta el punto de que los buenos golfistas, como los demás buenos atletas, son conscientes del riesgo de «pensar demasiado» y seguramente prefieren «confiar en el instinto» o «simplemente hacerlo»—. Es posible entrenar al sistema automático a base de repetir, pero este entrenamiento requiere mucho tiempo y esfuerzo. Una razón por la que los jóvenes son unos conductores tan temerarios es que sus sistemas automáticos no han tenido mucha práctica, y utilizar el sistema reflexivo es mucho más lento.

Para ver cómo funciona el pensamiento intuitivo, intente hacer este pequeño test. En cada pregunta escriba la primera respuesta que le venga a la mente. Después deténgase para reflexionar.

1. Un bate y una pelota cuestan 1,10 dólares en total. El bate cuesta 1 dólar más que la pelota. ¿Cuánto cuesta la pelota? ____ centavos.

2. Si 5 máquinas hacen 5 artículos en 5 minutos, ¿cuánto tardarán 100 máquinas en hacer 100 artículos? ____ minutos.

3. En un lago hay una superficie cubierta de nenúfares. Cada día esa extensión dobla su tamaño. Si tarda 48 días en cubrir todo el lago, ¿cuánto tarda en cubrir la mitad del lago? ____ días.

¿Cuáles fueron sus primeras respuestas? La mayoría dice 10 centavos, 100 minutos y 24 días, pero esas respuestas son erróneas. Si piensa un poco, verá por qué. Si la pelota cuesta 10 centavos y el bate un dólar más que la pelota, lo que significa 1,10 dólares, juntos cuestan 1,20 dólares, no 1,10. Nadie mantendría su respuesta inicial de 10 centavos después de tomarse tiempo para comprobar si es correcta, pero, según la investigación realizada por Shane Frederick (2005), que denomina a esta serie de preguntas «test de reflexión cognitiva», éstas son las respuestas más populares, incluso entre buenos estudiantes universitarios.

Las respuestas correctas son 5 céntimos, 5 minutos y 47 días, pero esto ya lo sabía, o al menos lo sabía su sistema reflexivo si lo consultó. Los econs nunca toman una decisión importante sin consultar primero a su sistema reflexivo (si tienen tiempo). Pero los humanos a veces dan por buena la respuesta que el lagarto ha dado en su interior sin pararse a pensar. Si suele ver la televisión, puede considerar al señor Spock de *Star Trek* como un personaje cuyo sistema reflexivo siempre lo controla todo. (Capitán Kirk: «Usted sería un ordenador extraordinario, señor Spock». Señor Spock: «Es usted muy amable, capitán»). Por el contrario, Homer Simpson parece haber olvidado dónde puso su sistema reflexivo. (En un comentario sobre el control de armas, Homer replicó al vendedor de una armería que le informó de los cinco días de espera obligatorios para poder comprar un arma: «¿Cinco días? ¡Pero si yo estoy furioso ahora!»).

Uno de nuestros principales objetivos en este libro es ver cómo el mundo podría ser más fácil, o más seguro, para los Homer que hay entre nosotros (y para el Homer que acecha en nuestro interior). Si las personas pueden confiar en sus sistemas automáticos sin meterse en problemas terribles, sus vidas serán más fáciles, mejores y más largas.

REGLAS BÁSICAS

La mayoría de nosotros estamos muy ocupados, nuestras vidas son complicadas y no nos podemos pasar el tiempo analizándolo todo.

Cuando tenemos que emitir juicios, como conjeturar la edad de Angelina Jolie o la distancia entre Cleveland y Filadelfia, utilizamos reglas básicas. Nos servimos de ellas porque son rápidas y útiles.

De hecho, hay una buena colección editada por Tom Parker titulada *Rules of Thumb*. Para escribir ese libro, Parker pidió a sus amigos que le enviaran buenas reglas básicas. Por ejemplo: «Con el huevo de un avestruz pueden almorzar 24 personas», «diez personas elevan la temperatura de una habitación de tamaño medio un grado por hora». Y nosotros añadiríamos: «En una cena académica no debe haber más del 25 por ciento de invitados del Departamento de Economía para no arruinar la conversación».

Aunque las reglas básicas pueden ser muy útiles, también pueden conducir a sesgos sistemáticos. Esta idea, que desarrollaron por primera vez hace décadas dos psicólogos israelíes, Amos Tversky y Daniel Kahneman (1974), ha cambiado la forma en que los psicólogos (y, con el tiempo, también los economistas) estudian el pensamiento. Su original obra identificaba tres heurísticos o reglas básicas —anclaje, disponibilidad y representatividad— y los sesgos que están asociados con cada uno. Su programa de investigación se conoce como el enfoque de «heurísticos y sesgos» al estudio del juicio humano. Más recientemente, los psicólogos han descubierto que esos heurísticos y sesgos tienen su origen en la interacción del sistema automático y el reflexivo. Veamos cómo.

Anclaje

Supongamos que se nos pide que conjeturemos la población de Milwaukee, una ciudad que está a una distancia de dos horas al norte de Chicago, donde vivimos. Ninguno de nosotros sabe mucho sobre Milwaukee, pero creemos que es la ciudad más grande de Wisconsin. ¿Cómo deberíamos proceder? Una cosa que podríamos hacer es empezar con algo que conocemos, que es la población de Chicago, unos tres millones. Por lo tanto, pensaríamos, Milwaukee es una ciudad grande, pero desde luego no tan grande como Chicago, así que, mmm, quizá tenga un tercio de su población, o sea un millón. Ahora imaginemos que a alguien de Green Bay, Wisconsin, se le hace la misma pregunta. Tampoco conoce la respuesta, pero sabe que Green Bay tiene unos cien mil habitantes y que Milwaukee es más grande, así que supone, por ejemplo, que tiene tres veces más población, trescientos mil habitantes.

Este proceso se denomina «anclaje y ajuste». Se comienza con un ancla, la cifra conocida, y se ajusta en la dirección que se considera apropiada. Hasta ahí, bien. El sesgo se produce porque los ajustes suelen ser insuficientes. Los experimentos han mostrado repetidas veces que, en problemas semejantes al de nuestro ejemplo, los habitantes de Chicago tienden a hacer conjeturas demasiado altas (basadas en un ancla alta), mientras que las de los habitantes de Green Bay son demasiado bajas (basadas en su ancla baja). En realidad, Milwaukee tiene unos 580.000 habitantes[4].

En el proceso de toma de decisiones se cuelan anclas que a todas luces no tienen nada que ver. Intente ésta: coja los últimos tres dígitos de su número de teléfono y súmeles doscientos. Anote el número. Ahora, ¿cuándo cree que Atila saqueó Europa? ¿Fue antes o después de ese año? (Le damos una pista: fue después del nacimiento de Jesús). Incluso si no sabe mucho de historia, es suficiente para saber que cuando quiera que Atila hiciera lo que fuese, la fecha no tiene nada que ver con su número de teléfono. Sin embargo, cuando realizamos este experimento con nuestros alumnos, los que comienzan con anclas altas nos dan respuestas que son más de trescientos años posteriores a las de los que parten de anclas bajas. (La respuesta correcta es 411).

Las anclas pueden influir en cómo valoras tu vida. En un experimento, se les hizo dos preguntas a los estudiantes: a) ¿Eres feliz? y b) ¿Con qué frecuencia tienes citas? Cuando se hacían en este orden, la correlación entre las dos preguntas era muy baja (0,11). Pero cuando se invertía el orden, de manera que las citas aparecían primero, la correlación pasaba al 0,62. Al parecer, impulsados por la pregunta sobre las citas, los estudiantes utilizan lo que se podría denominar el «heurístico de las citas» para responder a la pregunta sobre su felicidad. «Ni siquiera me acuerdo de cuándo quedé con alguien por última vez. Mi vida es un asco». Se pueden obtener resultados parecidos en parejas casadas si se sustituye la pregunta sobre las citas por la de hacer el amor[5].

En el lenguaje de este libro las anclas actúan como nudges. Podemos influir en la cifra que usted va a escoger en una situación concreta sugiriendo sutilmente un punto de partida para su proceso mental. Cuando las asociaciones benéficas piden un donativo, suelen presentar varias cantidades como 100, 250, 1.000, 5.000 y «otras». Si los encargados de recoger fondos saben lo que hacen, no ponen esas cantidades al azar, porque las opciones influyen en lo que se decide donar. Se será más generoso si las opciones son 100, 250, 1.000 y 5.000 que si son 50, 75, 100 y 150.

En muchos contextos es evidente que, dentro de lo razonable, cuanto más se pide más se suele obtener. Los abogados que demandan a las compañías tabaqueras con frecuencia ganan cifras astronómicas, en parte porque han logrado inducir a los jurados a anclar cifras multimillonarias. Unos negociadores hábiles consiguen acuerdos asombrosos para sus clientes presentando una oferta inicial de tal magnitud que sus adversarios luego se sienten aliviados de pagar la mitad.

Disponibilidad

¿Hasta qué punto hay que preocuparse por los huracanes, la energía nuclear, el terrorismo, las vacas locas o la gripe aviar? ¿Y hasta qué punto hay que intentar evitar los riesgos asociados con ellos? Exactamente, ¿qué hay que hacer para evitar el tipo de peligros que se afrontan en la vida cotidiana?

Al responder a esta clase de preguntas la mayoría de las personas utilizan lo que se denomina el heurístico de la disponibilidad. Evalúan la probabilidad del riesgo preguntando con qué facilidad vienen a la mente ejemplos similares. Si recuerdan enseguida ejemplos que vienen al caso, es más probable que les preocupen que si no los recuerdan. Un riesgo que resulta familiar, como el asociado con el terrorismo después del 11 de septiembre, se considerará más grave que uno que sea menos conocido, como el relacionado con tomar el sol o los veranos muy calurosos. Se habla más de los homicidios que de los suicidios, por lo que se tiende a creer equivocadamente que hay más muertes por homicidio.

La accesibilidad y la visibilidad están muy relacionadas con la disponibilidad y también son importantes. Si usted ha experimentado personalmente un terremoto de cierta magnitud, seguramente le preocupará más su probabilidad que si lee sobre ello en una revista. Así, las estimaciones de probabilidad de algunas causas de muerte vívidas y fáciles de imaginar (como los tornados) con frecuencia están hinchadas, mientras que para otras causas menos vívidas (por ejemplo, los ataques de asma) las estimaciones son más bajas, incluso si son mucho más frecuentes (en este caso, un factor de veinte). De la misma forma, los acontecimientos recientes tienen más impacto en nuestra conducta, y en nuestros miedos, que los más antiguos. En todos estos casos tan visibles el sistema automático es muy consciente (quizá demasiado) del riesgo, sin tener que recurrir a tediosos cuadros estadísticos.

El heurístico de la disponibilidad contribuye a explicar muchas conductas relacionadas con el riesgo, incluidas decisiones tanto públicas como privadas para tomar precauciones. Las experiencias recientes influyen en gran medida en la contratación de seguros frente a desastres naturales[6]. Después de un terremoto aumenta vertiginosamente la adquisición de nuevas pólizas contra terremotos, pero disminuyen de forma gradual a medida que el recuerdo se va debilitando. Si no se han producido inundaciones en el pasado inmediato, es menos probable que quienes vivan en llanuras aluviales contraten un seguro. Y las personas que conocen a alguien que ha sufrido una inundación tienen más probabilidades de contratar un seguro de inundación, con independencia del riesgo que corran realmente.

Las valoraciones sesgadas del riesgo pueden ejercer una influencia perversa sobre cómo nos preparamos para las crisis, las decisiones económicas y los procesos políticos, y respondemos a ellos. Si las acciones de Internet suben mucho, es probable que se sigan comprando, incluso cuando ya no sean una buena inversión. O supongamos que la gente piensa erróneamente que algunos riesgos (un accidente nuclear) son altos, mientras que otros (un infarto) son más bien bajos. Estas percepciones engañosas pueden afectar a la política porque los gobiernos tienden a asignar los recursos de una manera que coincida con los temores de la gente más que en respuesta al peligro más probable.

Cuando opera el «sesgo de la disponibilidad», tanto las decisiones públicas como las privadas pueden mejorar si los juicios reciben nudges en la dirección de las verdaderas probabilidades. Una buena forma de aumentar el temor de la gente a que ocurra algo malo es recordar un incidente similar en el que las cosas fueron mal; una buena forma de aumentar la confianza es recordarle alguna situación parecida en que todo acabó bien. El problema inevitable es que los acontecimientos que se recuerdan fácilmente pueden hinchar la estimación de probabilidades, y que si no vienen a la mente tales acontecimientos, la estimación puede estar distorsionada en sentido opuesto.

Representatividad

El tercero de los tres heurísticos originales es el de la representatividad o semejanza. La idea es que cuando se les pide que evalúen la probabilidad de que A pertenezca a la categoría B, las personas (en especial sus sistemas automáticos) responden preguntándose por la semejanza de A con su imagen o estereotipo B (esto es, si A es «representativa» de B). Como los otros dos heurísticos que hemos tratado, éste se utiliza porque con frecuencia funciona. Pensamos que un afroamericano que mida 2 metros tiene más probabilidades de ser jugador de baloncesto profesional que un judío que mida 1,60, porque hay muchos jugadores de baloncesto que son negros y altos y no tantos que sean judíos bajos (al menos, en esta época). Los estereotipos a veces son ciertos.

De nuevo, cuando la semejanza y la frecuencia divergen pueden colarse los sesgos. La demostración más conocida de esos sesgos es el caso de una hipotética mujer llamada Linda. A los sujetos del experimento se les dijo lo siguiente: «Linda tiene treinta y un años, es soltera, abierta y muy inteligente. Se licenció en Filosofía. Cuando era estudiante le preocupaban los problemas de discriminación y justicia social y también participó en manifestaciones antinucleares». Entonces se les pidió que clasificaran por orden de probabilidad ocho posibles futuros para Linda. Las dos respuestas cruciales eran: «cajera» y «cajera y militante en el movimiento feminista». La mayoría dijeron que «cajera» era menos probable que «cajera y militante en el movimiento feminista».

El error lógico es evidente. Por supuesto, no es lógicamente posible que dos hechos sean más probables que uno de ellos. La respuesta correcta necesariamente es que Linda tiene más probabilidades de ser cajera que de ser una cajera feminista, porque todas las cajeras feministas son cajeras. El error obedece al uso del heurístico de representatividad: la descripción de Linda parece coincidir con «cajera y militante en el movimiento feminista» mucho más que sólo con «cajera». Como observó en una ocasión Stephen Jay Gould (1991): «Ya sé [la respuesta correcta], pero un pequeño homúnculo continúa saltando y gritando en mi cabeza "¡pero no puede ser sólo cajera; lee la descripción!"». El homúnculo de Gould es el sistema automático en acción.

El uso del heurístico de representatividad puede causar graves distorsiones en la percepción de pautas en la vida cotidiana. Cuando los acontecimientos son fruto del azar, como una secuencia de resultados al arrojar una moneda, las personas suelen esperar que la sucesión de caras y cruces resultante sea representativa de lo que consideran aleatoriedad. Por desgracia, no tienen una percepción muy precisa de cómo son las secuencias aleatorias. Cuando ven el resultado de procesos aleatorios, con frecuencia detectan pautas a las que atribuyen gran significado, pero que en realidad sólo son fruto de la casualidad. Se puede arrojar una moneda tres veces y, si las tres veces sale cara, concluir que la moneda tiene algo extraño. Pero el hecho es que si se arroja una moneda al aire muchas veces, no será tan extraño que salga cara tres veces seguidas. (Inténtelo y lo verá. Después de acabar este párrafo, Sunstein probó a arrojar una moneda tres veces y, con gran asombro por su parte, las tres veces salió cara. No debería haberse asombrado).

Un ejemplo menos trivial, expuesto por el psicólogo de Cornell Tom Gilovich (1991), es el de la experiencia de los londinenses durante los bombardeos alemanes en la II Guerra Mundial. Los periódicos de Londres publicaron mapas, como el de la figura 1.3, que muestran los puntos en que cayeron los misiles alemanes V-1 y V-2 en el centro de Londres. Como se puede ver, la pauta no parece en absoluto aleatoria. Las bombas parecen agruparse en torno al río Támesis y también en el sector noroccidental del mapa. A los londinenses les causó gran preocupación porque la pauta parecía indicar que los alemanes podían dirigir sus misiles con gran precisión. Algunos londinenses incluso especularon con que los espacios en blanco probablemente correspondían a los barrios en que vivían espías alemanes. Estaban equivocados. En realidad, los alemanes sólo podían dirigir sus bombas al centro de Londres y esperar. Un análisis estadístico detallado de la distribución de los impactos determinó que dentro de Londres la distribución fue realmente aleatoria.

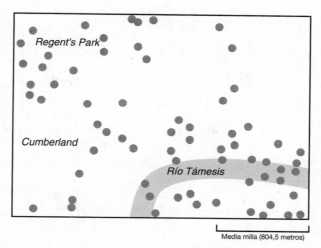

1.3 Mapa de Londres con la situación de los impactos de los misiles V-1
(adaptado de Gilovich [1991])

Sin embargo, la distribución de los impactos no *parece* aleatoria.
¿Por qué? Con frecuencia vemos pautas porque construimos nuestras pruebas informales después de haber visto el resultado. El ejemplo de la II Guerra Mundial es una excelente ilustración del problema. Supongamos que dividimos el mapa en cuadrantes, como en la figura 1.4a. Si hacemos entonces una prueba estadística formal —o, para quienes no manejen la terminología estadística, simplemente contamos el número de impactos en cada cuadrante—, sí hallamos indicios de una pauta no aleatoria. Sin embargo, nada en la naturaleza nos sugiere que ésa sea la forma correcta de comprobar la aleatoriedad. Supongamos, por el contrario, que formamos los cuadrantes diagonalmente, como en la figura 1.4b. Ahora no podemos rechazar la hipótesis de que las bombas cayeron aleatoriamente. Por desgracia, no sometemos nuestras percepciones a pruebas alternativas tan rigurosas.

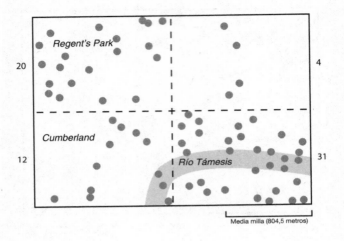

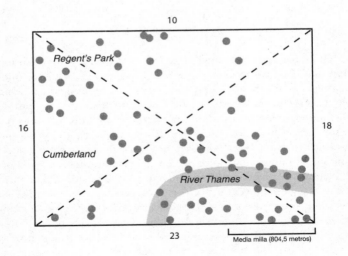

1.4 Mapa de Londres con la situación de los impactos de los misiles V-1, en (a) con retícula horizontal-vertical y en (b) con retícula diagonal. Las cifras que están fuera de la retícula se refieren al número de puntos que hay en cada cuadrante (adaptado de Gilovich [1991])

A Gilovich (y a sus colegas Vallone y Tversky [1985]) también se debe el que quizá sea el ejemplo más famoso (o infame) de distorsión en la percepción de la aleatoriedad, es decir, la idea generalizada entre los aficionados al baloncesto de que hay «rachas». No nos detendremos demasiado en esto, porque nuestra experiencia nos dice que, aquí, la ilusión cognitiva es tan fuerte que la mayoría de la gente (influida por su sistema automático) ni siquiera está dispuesta a considerar la posibilidad de estar equivocada. Pero hay una versión más corta. La mayor parte de los aficionados al baloncesto piensa que es más probable que un jugador acierte en su siguiente lanzamiento si lo hizo en el último o, mejor aún, en los últimos. Se dice que los jugadores que han metido varias canastas seguidas, o incluso que han acertado en sus últimos lanzamientos, tienen «la muñeca caliente» y todos los comentaristas deportivos lo consideran una buena señal para el futuro. Pasar el balón al jugador que tiene la muñeca caliente parece una buena estrategia.

Pero la realidad es que «la muñeca caliente» no es más que un mito. Los jugadores que han acertado en sus últimos lanzamientos no tienen más probabilidades de meter una canasta en el siguiente (en realidad, tienen menos). Auténtico.

Cuando a la gente se le explica esto, enseguida empieza a imaginarse versiones alternativas de la teoría. Quizá la defensa se recoloca y marca mejor al jugador «caliente». Quizá sea éste el que cambia de posición y empieza a intentar tiros más arriesgados. Hay observaciones interesantes que es necesario investigar. Pero lo que queremos señalar es que, antes de ver los datos, cuando a los aficionados se les preguntaba por los porcentajes reales de lanzamientos convertidos después de una serie de canastas, suscribían sin dudarlo la teoría de la muñeca caliente sin matizaciones. Muchos investigadores han estado tan seguros de que los resultados de Gilovich eran erróneos que se propusieron descubrir la muñeca caliente. Hasta la fecha, ninguno la ha encontrado[7].

Jay Koehler y Carolyn Conley (2003) realizaron una prueba especialmente limpia utilizando el concurso anual de triples que se celebra en el All-Star Game de la NBA. En este concurso los jugadores (que están entre los máximos marcadores de canastas de tres puntos de la liga) realizan una serie de lanzamientos desde el arco de tres puntos. Su objetivo es hacer todas las canastas posibles en sesenta segundos. Al no haber defensa ni lanzamientos alternativos, parece que ésta es la situación ideal para observar la muñeca caliente. No obstante, como en el estudio original, no hubo indicio alguno de muñecas calientes. Su ausencia no impidió a los comentaristas detectar repentinas subidas de temperatura en los jugadores («¡Johnson está caliente!», «¡Smith está ardiendo!»). Pero estos estallidos de entusiasmo no tenían capacidad predictiva. Antes de que los comentaristas mencionaran la temperatura de los jugadores, éstos habían acertado, en el 80,5 por ciento de los casos, sus últimos tres disparos. Sin embargo, después, sólo encestaron en el 55,2 por ciento, una cifra inferior al porcentaje general de lanzamientos acertados en el concurso: el 53,9 por ciento.

Desde luego, no es un problema grave que los aficionados al baloncesto estén confundidos sobre lo que está ocurriendo cuando ven un partido por televisión. Pero en otros ámbitos más importantes se producen los mismos sesgos cognitivos. Consideremos el fenómeno de los «*clusters* de cáncer». Éstos pueden causar una gran preocupación pública y privada, y con frecuencia son objeto de investigaciones prolongadas para descubrir qué puede haber causado un repentino y en apariencia inexplicable brote de cáncer. Supongamos que en un barrio determinado hallamos una tasa de cáncer aparentemente elevada (por ejemplo, en un grupo de quinientas personas se han diagnosticado diez casos de cáncer en un periodo de seis meses). Es posible que esas diez personas vivan a una distancia de tres bloques. De hecho, las autoridades estadounidenses reciben informes de más de mil sospechas de *clusters* de cáncer cada año, muchos de los cuales son investigados para determinar si se trata realmente de una «epidemia»[8].

El problema es que en una población de trescientos millones, es inevitable que ciertos barrios tengan tasas de cáncer especialmente altas en cualquier periodo de un año. Los «*clusters* de cáncer» resultantes pueden ser producto de fluctuaciones aleatorias. No obstante, la gente insiste en que no pueden deberse a la casualidad. Tiene miedo y el Gobierno a veces interviene equivocadamente en su nombre. No obstante, en la mayoría de los casos afortunadamente no hay de qué preocuparse, excepto por el hecho de que el heurístico de representatividad puede inducir a la gente a confundir las fluctuaciones aleatorias con pautas causales.

Antes de que Thaler comience sus clases de Toma de Decisiones de Gestión, los estudiantes rellenan un cuestionario anónimo sobre el curso en la página web. Una de las preguntas es: «¿En qué decila esperas estar en la distribución de las calificaciones de este curso?». Los estudiantes pueden señalar el 10 por ciento más alto, el segundo 10 por ciento, etcétera. Como son estudiantes de MBA se supone que son conscientes de que, en cualquier distribución, la mitad de una población estará en el 50 por ciento superior y la otra mitad en el inferior. Y que sólo el 10 por ciento de la clase puede acabar en la decila superior.

Sin embargo, los resultados del cuestionario revelan un alto grado de optimismo ilusorio sobre el rendimiento en el curso. Generalmente, menos del 5 por ciento de los estudiantes esperan estar por debajo de la mediana (el percentil 50) y más de la mitad esperan encontrarse en una de las dos decilas superiores. El grupo más numeroso siempre se coloca en la segunda decila. Creemos que esto se debe a la modestia. En realidad piensan que van a acabar en la decila superior, pero son demasiado modestos para decirlo.

Los estudiantes de MBA no son los únicos que tienen un exceso de confianza sobre sus capacidades. El efecto «superior a la media» es universal. El 90 por ciento de los conductores piensan que están por encima de la media al volante, incluso si no son propensos al engreimiento. Y casi todas las personas (incluidas algunas que rara vez sonríen) piensan que su sentido del humor es mejor que el de la media. (¡Es que saben lo que tiene gracia!). Esto también ocurre con los profesores. Aproximadamente el 94 por ciento de los profesores de una universidad grande creen que son mejores que el profesor medio, y hay razones para pensar que este exceso de confianza es aplicable a los profesores en general[9]. (Sí, reconocemos esta flaqueza).

Las personas tienen un optimismo no realista incluso cuando hay mucho en juego. Aproximadamente el 50 por ciento de los matrimonios acaban en divorcio, y éste es un dato que la mayoría de la gente conoce. Pero en el momento de la ceremonia casi todas las parejas creen que las posibilidades de que su matrimonio acabe en divorcio son aproximadamente del cero por ciento, ¡incluso los que ya se han divorciado![10] (Samuel Johnson afirmó una vez que el segundo matrimonio «es el triunfo de la esperanza sobre la experiencia». Algo similar es válido para quienes emprenden un nuevo negocio, donde la tasa de fracaso es al menos del 50 por ciento. En una encuesta realizada a personas que abrían un negocio (casi siempre un pequeño negocio como contratistas de obras, restaurantes y salones de belleza), se les hacían dos preguntas: a) ¿Cuáles cree que son las posibilidades de éxito de un negocio típico como el suyo? b) ¿Cuáles son sus posibilidades de éxito? Las respuestas más comunes fueron 50 por ciento y 90 por ciento respectivamente, y muchos respondieron el 100 por cien a la segunda pregunta[11].

El optimismo no realista puede explicar buena parte de los riesgos individuales que se asumen, en especial cuando están relacionados con la vida y la salud. Al pedirles que imaginen su futuro, los estudiantes suelen responder que tienen menos probabilidades que sus compañeros de ser despedidos de un trabajo, sufrir un infarto o tener cáncer, divorciarse después de pocos años de matrimonio o tener problemas con la bebida. Los hombres gays sistemáticamente subestiman sus probabilidades de contraer el sida, incluso cuando conocen sus riesgos en general. Las personas mayores subestiman la posibilidad de sufrir un accidente de automóvil o una enfermedad grave. Los fumadores conocen los riesgos estadísticos y con frecuencia incluso los exageran, pero casi todos creen que tienen menos probabilidades de que se les diagnostique cáncer de pulmón o una enfermedad del corazón que a la mayoría de los no fumadores. Las loterías tienen éxito en parte por ese optimismo ilusorio[12].

El optimismo no realista es un rasgo universal de la vida humana; caracteriza a la mayoría de las personas de casi todas las categorías sociales. Cuando sobreestiman su inmunidad personal, la mayoría de las personas dejan de tomar medidas preventivas razonables. Si corren riesgos a causa del optimismo ilusorio, les podría venir bien un nudge. De hecho, ya hemos mencionado una posibilidad: si se les recuerda un acontecimiento malo, quizá no sigan siendo tan optimistas.

GANANCIAS Y PÉRDIDAS

Las personas odian las pérdidas (y sus sistemas automáticos pueden ser muy emocionales en este punto). En términos generales, es dos veces mayor la desgracia de perder algo que la alegría de ganar eso mismo. En un lenguaje más técnico, tienen «aversión a la pérdida». ¿Cómo sabemos esto?

Consideremos un sencillo experimento[13]. A la mitad de los estudiantes de una clase se les dan unas tazas que tienen grabado el escudo de su universidad. A los que no se les da se les pide que examinen la del compañero. Entonces, a los que tienen taza se les pide que la vendan y a los que no tienen que la compren. Y la manera de hacerlo es que respondan a la pregunta: «Indica si estarías dispuesto a vender/comprar la taza a cada uno de estos precios». Los resultados muestran que los que tienen taza piden para desprenderse de ella aproximadamente el doble de lo que los otros están dispuestos a pagar para conseguirla. Este experimento se ha repetido docenas de veces con miles de tazas, pero los resultados casi siempre son los mismos. Una vez que tengo una taza, no quiero perderla. Pero si no la tengo, no siento una necesidad urgente de comprarla. Lo que significa que las personas no asignan un valor específico a los objetos. Cuando pierden algo les duele más de lo que les agrada conseguir eso mismo.

También es posible medir la aversión con apuestas. Supongamos que le pregunto si quiere hacer una apuesta. Si tiro una moneda y sale cara usted gana X dólares, y si sale cruz pierde 100 dólares. ¿Cuánto debe ser X para que esté dispuesto a participar en la apuesta? Para la mayoría de la gente la respuesta es unos 200 dólares. Esto implica que sólo la perspectiva de ganar 200 dólares compensa la perspectiva de perder 100.

La aversión a la pérdida contribuye a producir inercia, lo que significa un fuerte deseo de conservar las posesiones. Si nos resistimos a renunciar a lo que tenemos porque no queremos incurrir en pérdidas, rechazaremos negocios que habríamos hecho en otro caso. En otro experimento, se dio tazas (como siempre) a la mitad de los estudiantes de una clase, y a la otra mitad, grandes tabletas de chocolate. Las tazas y el chocolate costaban más o menos lo mismo, y en las pruebas previas se vio que los estudiantes las escogían con la misma frecuencia. Sin embargo, cuando se les ofreció la posibilidad de cambiar la taza por el chocolate o al contrario, sólo lo hizo uno de cada diez.

Como veremos, la aversión a la pérdida opera como una especie de nudge cognitivo que nos impulsa a no hacer cambios, incluso cuando éstos nos benefician mucho.

La aversión a la pérdida no es la única causa de la inercia. Por muchas razones la gente tiene una tendencia general a aferrarse a su situación actual. Este fenómeno, que William Samuelson y Richard Zeckhauser (1988) han denominado el «sesgo del statu quo», se ha demostrado en numerosas ocasiones. La mayoría de los maestros saben que los alumnos tienden a sentarse en los mismos sitios, incluso si no siguen un orden. Pero el sesgo del statu quo puede producirse cuando está en juego algo mucho más importante y puede causarnos infinidad de problemas.

Por ejemplo, la mayoría de quienes suscriben planes de pensiones como los 401 (k)* escogen una asignación de los activos y luego se olvidan del asunto. En un estudio realizado a finales de los años ochenta entre los participantes en el TIAA-CREF**, el plan de pensiones de muchos profesores universitarios, la cifra mediana de cambios en la asignación de activos durante la vida de un profesor era, por increíble que parezca, cero. En otras palabras, a lo largo de sus carreras, más de la mitad de los participantes no hicieron ningún cambio en la forma en que sus aportaciones se estaban invirtiendo. Y lo que quizá sea más revelador: muchos participantes casados que estaban solteros cuando suscribieron el plan ¡aún mantenían a sus madres como beneficiarias!

Es muy fácil explotar el sesgo del statu quo. Hace muchos años, American Express escribió a Sunstein una simpática carta en la que le indicaba que podía recibir, sin coste alguno, una suscripción de tres meses a las cinco revistas que eligiera. Una suscripción gratis parece una ganga, incluso si casi nunca lees las revistas, así que Sunstein hizo alegremente su elección. Pero no se dio cuenta de que si no hacía algo para cancelar la suscripción, seguiría recibiéndolas por el precio de una suscripción normal. Lleva una década abonado a unas revistas que apenas lee. (Tiene la intención de cancelar esas suscripciones, pero por alguna razón nunca llega a hacerlo. Esperamos llegar a tratar la cuestión del aplazamiento en el capítulo siguiente).

---

* En Estados Unidos, los planes 401 (k) permiten a los trabajadores ahorrar para completar su pensión de jubilación. El trabajador decide qué porcentaje de su sueldo ahorra. *(N. de la T.)*

** Una de las compañías de seguros más importantes de Estados Unidos, Teachers Insurance and Annuity Association-College Retirement Equities Fund. *(N. de la T.)*

Una de las causas del sesgo del statu quo es la falta de atención. Mucha gente adopta lo que denominaremos el heurístico de «sí, lo que sea». Un buen ejemplo es el efecto de arrastre entre los televidentes. Los ejecutivos de las cadenas de televisión pasan mucho tiempo preparando las programaciones porque saben que quien empieza la tarde con la NBC tiende a seguir con ella. Como hace décadas que el mando a distancia se generalizó en este país, los costes de «cambiar» son literalmente apretar un dedo. Pero cuando un programa acaba y comienza el siguiente, un número sorprendentemente alto de espectadores dicen (implícitamente) «sí, lo que sea» y siguen viéndolo. Tampoco es Sunstein la única víctima de la renovación automática de las suscripciones a las revistas. Los encargados de las suscripciones saben que cuando la renovación es automática y es necesario hacer una llamada para cancelarla, la probabilidad de que se renueve es mucho mayor que cuando hay que hacer algo para seguir recibiendo la revista.

La combinación de la aversión a la pérdida con la elección irreflexiva implica que si una opción se designa «por defecto», atraerá a una cuota de mercado mayor. Por lo tanto, las opciones por defecto actúan como poderosos nudges. En muchos contextos su poder como nudges es incluso mayor, pues los consumidores piensan, con razón o sin ella, que los valores preseleccionados cuentan con el apoyo implícito de quien los establece, sea éste el empresario, el Gobierno o el programador de televisión. Por ésta y otras razones, establecer por defecto las mejores opciones posibles será un tema que abordaremos con frecuencia a lo largo del libro.

ENMARCADO

Supongamos que sufre una enfermedad grave del corazón y que su médico le propone una operación arriesgada. Es comprensible que sienta curiosidad por conocer las posibilidades que tiene. El médico dice: «De cien pacientes que se operan, noventa están vivos cinco años después». ¿Qué haría? Si damos los datos de una manera, la respuesta del doctor será tranquilizadora y probablemente decida operarse.

Pero supongamos que el médico enmarca su respuesta de otra forma. Supongamos que dice: «De cada cien pacientes que se operan, diez están muertos cinco años después». Si usted es como la mayoría de la gente, esta respuesta le sonará alarmante y quizá decida no operarse. El sistema automático piensa: «Un número importante de personas muere y yo podría ser una de ellas». En numerosos experimentos las personas reaccionan de forma muy diferente en función de si la información se da como «viven noventa de cada cien» o como «mueren diez de cada cien», aunque el contenido de las dos frases sea exactamente el mismo. Incluso los expertos están sujetos a los efectos del enmarcado. Cuando a los médicos se les dice: «Viven noventa de cada cien», es más probable que recomienden la operación que si se les dice: «Mueren diez de cada cien»[14].

El enmarcado tiene consecuencias en muchos ámbitos. Cuando las tarjetas de crédito empezaron a ser una forma de pago popular en los años setenta, algunos comerciantes querían poner precios diferentes para el pago en metálico y para el pago con tarjeta. (Las compañías emisoras suelen cargar el 1 por ciento de cada venta al comerciante). Para impedirlo, las emisoras adoptaron normas que imposibilitaban esa diferenciación en los precios. No obstante, cuando en el Congreso se presentó una propuesta de ley para prohibir esas normas, el *lobby* de las tarjetas de crédito dirigió su atención al lenguaje. Proponía que si una emisora cobraba precios diferentes dependiendo de la forma de pago, el precio para el pago con tarjeta debía considerarse el «normal» (por defecto), y el precio para el pago en metálico un descuento (en vez de tomar el precio para el pago en metálico como el habitual y cargar un suplemento para el pago con tarjeta).

Las compañías emisoras de tarjetas de crédito comprendieron intuitivamente muy bien lo que los psicólogos denominarían *framing* o enmarcado. La idea es que las decisiones dependen, en parte, de la forma en que se enuncian los problemas. Esto tiene importantes consecuencias para las políticas públicas. El ahorro de energía está recibiendo mucha atención, así que consideremos las siguientes campañas de información: a) si sigue estos métodos para gastar menos energía, ahorra 350 dólares al año; b) si no sigue estos métodos para gastar menos energía, pierde 350 dólares al año. La campaña de información b), enmarcada en términos de pérdidas, es mucho más eficaz que la campaña a). Si el gobierno quiere fomentar el ahorro de energía, la opción b) es un nudge más fuerte.

El enmarcado funciona porque tendemos a tomar las decisiones de forma negligente y pasiva. Nuestro sistema reflexivo no hace el trabajo que sería necesario para comprobar si enmarcando las preguntas de otra forma, la respuesta sería distinta. Una razón de que

1.5 Lake Shore Drive, Chicago (por cortesía de la ciudad de Chicago)

no lo hagamos es que no sabríamos cómo interpretar la contradicción. Esto implica que el enmarcado es un nudge poderoso y que debe seleccionarse con precaución.

Entonces, ¿qué?

Nuestro objetivo en este capítulo ha sido ofrecer una breve panorámica de la falibilidad humana. El cuadro resultante es el de personas atareadas que intentan salir adelante en un mundo complejo en el que no pueden permitirse pensar mucho sobre cada decisión que tienen que tomar, así que adoptan reglas básicas razonables que a veces las desorientan. Como están ocupadas y no prestan mucha atención, aceptan las preguntas como se las plantean en vez de intentar determinar si sus respuestas variarían si se las formularan de otra manera. En suma, desde nuestro punto de vista, el resultado es que se las puede orientar mediante nudges. Sus decisiones, incluso las más importantes de la vida, están influidas de formas que son imprevisibles en un marco económico estándar. Aquí tenemos un último ejemplo para ilustrarlo.

Una de las vías urbanas más escénicas del mundo es el Lake Shore Drive de Chicago, que recorre la orilla del lago Michigan, el límite oriental de la ciudad. Ofrece vistas magníficas del extraordinario perfil urbano de Chicago. Hay un tramo de esta carretera que presenta una serie de peligrosas curvas en S. Muchos conductores ignoran la reducción del límite de velocidad (a 40 km/h) y tienen graves accidentes. Hace poco la ciudad ha empezado a utilizar un nuevo método para animar a los conductores a frenar.

Al comienzo de la curva peligrosa, los conductores encuentran una señal pintada en la calzada que les advierte de la reducción del límite de velocidad y después una serie de rayas blancas pintadas en la calzada. Las rayas no aportan información táctil (no son badenes), sino que simplemente envían una señal visual a los conductores. Cuando aparecen las primeras, están espaciadas, pero a medida que se aproximan a la parte más peligrosa de la curva, están más cerca unas de otras, lo que da la sensación de que la velocidad va en aumento (véase la figura 1.5). El instinto natural es frenar. Cuando conducimos por este conocido tramo de la carretera, nos parece que esas líneas nos hablan y nos piden amablemente que empecemos a frenar antes de llegar al ápice de la curva. Nos han dado un nudge.

2

Resistir la tentación

La tentación

Hace muchos años, en una ocasión en que Thaler tenía invitados para cenar (otros economistas, también jóvenes en aquellos tiempos), puso un gran cuenco de anacardos para picar con la primera botella de vino. Al cabo de unos minutos estaba claro que los anacardos iban a desaparecer y que después los invitados no tendrían suficiente apetito para disfrutar todo lo que se había preparado para la cena. Thaler pasó a la acción: cogió el cuenco de anacardos y (al tiempo que se comía unos cuantos) lo llevó a la cocina, donde lo puso en un sitio poco visible.

Cuando volvió al salón, los invitados le agradecieron que se hubiera llevado los anacardos. La conversación derivó de inmediato hacia la cuestión teórica de cómo era posible que les aliviara el hecho de no tener el cuenco de anacardos delante. (Ahora se aprecia lo acertada que es la regla básica mencionada en el capítulo 1 sobre la proporción máxima de economistas entre los invitados a una cena). Un principio elemental de la economía (como de la vida diaria) es que nunca perjudica tener más opciones, porque siempre es posible ignorarlas. Antes de que Thaler retirase el cuenco, el grupo tenía las opciones de comer anacardos o no; después no las tenía. ¡En el país de los econs va contra la ley alegrarse de esto!

Para comprender mejor este ejemplo consideremos cómo las preferencias del grupo parecieron evolucionar durante la tarde. A las 7:15, justo antes de que Thaler retirase los anacardos, los invitados tenían tres opciones: comer pocos anacardos, comer todos los anacardos o no comer más. La primera opción era comer sólo unos pocos y después parar. La peor opción era terminar el cuenco, pues así se habría arruinado la cena. A las 7:30, si el cuenco hubiera seguido en la mesa, lo habrían terminado y con ello habrían llegado a la peor opción. ¿Por qué iban a cambiar de opinión en quince minutos? O ¿queremos decir realmente que cambiaron de opinión?

En la terminología económica se diría que el comportamiento del grupo era *dinámicamente inconsistente*. Al principio, prefieren A a B, pero después escogen B en vez de A. Podemos ver inconsistencia dinámica en muchos ámbitos. El domingo por la mañana la gente quizá diga que prefiere hacer ejercicio a ver la televisión, pero por la tarde está sentada en el sofá viendo el partido. ¿Cómo cabe entender esa conducta?

Para comprender el fenómeno de los anacardos hay que introducir dos factores: tentación y negligencia. Los seres humanos han conocido el fenómeno de la tentación al menos desde los tiempos de Adán y Eva, pero para comprender el valor de los nudges es necesario elaborar ese concepto. ¿Qué significa que algo es «tentador»?

Es conocido que el juez del Tribunal Supremo de Estados Unidos Potter Stewart dijo en una ocasión que, aunque no podía definir la pornografía, «la reconozco cuando la veo». De la misma forma, la tentación es más fácil de reconocer que de definir. Nuestra definición preferida exige que seamos conscientes de que el estado de excitación varía en el tiempo. Para simplificar las cosas sólo consideraremos los dos extremos: frío y caliente. Cuando Sally tiene mucha hambre y de la cocina emana un aroma apetitoso, podemos decir que su estado es caliente. Cuando el martes está pensando en abstracto en la cantidad de anacardos que debería comer el sábado antes de la cena, su estado es frío. Diremos que algo es «tentador» si lo consumimos más en caliente que en frío. Todo esto no significa que las decisiones tomadas en frío sean siempre mejores. Por ejemplo, a veces sólo somos capaces de vencer en caliente nuestro temor a probar cosas nuevas. A veces el postre es realmente delicioso y hacemos bien en tomarlo. A veces lo mejor es enamorarse. Pero está claro que las decisiones tomadas en caliente con frecuencia nos pueden causar muchos problemas.

La mayoría de la gente es consciente de que la tentación existe, por eso toma medidas para vencerla. El ejemplo clásico es el de Ulises, que afrontó el peligro de las sirenas y su canto irresistible. En frío,

Ulises ordenó a la tripulación que se tapara los oídos con cera para que la música no les tentara. También pidió que le ataran al mástil para poder escuchar la música y que las ligaduras le impidieran sucumbir, en caliente, a la tentación de dirigir la nave hacia ella.

Ulises logró resolver el problema. Sin embargo, para la mayoría de nosotros los problemas de autocontrol surgen cuando subestimamos el efecto de la excitación. Esto es lo que el economista del comportamiento George Loewenstein (1996) denomina el «desfase de empatía frío-caliente». En frío no apreciamos hasta qué punto se alterarán nuestros deseos y nuestra conducta cuando estamos «bajo la influencia» de la excitación. En consecuencia, nuestra conducta refleja una cierta ingenuidad respecto a los efectos que el contexto puede tener sobre la decisión. Tom está a dieta, pero accede a ir a una cena de negocios, pensando que será capaz de limitarse a un vaso de vino y de no tomar postre. Pero cuando el anfitrión pide la segunda botella de vino y el camarero les lleva el carrito de los postres, sus buenas intenciones se van al traste. Susan piensa que puede ir a unos grandes almacenes que están de rebajas y ver si hay algo a buen precio que realmente necesite. Acaba comprándose unos zapatos que le hacen daño pero que tenían una rebaja del 70 por ciento. Robert piensa que sólo va a practicar sexo seguro, pero debe tomar todas las decisiones cruciales en plena excitación. Los que tienen problemas con el tabaco, el alcohol, la falta de ejercicio, un endeudamiento excesivo y ahorros insuficientes conocen esta situación.

Las dificultades para el autocontrol pueden ilustrarse con la imagen de un individuo con dos yoes semiautónomos: el «Planificador», que piensa a largo plazo, y el miope «Impulsivo». El Planificador habla con el sistema reflexivo —el señor Spock que acecha en nuestro interior—, mientras que el «Impulsivo» está profundamente influido por el sistema automático, o el Homer Simpson de cada uno. El Planificador intenta promover nuestro bienestar a largo plazo, pero debe enfrentarse a los sentimientos y trucos, así como a la fuerte voluntad, del Impulsivo, que está expuesto a las tentaciones que se presentan con la excitación. Las investigaciones recientes de la neuroeconomía (sí, realmente existe ese campo) han hallado indicios que concuerdan con esta concepción del autocontrol dividido en dos sistemas. Algunas partes del cerebro sufren la tentación, mientras que otras nos permiten resistirla evaluando cómo deberíamos reaccionar ante ella[1]. A veces, las dos partes del cerebro entran en un conflicto serio: una especie de batalla que habrá de perder una u otra.

ELECCIÓN IRREFLEXIVA

El problema de los anacardos no es sólo de tentación. También implica el tipo de comportamiento negligente del que hablamos en el contexto de la inercia. En muchas situaciones las personas se ponen en un modo de «piloto automático» en el que no prestan una atención activa a lo que están haciendo (el sistema automático se siente muy cómodo entonces). Un sábado por la mañana, cuando salimos a hacer algún recado, puede ocurrir fácilmente que nos encontremos de camino al trabajo hasta que nos damos cuenta de que tenemos que ir al supermercado, en la dirección opuesta. Un domingo por la mañana seguimos nuestra rutina habitual con el café y el periódico hasta que nos damos cuenta de que habíamos quedado con un amigo para almorzar una hora antes. Comer es una de nuestras actividades más irreflexivas. Muchos de nosotros simplemente comemos lo que nos ponen delante. Por eso, suelen desaparecer rápidamente incluso los cuencos más grandes de anacardos, con independencia de la calidad de la comida que va a venir después.

Lo mismo se puede decir de las palomitas, incluso cuando están rancias. Hace unos años, Brian Wansink y sus colegas llevaron a cabo un experimento en un cine de Chicago en el que se repartió gratuitamente al público un cartón de palomitas rancias[2]. (Se habían preparado cinco días antes y se habían conservado de manera que incluso rechinaran al comerlas). A los asistentes no se les había informado específicamente de que estaban rancias, pero no les gustaron. Como dijo alguien: «Era como comer panchitos de corcho». En el experimento, a la mitad del público se le dio un cartón grande y a la otra mitad uno de tamaño mediano. En término medio, quienes recibieron el grande comieron aproximadamente un 53 por ciento más de palomitas, aunque en realidad no les gustaran. Después de la película, Wansink preguntó a quienes habían recibido el cartón grande si habían comido más por el tamaño. La mayoría negaron esa posibilidad: «Esos trucos no me engañan». Pero estaban equivocados.

Y también ocurre con la sopa. En otra obra maestra de Wansink (2006), los sujetos del experimento se sentaron ante un gran cuenco de sopa de tomate Campbell y se les dijo que comieran toda la que quisiesen. Sin que ellos lo supieran, los cuencos estaban diseñados para rellenarse solos (el fondo estaba conectado a la maquinaria que había debajo de la mesa). Por mucha sopa que comieran, los cuencos nunca se vaciaban. Muchas personas siguieron comiendo sin prestar atención al hecho de que estaban comiendo una gran cantidad de sopa, hasta que el experimento (por fortuna) terminó. Los platos y los envases grandes significan que se come más; son una forma de arquitectura de las decisiones y funcionan como poderosos nudges. (Un consejo: si quiere perder peso, use platos más pequeños, compre paquetes pequeños de lo que le guste y no tenga comida tentadora en la nevera).

Los problemas de autocontrol combinados con la decisión irreflexiva tienen malas consecuencias para la gente real. Millones de personas todavía fuman a pesar de que está demostrado que fumar tiene consecuencias terribles para la salud y, lo que es significativo, la gran mayoría de los fumadores afirman que les gustaría dejarlo. Casi dos tercios de los estadounidenses tienen sobrepeso o están obesos. Muchas personas nunca llegan a suscribir el plan de pensiones de su empresa, aunque cuente con importantes ayudas. En conjunto, estos datos sugieren que a un número significativo de personas les vendría bien un nudge.

ESTRATEGIAS DE AUTOCONTROL

Como al menos en parte somos conscientes de nuestras debilidades, procuramos conseguir ayuda exterior. Hacemos listas para recordar qué tenemos que comprar en el supermercado, compramos un despertador que nos hace levantarnos por la mañana, pedimos a los amigos que nos impidan tomar postre o que nos apoyen cuando estamos dejando de fumar. En estos casos, nuestros Planificadores toman medidas para controlar los actos de los Impulsivos, con frecuencia intentando modificar los incentivos de éstos.

Por desgracia, suele ser difícil contener a los Impulsivos (imaginemos lo que sería tratar de contener a Homer), lo que puede dar al traste con los esfuerzos de los Planificadores. Veamos el cotidiano pero revelador ejemplo del despertador. El optimista Planificador lo pone a las 6:15 con la intención de realizar una larga jornada de trabajo, pero el somnoliento Impulsivo apaga la alarma y sigue durmiendo hasta las 9. Esto puede provocar feroces luchas entre el Planificador y el Impulsivo. Algunos Planificadores colocan el despertador al otro lado de la habitación para que el Impulsivo al menos tenga que levantarse para apagarlo, pero si el Impulsivo logra meterse otra vez en la cama, todo está perdido. Por suerte, hay empresas con iniciativa que a veces acuden al rescate del Planificador.

Consideremos el despertador «Clocky» de la figura 2.1. Clocky es el «despertador que se escapa y se esconde si no sales de la cama». Con Clocky, el Planificador decide el número de minutos que va a permitir dormitar al Impulsivo por la mañana. Cuando esos minutos se agotan, el despertador salta desde la mesilla de noche y se pone a correr por la habitación y a hacer ruidos molestos. La única forma de apagar el maldito chisme es salir de la cama y encontrarlo. Para entonces, incluso el Impulsivo más somnoliento se ha despertado.

2.1 Anuncio de Clocky (utilizado con permiso de nanda llc.)

Los Planificadores disponen de una serie de estrategias, como Clocky, para controlar a los Impulsivos recalcitrantes, pero a veces necesitan la ayuda de desconocidos. Más adelante examinaremos cómo pueden proporcionar esa ayuda las instituciones públicas y privadas. En la vida diaria, una estrategia consiste en apuestas informales. En una ocasión Thaler ayudó así a un joven colega. Éste (llamémosle David) había sido contratado como profesor en el supuesto de que terminaría el doctorado antes de incorporarse o, en el peor de los casos, durante su primer año como docente. David tenía muchos incentivos para terminar su tesis, incluido un fuerte incentivo económico: mientras no se graduara, la universidad le trataría como «instructor» en vez de como profesor ayudante y no haría las aportaciones habituales a su plan de jubilación, que representaban el 10 por ciento de su sueldo (miles de dólares al año). El Planificador interior de David sabía que debía terminar su tesis sin más dilaciones, pero el Impulsivo participaba en muchos otros proyectos más interesantes y siempre dejaba para otro momento la tediosa tarea de redactar la tesis. (Pensar sobre nuevas ideas suele ser más divertido que elaborar las antiguas).

Fue entonces cuando intervino Thaler con el ofrecimiento a David del siguiente trato: David firmaría a Thaler una serie de cheques por valor de 100 dólares, pagaderos el primer día de cada uno de los meses siguientes. Thaler haría efectivo cada cheque si David no le había pasado un nuevo capítulo de su tesis por debajo de la puerta para la media noche del mes correspondiente. Más aún, Thaler prometía utilizar el dinero para organizar una fiesta a la que David no estaría invitado. David terminó su tesis a tiempo cuatro meses después, sin haber incumplido ningún plazo (aunque acabó la mayoría de los capítulos pocos minutos antes de entregarlos). Es instructivo que este incentivo funcionara aunque el incentivo monetario de la universidad fuera superior a 100 dólares mensuales, incluso si contásemos únicamente la aportación al plan de jubilación.

El trato funcionó porque la frustración de que Thaler cobrara los cheques y se los gastara en buen vino sin estar él invitado era mayor que la pérdida más bien abstracta e impersonal de la aportación a su plan de jubilación. Muchos amigos de Thaler le han amenazado con montar un negocio que compita con este plan de incentivos, pero Thaler señala que para ello tiene que ser público y notorio que eres lo suficientemente despreciable como para cobrar el cheque.

A veces los amigos adoptan juntos esta clase de estrategias. John Romalis y Dean Karlan, ambos economistas, llegaron a un ingenioso acuerdo para perder peso. Cuando eran estudiantes en la universidad observaron que estaban cogiendo peso, en especial durante la época en que estaban en el mercado de trabajo y tenían que comer y beber con potenciales contratadores. Hicieron un pacto. Los dos se comprometían a perder 13 kilos en un periodo de nueve meses. Si alguno no lo cumplía, tenía que pagar al otro 10.000 dólares. La apuesta fue un gran éxito, pues los dos lograron lo que se habían propuesto. Entonces abordaron un problema más difícil: el de mantenerse en ese peso. Las normas que adoptaron fueron que, con un día de aviso, cualquiera de los dos podía presentarse para comprobar el peso del otro. Si alguno de los dos sobrepasaba el peso acordado, estaba obligado a pagar al otro una suma determinada. En cuatro años hubo varios controles y sólo una vez superó el peso uno de ellos (que por tanto pagó la multa de inmediato). Hay que señalar que, como en el caso de la tesis de David, Dean y John reconocían que, sin el acicate de la apuesta, habrían comido demasiado aunque quisieran perder peso.

Es fácil imaginar versiones más formales de estas estrategias. En el capítulo 16 veremos la página web Stickk.com (uno de cuyos fundadores es Karlan), que proporciona un método mediante el cual los Planificadores pueden mantener a raya a sus Impulsivos. En algunas situaciones, la gente incluso puede desear que el Gobierno le ayude a afrontar sus problemas de autocontrol. En los casos extremos los gobiernos pueden prohibir determinadas actividades (como el uso de la heroína, la prostitución o conducir borracho). Esas prohibiciones pueden considerarse paternalismo puro, más que libertario, aunque también están en juego los intereses de terceros. En otros casos, los individuos prefieren que el Gobierno no intervenga tanto. Por ejemplo, a los fumadores les pueden beneficiar los impuestos sobre el tabaco con objeto de reducir el consumo sin prohibirlo[3]. Asimismo, algunos estados han intentado ayudar a los ludópatas con un mecanismo en virtud del cual ellos mismos se incluyen en una lista de personas a las que se prohíbe la entrada a los casinos (véanse, de nuevo, los pormenores en el capítulo 16). Como no se obliga a nadie a apuntarse, y el no hacerlo prácticamente no cuesta nada, este enfoque sí puede considerarse libertario, tal y como nosotros entendemos el término.

Un ejemplo interesante de una estrategia de autocontrol impuesta por el Gobierno es el horario de ahorro de luz diurna (también llamado horario de verano en muchas partes del mundo). Las encuestas revelan que la mayoría de la gente piensa que este horario es una gran idea, principalmente porque disfrutan de una hora «extra» de luz por la tarde. Por supuesto, el número de horas de luz en cualquier día dado es fijo, y adelantar los relojes una hora no lo aumenta. El simple cambio de las etiquetas en las horas del día, llamando «siete» a las «seis», es un nudge para levantarnos una hora antes. Además de tener más tiempo para disfrutar de un paseo por la tarde, también ahorramos energía. Nota histórica: Benjamin Franklin fue el primero que sugirió esta idea cuando ostentaba el cargo de representante estadounidense en París. Con su proverbial tacañería, Franklin calculó los miles de libras de cera de velas que podrían ahorrarse con su idea. No obstante, no se puso en práctica hasta la I Guerra Mundial.

En muchos casos, los mercados proporcionan servicios de autocontrol y no hace falta la intervención del Gobierno. Las empresas pueden hacer mucho dinero reforzando a los Planificadores en su lucha contra los Impulsivos, y con frecuencia prosperan haciendo el bien. Un interesante ejemplo lo proporciona una conocida institución de servicios financieros que fue muy popular: el club de ahorro navideño. Así es como funciona habitualmente: a finales de noviembre un cliente abre una cuenta en su banco y se compromete a depositar una cantidad determinada (por ejemplo, diez dólares) cada semana para el año siguiente. Los fondos no se pueden retirar hasta un año después, cuando la cantidad total se redima justo a tiempo para las compras de Navidad. El tipo de interés habitual para esas cuentas es prácticamente de cero.

Consideremos el club de Navidad en términos económicos. Se trata de una cuenta sin liquidez (no se puede retirar el dinero durante un año), costes de transacción altos (hay que hacer depósitos cada semana) y una tasa de retorno próxima a cero. Probar en una clase de economía que semejante institución no puede existir es un ejercicio fácil. Sin embargo, durante muchos años los clubes de Navidad fueron muy populares, con miles de millones de dólares en inversiones. Si pensamos que estamos tratando con humanos, no con econs, no resulta difícil explicar su éxito. Los hogares que no tenían suficiente dinero para los regalos navideños resolvían el problema del año siguiente con la participación en uno de estos clubes. La incomodidad de hacer los depósitos y la pérdida de los intereses serían pequeños precios que pagar a cambio de la seguridad de tener suficiente dinero para los regalos navideños. Y, como cuando Ulises se ató al mástil, el hecho de que el dinero no pudiera retirarse era un plus, no una desventaja. La falta de liquidez era precisamente su atractivo. En muchos aspectos los clubes de Navidad son una versión adulta de las huchas de cerditos para niños, en las que era mucho más fácil meter dinero que sacarlo. Su sentido es justamente la dificultad de recuperar el dinero.

Aunque los clubes de Navidad todavía existen, la llegada de las tarjetas de crédito los ha hecho innecesarios en la mayoría de las familias*. Como las compras de Navidad se pueden financiar, ya no es necesario ahorrar por adelantado. Desde luego, esto no significa que el nuevo régimen sea mejor en todos los aspectos. Ahorrar con un interés de cero por ciento sin la posibilidad de retirar los fondos puede parecer estúpido, y por supuesto es peor que depositar el dinero en una cuenta bancaria con intereses, pero no recibir intereses seguramente es preferible a pagar el 18 por ciento de interés o más por la deuda de la tarjeta de crédito.

La batalla en el mercado entre las tarjetas de crédito y los clubes de Navidad es una buena ilustración de un argumento más general al que volveremos más adelante. Los mercados proporcionan fuertes incentivos a las empresas para que satisfagan las demandas de los consumidores y las empresas compiten por hacerlo, tanto si esas demandas representan las mejores opciones como si no. Una empresa podría diseñar un inteligente mecanismo de autocontrol como un club de Navidad, pero no puede impedir que otra empresa ofrezca prestar dinero en anticipación de la recepción de esos fondos. Las tarjetas de crédito y los clubes de Navidad compiten, e incluso los

---

* Pese a que los clubes de Navidad se han vuelto impopulares, la mayoría de los estadounidenses siguen empleando un mecanismo de ahorro sin intereses que podría denominarse la cuenta de Pascua. A tres cuartos de los estadounidenses les sale negativa la declaración de la renta, y la devolución media es de más de dos mil dólares. Si estas devoluciones se describieran como préstamos sin intereses al gobierno, probablemente no serían tan populares. Aunque los contribuyentes podrían ajustar su retención para que la cantidad por devolver fuera menor, y en principio esos fondos les podrían reportar intereses a lo largo del año, muchos prefieren considerar la devolución como una forma de ahorro. Cuando llega, parece dinero llovido del cielo.

ofrecen las mismas instituciones: los bancos. Aunque la competencia hace bajar los precios, no siempre conduce al mejor resultado para los consumidores.

Incluso cuando nos disponemos a elegir bien, los mercados competitivos encuentran la forma de hacernos vencer los últimos vestigios de resistencia a una mala elección. En el aeropuerto O'Hare de Chicago, dos cadenas de restauración compiten a ambos extremos del pasillo. Una vende fruta, yogur y otros alimentos saludables. La otra vende Cinnabons, pecaminosos bollos cubiertos de canela de 730 calorías y 24 gramos de grasa. Tu Planificador quizá se esté encaminando ya al de fruta y yogur, pero el aroma que despiden los hornos de Cinnabons llega hasta el pasillo. ¿En cuál supone que hay más clientes?

CONTABILIDAD MENTAL

Los despertadores y los clubes de Navidad son recursos externos que utilizamos para resolver nuestros problemas de autocontrol. Otra manera de superarlos es adoptar sistemas de control internos, también denominados *contabilidad mental*. La contabilidad mental es el sistema (a veces implícito) que se usa en los hogares para evaluar, regular y procesar el presupuesto doméstico. Casi todos hacemos cuentas mentales, incluso cuando no somos conscientes de ello.

Este concepto está maravillosamente ilustrado por una conversación de los actores Gene Hackman y Dustin Hoffman en uno de los materiales adicionales que se ofrecen en los DVD. Hackman y Hoffman son amigos desde sus difíciles comienzos y Hackman cuenta que, en una ocasión en que visitó a Hoffman, éste le pidió que le prestara dinero. Hackman accedió pero cuando fueron a la cocina de Hoffman, vio que sobre la encimera había varias jarras de barro llenas de monedas. Una jarra tenía una etiqueta que ponía «alquiler», otra «electricidad, gas y transporte» y así sucesivamente. Entonces Hackman preguntó a Hoffman cómo era que necesitaba un préstamo si tenía tanto dinero en las jarras, a lo que Hoffman respondió señalando la jarra de la comida, que estaba vacía.

Según la teoría económica (y la lógica elemental), el dinero es «fungible», lo que significa que no tiene etiquetas. Veinte dólares en la jarra del alquiler valen para comprar tanta comida como la misma cantidad en la jarra de la comida. Pero los hogares adoptan sistemas de contabilidad mental que violan la fungibilidad por las mismas razones por las que lo hacen las organizaciones: para controlar el gasto. La mayoría de las organizaciones tiene presupuestos para sus distintas actividades, y todo el que haya trabajado en una de ellas ha experimentado alguna vez la frustración de no poder hacer una compra importante porque en la cuenta correspondiente ya no queda dinero. Nadie se plantea utilizar los fondos que haya disponibles en otra cuenta más que Hoffman gastar para comida el dinero guardado en la jarra del alquiler.

En los hogares la fungibilidad se viola constantemente. Uno de los ejemplos más creativos de contabilidad mental lo inventó un profesor de finanzas que conocemos. A comienzos de año asigna cierta cantidad de dinero (por ejemplo, 2.000 dólares) para donarlo a una actividad benéfica de United Way. Entonces, si le ocurre algo malo durante el año —una multa por mal aparcamiento, por ejemplo— la deduce mentalmente del donativo. Esto le proporciona un «seguro» contra pequeños contratiempos económicos[*].

En el casino también se puede ver la contabilidad mental en acción. Observe al jugador que tiene la suerte de ganar algún dinero al comienzo de la noche. Quizá le vea guardar el dinero que ha ganado en un bolsillo y el dinero que trajo para apostar (otra cuenta mental) en otro distinto. Los jugadores incluso tienen un término para esto. El dinero recién ganado se denomina «dinero de la casa», porque en la jerga del juego el casino es la casa. Se dice que apostar parte del dinero que se acaba de ganar es «jugar con el dinero de la casa», como si fuera distinto del otro dinero. Las pruebas experimentales muestran que la gente está más dispuesta a apostar dinero que considera dinero de la casa[4].

Los que nunca apuestan tienen la misma mentalidad. Cuando las inversiones dan beneficios, la gente está más dispuesta a comprometer sus «ganancias». Por ejemplo, la contabilidad mental contribuyó al gran aumento del precio de las acciones de la década de 1990, cuando mucha gente corrió riesgos cada vez mayores con la justificación de que sólo estaban exponiendo sus ganancias de los últimos

---

[*] Se podría pensar que de esta forma el dinero no llega a United Way, pero no es así. El profesor tiene que asegurarse de que su donativo es lo suficientemente grande como para cubrir todos sus contratiempos.

años. De la misma forma, es más probable que se derroche en ostentosas compras impulsivas con dinero recibido inesperadamente que con los ahorros acumulados a lo largo del tiempo, incluso si nada impide que se gasten.

La contabilidad mental es importante precisamente porque las cuentas se tratan como no fungibles. Es cierto que las jarras de barro que utilizaba Dustin Hoffman (y la generación de sus padres) prácticamente han desaparecido. Pero muchos hogares siguen asignando cuentas a distintos usos: la educación de los hijos, las vacaciones, la jubilación, etcétera. En muchos casos son literalmente cuentas distintas, no meras entradas en un libro contable. Que esas cuentas sean intocables puede conducir a un comportamiento en apariencia extravagante, como prestar y tomar prestado dinero simultáneamente con tipos de interés muy diferentes. David Gross y Nick Souleles (2002) descubrieron que el hogar estadounidense típico de su muestra tenía más de 5.000 dólares en activos líquidos (generalmente cuentas de ahorro que les reportaban menos del 5 por ciento anual) y una deuda de casi 3.000 dólares en balances de las tarjetas de crédito, con una tasa de interés habitual del 18 por ciento o más. Utilizar el dinero de la cuenta de ahorros para cancelar la deuda de la tarjeta de crédito equivale a lo que los economistas denominan una oportunidad de arbitraje —comprar barato y vender caro—, pero la inmensa mayoría de los hogares no aprovecha esa oportunidad.

Sin embargo, lo mismo que los clubes de Navidad, esta conducta quizá no sea tan estúpida como parece. Muchos de estos hogares han gastado a crédito hasta el límite que les permiten sus tarjetas. Quizá piensen que si cancelan esa deuda con la cuenta de ahorros, pronto volverán a agotar el crédito de sus tarjetas. (Y las compañías de tarjetas de crédito, conscientes de esto, están más que dispuestas a ampliar el crédito a quienes han alcanzado el límite siempre que aún no se hayan retrasado en el pago de los intereses). Por tanto, mantener el dinero en cuentas separadas es otra costosa estrategia de autocontrol, lo mismo que el club de Navidad.

Desde luego, hay muchas personas capaces de ahorrar. De hecho, a veces lo que les cuesta trabajo es gastar. Si esto les ocurre en grado extremo, las llamamos tacañas, pero incluso la gente normal puede descubrir que no se permite los suficientes caprichos. Un amigo nuestro que se llama Dennis ha adoptado una inteligente estrategia de contabilidad mental para resolver este problema. Cuando cumplió sesenta y cinco años empezó a cobrar de la Seguridad Social, aunque tanto él como su esposa seguían trabajando a jornada completa. Como ha sido un buen ahorrador a lo largo de los años (en parte porque su empresa tiene un generoso plan de jubilación obligatorio), Dennis quería asegurarse de que podría disfrutar de las cosas que le gustan (en especial de viajes a París con buenas comidas), cuando todavía tiene buena salud, y de que no le disuadiera de ello el gasto. Así que abrió una cuenta de ahorros especial en la que ingresaba el dinero que recibía de la Seguridad Social y la llamó «cuenta de la diversión». Una bicicleta nueva o una caja de buen vino serían compras aceptables con esta cuenta, pero reparar el tejado de la casa evidentemente no.

Utilizar cuentas mentales podría resultar muy beneficioso para cada uno de nosotros. Hacen la vida más divertida y más segura. A muchos nos vendría bien mantener una cuenta casi sagrada para «imprevistos» y otra para «entretenimiento y diversión» disponible en todo momento. Comprender las cuentas mentales también mejoraría la política pública. Como veremos, si queremos fomentar el ahorro, será importante asignar las cantidades incrementadas a una cuenta mental (o real) en la que gastarlas no sea una tentación demasiado grande.

3

SEGUIR AL REBAÑO

El reverendo Jim Jones fue el fundador y líder del Templo del Pueblo. En 1978, ante la acusación de evasión de impuestos, obligó a la mayoría de sus mil seguidores a trasladarse de San Francisco, a un pequeño asentamiento en Guyana que denominó Jonestown. Ante la perspectiva de una investigación federal por un presunto delito de abuso y tortura de niños, Jones decidió que sus seguidores envenenaran a sus hijos y después a sí mismos. Prepararon cubas de veneno. Algunos se resistieron y otros expresaron su desacuerdo, pero fueron silenciados. Siguiendo las órdenes de Jones, y la presión social recíproca, madres y padres envenenaron obedientemente a sus hijos y después les siguieron ellos mismos. Sus cuerpos yacían juntos con los brazos entrelazados cuando fueron descubiertos[1].

Los econs (y algunos economistas que conocemos) son criaturas muy insociales. Se comunican con los demás si pueden obtener algo de ello, se preocupan por su reputación y aprenden de los demás para obtener información fáctica, pero no les interesa la moda. Excepto por razones prácticas, no modificarían el bajo de la ropa, y las corbatas, si es que existieran en un mundo de econs, no se estrecharían y ensancharían de acuerdo con los estilos. (Por cierto, las corbatas se utilizaron originalmente como servilletas, así que tenían una función). Los humanos, por otra parte, reciben frecuentes nudges de otros humanos. Se han producido transformaciones sociales masivas, tanto en los mercados como en la política, que se originaron con un pequeño nudge social.

Los humanos no son exactamente lemmings, pero les influye fácilmente lo que otros dicen y hacen. (Por cierto, realmente los lemmings no se suicidan en masa arrojándose uno tras otro al mar. Nuestras ideas, un tanto difamatorias, sobre estos animales se basan en una leyenda urbana demasiado humana; es decir, las personas creen esto porque siguen a otras personas. Por el contrario, la historia del suicidio masivo en Jonestown no es una leyenda). Si vemos una escena de una película y los demás sonríen, es más probable que nosotros también sonriamos (aunque no le veamos la gracia); asimismo, los bostezos son contagiosos. Se suele decir que si dos personas viven juntas durante mucho tiempo, empiezan a parecerse la una a la otra. En este caso, la sabiduría popular es cierta. (Para los curiosos: la semejanza en parte se debe a la nutrición —una dieta y hábitos de alimentación comunes—, pero en buena medida el efecto se debe a la imitación de las expresiones faciales). De hecho, las parejas que acaban pareciéndose también son más felices.

En este capítulo intentamos comprender cómo y por qué actúan las influencias sociales. En nuestro contexto es importante conocer esas influencias por dos razones. La primera es que la mayoría de la gente aprende de los demás. Esto suele ser bueno, claro está. Las sociedades y los individuos se desarrollan aprendiendo de los otros. Pero muchos de nuestros grandes errores de juicio también tienen su origen en los otros. Cuando las influencias sociales hacen que la gente tenga creencias falsas o sesgadas, algunos nudges podrían ayudar. La segunda razón por la que este tema es importante para nuestros propósitos es que una de las formas más efectivas de aplicar un nudge (para bien y para mal) es a través de la influencia social. En Jonestown esa influencia era tan fuerte que una población entera se suicidó. Pero las influencias sociales también han logrado milagros, grandes y pequeños. En muchas ciudades, los amos de perros llevan bolsas de plástico cuando salen con sus mascotas, y el resultado es que pasear por el parque es mucho más agradable. Esto ha ocurrido aunque el riesgo de que le pongan a alguien una multa porque su perro ensucia la calle es prácticamente nulo. Los arquitectos de las decisiones deben saber cómo fomentar otras conductas beneficiosas socialmente, y también cómo procurar que no ocurran hechos como los de Jonestown.

Las influencias sociales se agrupan en dos categorías básicas. La primera conlleva información. Si muchas personas hacen o piensan algo, sus actos y sus pensamientos transmiten información sobre lo que a usted podría convenirle hacer o pensar. La segunda implica la presión de los demás. Si le preocupa lo que los demás piensen de usted (quizá por creer equivocadamente que prestan atención a lo que hace: véase más adelante), entonces podría imitarlos para evitar su ira o para congraciarse con ellos.

Para hacernos una idea del poder de los nudges sociales consideremos los hallazgos de varias investigaciones:

1. Las adolescentes que ven que otras adolescentes tienen hijos tienen más probabilidades de quedarse embarazadas[*].
2. La obesidad es contagiosa. Si su mejor amigo engorda, aumenta el riesgo de que usted también gane peso.
3. Las cadenas televisivas se imitan unas a otras y producen tendencias en la programación que por lo demás son inexplicables. (Pensemos en los *reality shows,* los concursos que aparecen y desaparecen, el auge y caída de la ciencia ficción, etcétera).
4. El esfuerzo académico de los estudiantes está influido por sus compañeros, hasta el punto de que la asignación aleatoria del compañero de habitación en una residencia estudiantil puede tener importantes consecuencias para sus calificaciones y, por tanto, para sus perspectivas futuras. (Los padres quizá deberían preocuparse menos por la universidad a la que mandan a sus hijos y más por quién es su compañero de cuarto).
5. En el sistema judicial estadounidense, a los jueces federales integrados en paneles de tres jueces les influye lo que votan sus colegas. El republicano típico muestra unas pautas de voto bastante liberales cuando está con dos jueces demócratas, y el demócrata típico unas pautas de voto más conservadoras cuando está con dos republicanos. Ambos grupos muestran pautas de voto mucho más moderadas cuando están con al menos un juez nombrado por un presidente del partido político opuesto[2].

En definitiva, los humanos nos vemos influidos fácilmente por otros humanos. ¿Por qué? Una razón es que buscamos la conformidad.

---

[*] En todos los ejemplos omitimos la frase «si los demás factores permanecen constantes». Lo que queremos decir aquí es que, teniendo en cuenta los demás factores de riesgo que predicen un embarazo adolescente, es más probable que las chicas se queden embarazadas si ven que otras adolescentes se quedan embarazadas.

Imagine que se encuentra en un grupo de seis personas y que están haciendo una prueba de percepción visual. Se le asigna una tarea ridículamente fácil. Se supone que tiene que encontrar la pareja de una línea concreta que le muestra en una tarjeta blanca escogiendo una de igual longitud entre otras tres líneas que se proyectan en una pantalla.

En las tres primeras pruebas, todo marcha sin problemas. Cada uno dice en voz alta su respuesta y todos están de acuerdo con todos. Pero en la cuarta, ocurre algo extraño. Las otras cinco personas del grupo anuncian sus respuestas antes que usted, y todas están equivocadas. Le toca responder. ¿Qué hace?

Si es como la mayoría, pensará que es fácil predecir su conducta en esta tarea: dirá lo que piensa. Señalará la línea que le parece correcta. Como es de mentalidad independiente dirá la verdad. Pero si es un humano y realmente estuviera participando en el experimento, muy bien podría seguir a los que le precedieron y dar la misma respuesta que ellos, a pesar de lo que le indiquen sus propios sentidos.

En la década de 1950 Solomon Asch (1995), un brillante psicólogo social, llevó a cabo una serie de experimentos en este sentido. Cuando se les pedía que decidieran por sí mismos, sin ver el juicio de los demás, los sujetos casi nunca se equivocaban, pues la prueba era fácil. Pero cuando todos los demás daban una respuesta incorrecta, se equivocaban más de un tercio de las veces. De hecho, en una serie de doce preguntas, casi tres cuartos de los sujetos dieron la misma respuesta que el grupo, desafiando lo que les mostraban sus sentidos. Hay que señalar que, en el experimento de Asch, los sujetos reaccionaban a las decisiones de completos desconocidos a los que probablemente no volverían a ver. No tenían ninguna razón especial para desear su aprecio.

Los hallazgos de Asch parecen mostrar algo universal sobre la humanidad. Los experimentos de conformidad se han repetido y ampliado en más de 130 experimentos en diecisiete países, incluidos Zaire, Alemania, Francia, Japón, Noruega, Líbano y Kuwait (Sunstein, 2003). La tasa global de error —entre el 20 y el 40 por ciento de las ocasiones los sujetos buscaban amoldarse al resto— no presenta diferencias importantes entre países. Y aunque del 20 al 40 por ciento de las ocasiones no parezca mucho, recordemos que la tarea era muy simple. Casi es como si a la gente se le pudiera inducir a identificar la foto de un perro como si fuera de un gato porque así lo han dicho otros antes.

¿Exactamente por qué a veces ignoramos la evidencia de los sentidos? Ya hemos esbozado dos respuestas. La primera implica la información que dan las respuestas de los demás; la otra, la presión social y el deseo de no afrontar la censura del grupo. En los estudios de Asch, varios de los conformistas dijeron, en entrevistas privadas, que sus percepciones iniciales debieron de estar equivocadas. Si todos los demás aceptan una proposición determinada, o ven las cosas de una manera determinada, cabría suponer que seguramente tienen razón. Lo asombroso es que las imágenes cerebrales obtenidas recientemente sugieren que cuando las personas muestran conformidad en situaciones como la de Asch, ven realmente las cosas como los demás[3].

Por otra parte, en las mismas circunstancias básicas que los experimentos de Asch, los científicos sociales generalmente hallan menos conformidad cuando piden que las respuestas se den de manera anónima. Es más probable que las personas tiendan a la conformidad cuando saben que los demás van a ver lo que dicen. Los sujetos a veces se muestran de acuerdo con el grupo incluso cuando piensan, o saben, que los demás están equivocados. Los grupos unánimes son los que proporcionan los nudges más fuertes, incluso cuando la pregunta es fácil y todos deberían saber que los demás están equivocados.

Los experimentos de Asch consistían en evaluaciones con respuestas obvias. En general, no es difícil calcular la longitud de las líneas. ¿Qué ocurre cuando la tarea es más complicada? Esta pregunta reviste especial importancia para nuestros propósitos porque nos interesa ver cómo la gente es influida, o puede ser influida, al enfrentarse a problemas que son difíciles y poco habituales. El psicólogo Muzafer Sherif (1937) realizó varios estudios clave en la década de 1930. En su experimento, se ponía a los sujetos en una habitación oscura y se colocaba un pequeño punto de luz delante de ellos a cierta distancia. En realidad la luz estaba fija, pero parecía moverse por una ilusión óptica denominada efecto autocinético. En cada una de las pruebas Sherif pidió a los sujetos que calcularan la distancia que la luz se había movido. Cuando se les preguntaba individualmente, no coincidían y sus respuestas variaban de forma significativa de una prueba a otra; lo cual no es extraño, pues la luz no se movía y los juicios eran arbitrarios.

Pero Sherif halló marcados efectos de conformidad cuando se pedía a los sujetos que actuaran en pequeños grupos y que hicieran sus valoraciones en público. Entonces los juicios individuales convergían y rápidamente se desarrollaba una norma de grupo que establecía una distancia consensuada. Con el tiempo, la norma permanecía estable dentro de los grupos, lo que conducía a una situación en que diferentes grupos emitían juicios muy diversos, que creían a pies juntillas. Esto nos da una pista importante sobre cómo grupos, ciudades e incluso países aparentemente similares pueden converger en creencias y actos muy diferentes sólo a causa de modestas e incluso arbitrarias variaciones en los puntos de partida.

Sherif también probó un nudge. En algunos experimentos introdujo a otra persona —su confidente— sin que lo supieran los sujetos del estudio. Entonces ocurrió algo distinto. Si su confidente hablaba con seguridad y firmeza, su juicio tenía gran influencia sobre la valoración del grupo. Si la valoración del confidente era mucho más alta que la que habían hecho los demás inicialmente, el juicio del grupo se hinchaba; si la estimación del confidente era muy baja, también se reducía la del grupo. Un pequeño nudge expresado con seguridad podía tener importantes consecuencias en las conclusiones del grupo. La lección que se desprende de todo esto es que, tanto en el sector público como en el privado, unas personas congruentes y firmes pueden llevar a los grupos y sus prácticas en la dirección que deseen.

Más llamativo aún es que los sujetos internalizaron completamente los juicios del grupo, de forma que se adherían a ellos incluso cuando daban sus valoraciones en privado —y cuando, un año después, participaban en nuevos grupos cuyos miembros hacían valoraciones distintas—. Es significativo que los juicios iniciales también tuvieran repercusión a través de las «generaciones». Incluso cuando se introducían nuevos sujetos y otros se retiraban, de forma que todos los participantes se encontraban en una situación nueva, tendía a permanecer el juicio del grupo original, aunque la persona responsable de él ya no participaba desde hacía tiempo[4]. En una serie de experimentos, otros investigadores que han utilizando el método básico de Sherif han mostrado que con el tiempo puede afianzarse una «tradición» en la forma de algún juicio sobre la distancia, que es seguida por muchas personas con independencia de su arbitrariedad original[5].

Aquí se puede ver por qué muchos grupos son presa de lo que se conoce como «conservadurismo colectivo»: la tendencia de los grupos a aferrarse a las pautas establecidas aun después de que surjan nuevas necesidades. Una vez que una práctica (como llevar corbata) se afianza, es muy probable que se perpetúe, incluso si no tiene una base especial. A veces una tradición puede durar largo tiempo y contar con el apoyo, o al menos la aquiescencia, de gran número de personas, aunque inicialmente fuera producto de un pequeño nudge de un reducido número de personas o de una sola. Desde luego, si se demuestra que la práctica está causando problemas graves, el grupo puede abandonarla. Pero si hay incertidumbre sobre esa cuestión, es muy posible que la gente siga haciendo lo que ha hecho siempre.

Aquí se plantea el problema de la «ignorancia pluralista», es decir, la ignorancia por parte de todos o de la mayoría sobre lo que piensan otras personas. Podemos mantener una práctica o una tradición no porque nos agrade, o incluso porque la consideremos defendible, sino simplemente porque creemos que le gusta a la mayoría de la gente. Muchas prácticas sociales persisten por esa razón y un pequeño sobresalto, o un nudge, puede desterrarlas[6]. Un ejemplo espectacular es el del comunismo en el antiguo bloque soviético, que se mantenía en parte porque mucha gente no era consciente de la cantidad de personas que despreciaban el régimen. Hay nudges que ponen en marcha una especie de efecto en cadena y con frecuencia pueden producir cambios espectaculares, aunque no tengan trascendencia mundial, y provocar el rechazo de prácticas muy antiguas.

Otros experimentos basados en el método básico de Asch han hallado una gran conformidad ante muchas clases de juicios[7]. Veamos el siguiente caso. Se preguntó a los sujetos: «De los siguientes problemas, ¿cuál le parece el más importante para su país actualmente?». Y se ofrecían cinco alternativas: recesión económica, educación, actividades subversivas, salud mental, crimen y corrupción. En las entrevistas privadas sólo el 12 por ciento escogió las actividades subversivas. Pero cuando estaban en un grupo en el que había un aparente consenso sobre esa opción ¡la elegía el 48 por ciento! De forma parecida, se les pidió que consideraran esa frase: «La libertad de expresión es un privilegio, no un derecho; una sociedad puede suspender la libertad de expresión si se siente amenazada». Preguntados individualmente, sólo el 19 por ciento del grupo de control estaba de acuerdo, pero con que hubiera sólo cuatro personas que mantuvieran esa opinión, la conformidad alcanzaba el 58 por ciento. Estos resultados están muy relacionados con uno de los intereses subyacentes de Asch: comprender cómo había sido posible el nazismo. Asch creía que la conformidad podía producir un nudge muy persistente que en último término generaría un comportamiento (como en los acontecimientos de Jonestown) que podría parecer impensable.

Tanto si el trabajo de Asch proporciona una explicación adecuada del auge del fascismo (o de los acontecimientos de Jonestown), como si no, es incuestionable que la presión social impulsa a las personas a aceptar conclusiones muy extrañas, y que esas conclusiones pueden muy bien afectar a su comportamiento. Una pregunta evidente es si los arquitectos de las decisiones pueden explotar este hecho para orientar a la gente en direcciones mejores. Supongamos, por ejemplo, que las autoridades locales desean animar a la población a que haga más ejercicio para mejorar su salud. Si muchas personas hacen ejercicio, simplemente con mencionar este hecho se podrían conseguir cambios significativos. Un número reducido de personas influyentes que muestren el comportamiento adecuado puede tener un efecto similar.

Consideremos el imaginativo y asombrosamente eficaz esfuerzo de Texas por reducir la basura en sus carreteras[8]. Las autoridades estaban preocupadas por el fracaso de una masiva campaña publicitaria a la que habían dedicado generosos medios, en la que intentaban convencer a la gente de que su deber cívico era no tirar basura al suelo. Muchos de los que ensuciaban eran hombres de entre dieciocho y veinticuatro años, a quienes no entusiasmaba el hecho de que una élite burocrática intentara cambiar su comportamiento. Entonces las autoridades decidieron que necesitaban «un eslogan desafiante que también apelara al particular espíritu del orgullo tejano». Con el objetivo explícito de llegar a una audiencia indiferente, el estado pidió a jugadores famosos del Dallas Cowboys que participaran en una campaña de publicidad televisiva en la que recogían con las manos latas de cerveza del suelo y gruñían: «¡Cuidado con Texas!». En otros anuncios aparecían cantantes populares como Willie Nelson.

Ahora hay toda clase de productos «¡Cuidado con Texas!», desde pegatinas hasta camisetas o tazas. Una popular pegatina muestra los colores patrióticos de la bandera de Estados Unidos y —lo que quizá sea más importante— del estado de Texas (figura 3.1).

Aproximadamente el 95 por ciento de los texanos ahora conoce este eslogan, que en 2006 fue elegido el favorito del país por una mayoría aplastante, hasta el punto de que en Nueva York se organizó en su honor un desfile por Madison Avenue. (No nos estamos inventando esto. Desde luego, sólo ocurre en Estados Unidos). Pero lo importante es que en el primer año de campaña la basura del suelo se redujo en Texas en un 29 por ciento. En sus primeros seis años, los desperdicios arrojados a la cuneta se han reducido en un 72 por ciento. Y todo esto se ha logrado no con órdenes ni coacciones, sino con un nudge creativo.

3.1 Logo de «¡Cuidado con Texas!» (utilizado con permiso de Don't Mess* with Texas, Departamento de Transporte de Texas)

BAJO LOS FOCOS

Una razón por la que la gente se esfuerza tanto por amoldarse a las normas y modas sociales es que piensa que los demás prestan atención a lo que hacen. Si alguien se viste formalmente para asistir a un acto en el que los demás llevan ropa informal, le parece que todos le están mirando y piensan que está haciendo el ridículo. Si usted tiene estos temores, quizá le resulte tranquilizador saber que los demás no prestan tanta atención como cree.

---

* *Mess* significa, entre otras cosas, «ensuciar», y *mess with*, «jugar con» en un sentido amenazador. La traducción «¡Cuidado con Texas!» es una advertencia de «no jugar con» Texas al tiempo que anima a cuidarla, a no ensuciarla. *(N. de la T.)*

Tom Gilovich y sus colegas han demostrado que las personas son presa de lo que denomina el «efecto foco»[9]. En un experimento típico, el equipo de Gilovich comenzó a investigar qué cantante quedaría más anticuado en una camiseta. Esta investigación se realizó a finales de los años noventa, y quien obtuvo este dudoso honor fue Barry Manilow. Cuando llegó un estudiante para el experimento, se le dijo que se pusiera una camiseta con la foto de Barry Manilow bien visible en la parte delantera y se le pidió que se uniera a otro grupo de estudiantes que estaban muy ocupados rellenando cuestionarios. Después de un minuto más o menos se le dijo al estudiante de la camiseta que tenía que participar en un estudio diferente y que saliera de la sala. Entonces se le preguntó que cuántos estudiantes de los que había en la sala creía él que podrían identificar a quien llevaba en la camiseta. La respuesta media fue algo menos de la mitad, el 46 por ciento. En realidad, sólo fue capaz el 21 por ciento del grupo.

La moraleja es que la gente presta menos atención de lo que uno cree. Si tiene una mancha en la camisa, no se preocupe; probablemente nadie lo ha notado. Pero en parte porque las personas piensan que todos tienen los ojos fijos en ellas, se amoldan a lo que los demás esperan de ellas.

CAMBIO CULTURAL, CAMBIO POLÍTICO E IMPREDECIBILIDAD

¿Podrían verse afectadas la cultura y la política por la conformidad? ¿Podrían ganar dinero las empresas gracias a ella? Consideremos algunos hallazgos relacionados con las descargas de música. Matthew Salganik y sus coautores (2006) crearon un mercado de música artificial, con 14.341 participantes que visitaban una página web popular entre los jóvenes. A los participantes se les dio una lista de canciones que nadie había escuchado hasta entonces de grupos desconocidos. Se les pidió que escucharan unos compases de cualquier canción que les interesara para decidir cuáles querían descargar (si querían descargar alguna) y que asignaran una valoración a las que escogieran. A la mitad de los participantes se les pidió que tomaran sus decisiones de manera independiente, basándose en los nombres de los grupos y de las canciones y en su propio juicio sobre la calidad de la música. La otra mitad podía ver cuántas veces habían descargado cada canción los demás participantes. Cada participante de este segundo grupo fue asignado aleatoriamente a uno de ocho «mundos» posibles que evolucionaban de forma independiente; los que estaban en un mundo determinado sólo podían ver las descargas de ese mundo. Una pregunta clave es si les influirían las valoraciones de los demás (y si en los diferentes «mundos» se popularizaría diferente música).

Lo que hacían unos individuos, ¿era un nudge para los demás? No hay ninguna duda. En los ocho mundos, era mucho más probable que los participantes se descargaran canciones que se habían descargado con frecuencia anteriormente, y mucho menos probable que descargaran temas que no habían sido tan populares. Y lo que es más llamativo, el éxito de las canciones era completamente impredecible y las que eran populares o no en el grupo de control, en el que los sujetos no conocían los juicios de los demás, podían correr una suerte muy diferente en los «mundos de influencia social». En éstos la mayoría de las composiciones se hacían o no populares dependiendo en buena medida de las elecciones de los que habían hecho las primeras descargas. La misma canción podía ser un éxito o un fracaso simplemente porque, al principio, otros las hubieran o no descargado.

En muchos ámbitos, las personas se sienten tentadas de pensar, a posteriori, que un resultado era completamente predecible y que el éxito de un músico, un actor, un autor o un político era inevitable a la vista de su talento y sus características. Pues resista la tentación. Pequeñas intervenciones e incluso coincidencias, en un escenario clave, pueden producir grandes variaciones en el resultado. El cantante que hoy está de moda probablemente es indistinguible de docenas e incluso de cientos de cantantes con el mismo talento cuyos nombres no hemos oído nunca. Podemos ir más allá. La mayoría de los gobernantes actuales son difíciles de distinguir de docenas e incluso centenares de políticos cuyas candidaturas fueron un completo fracaso.

Los efectos de las influencias sociales pueden haber sido planificados deliberadamente o no. La Epidemia de Parabrisas Mellados de Seattle constituye un ejemplo un tanto cómico de cómo la influencia social puede afectar a lo que la gente piensa, incluso si nadie ha planeado nada[10]. A finales de marzo de 1954 varias personas en Bellingham, Washington, observaron diminutos orificios o mellas en sus parabrisas. La policía local especuló que podría ser obra de vándalos que empleasen perdigones. Poco después, en algunas ciudades al sur de Bellingham la gente empezó a denunciar daños similares en sus parabrisas. Al cabo de dos semanas, la aparente obra de gamberros había llegado más al sur todavía, hasta el punto de que había dos mil coches dañados, lo que evidentemente no era obra de vándalos. La amenaza se aproximaba a Seattle. Los periódicos de la ciudad informaron debidamente del riesgo a mediados de abril, y poco después la policía recibió las primeras denuncias de mellas en los parabrisas.

Antes de que pasara mucho tiempo las denuncias habían alcanzado proporciones epidémicas, lo que condujo a acaloradas especulaciones sobre qué portento, terrestre o extraterrestre, podía ser la causa. Los contadores Geiger no indicaban radiactividad. Mientras unos pensaban que algún extraño fenómeno atmosférico debía ser el responsable, otros culpaban a las ondas sonoras y a un posible cambio en el campo magnético de la Tierra, y otros a los rayos del sol. Para el 16 de abril había hasta tres mil parabrisas «mellados» en Seattle, y el alcalde de la ciudad escribió al gobernador y al presidente Eisenhower: «Lo que parecía ser un estallido localizado de vandalismo contra los parabrisas y ventanillas de automóviles en la región septentrional del estado de Washington se ha extendido por el área de la bahía de Puget... Es urgente que las agencias federales y estatales correspondientes reciban instrucciones de cooperar con las autoridades locales para hacer frente a esta emergencia». En respuesta, el gobernador creó un comité de científicos para investigar este ominoso y asombroso fenómeno.

¿Su conclusión? Los daños, en la medida en que los había, probablemente fueron «resultado de las condiciones normales de conducción en las que pequeños objetos golpean los parabrisas de los automóviles». Una investigación posterior, que apoyaba las conclusiones de los científicos, halló que los coches nuevos salían de fábrica sin mellas. La conclusión que se imponía es que las mellas «habían existido siempre, pero nadie las había percibido hasta entonces». (Puede echar un vistazo a su coche; si lo tiene desde hace tiempo, probablemente ya tendrá una mella o dos, o más).

La Epidemia de Parabrisas Mellados de Seattle es un ejemplo extremo de nudge social no intencionado, pero todos los días recibimos la influencia de personas que no intentan ejercerla. A la mayoría de nosotros nos influyen los hábitos alimentarios de las personas con quienes comemos, con independencia de sus intenciones. Como hemos dicho, la obesidad es contagiosa; es más probable que tienda al sobrepeso si tiene muchos amigos con sobrepeso. Una forma especialmente buena de engordar es cenar con otras personas[11]. En promedio, los que comen con otra persona comen un 35 por ciento más que los que comen solos; los miembros de un grupo de cuatro comen en torno al 75 por ciento más; en grupos de siete o más comen el 96 por ciento más[*].

También nos influyen en gran medida los hábitos de consumo del grupo. Una persona frugal come mucho más en un grupo de personas que coman mucho. Y, al contrario, una persona que coma mucho se contiene en un grupo de personas frugales. Por lo tanto, la media de cada grupo ejerce una influencia significativa. Pero también hay diferencias de género. Las mujeres suelen comer menos en las citas, mientras que los hombres tienden a comer mucho más, al parecer porque piensan que a las mujeres les impresiona una viril voracidad. (Nota para los hombres: no les impresiona). Así que si quiere perder peso, vaya a comer con una colega delgada (y no se termine lo que deje en el plato).

Si le influyen las elecciones de sus amigos en la alimentación es improbable que sea porque ellos así lo han decidido. Al mismo tiempo, las influencias sociales muchas veces se utilizan estratégicamente. En concreto los anunciantes son muy conscientes de su poder. Con frecuencia subrayan que «la mayoría prefiere» su producto o que «cada vez más» consumidores abandonan otras anticuadas marcas para pasarse a la suya, que representa el futuro. Al decirle lo que hace la mayoría de la gente intentan influirle con un nudge.

En muchos países los candidatos a cargos públicos, o los partidos políticos, hacen lo mismo; ponen de relieve que «la mayoría está con» ellos, con la esperanza de que, al decirlo, se haga realidad. Nada es peor que la percepción de que los votantes están abandonando masivamente a un candidato. De hecho, algo así es lo que ayuda a explicar la nominación demócrata de John Kerry en 2004 y las de Barack Obama y John McCain en 2008. Cuando los demócratas se pasaron de Howard Dean a John Kerry no fue porque cada

---

[*] Un colega que cría pollos nos dice que éstos se comportan de la misma manera. Un pollo que ya ha comido lo suficiente para saciarse empieza a comer otra vez si en la jaula de al lado entra un pollo hambriento.

votante demócrata llegara a la conclusión de que había que apoyar a Kerry, sino, sobre todo, porque se generalizó la impresión de que los demás se estaban inclinando hacia Kerry. Merece la pena citar con cierta extensión el irónico relato de Duncan Watts (2004):

> Pocas semanas antes de los caucus de Iowa, la campaña de Kerry parecía estancada, pero inesperadamente ganó en Iowa, y después en New Hampshire y en todas las primarias. ¿Cómo ocurrió? [...] Cuando *todos* están pendientes de la opinión de los demás —por ejemplo, al elegir al candidato demócrata que creen que van a elegir los otros—, es posible que se pierda la información que tengan algunos y que se produzca una imitación en cascada, algo así como una manada en estampida, que puede sobresaltarse sin razón aparente y salir en cualquier dirección posible [...]. Nos consideramos individuos autónomos, guiados por nuestras capacidades y deseos íntimos y, por tanto, responsables de nuestra conducta, en particular cuando se trata de votar. Ningún votante admite —ni siquiera en su fuero interno— que eligió a Kerry porque ganó en New Hampshire.

¿Influyen las percepciones sociales en la economía? Indudablemente. Con el dinero ocurre lo mismo que con las preferencias alimentarias y políticas: nuestras decisiones de inversión con frecuencia se ven influidas por las de nuestros amigos y vecinos. A veces es racional seguir a los demás en lo que hacen, pero no siempre, y cuando los inversores se desplazan en manadas pueden verse en dificultades. Consideremos el caso de los clubes de inversión, que funcionan especialmente mal cuando los miembros son conformistas. En ellos se accede a demasiado poca información; la gente sigue al que habla primero y, como consecuencia, el club toma malas decisiones de inversión y todos pierden mucho dinero (Harrington, 2008). Las influencias sociales también pueden tener efectos significativos sobre el mercado en general. De hecho, desempeñaron un papel decisivo en el reciente *boom* especulativo que desembocó en la crisis financiera de 2008.

Quien mejor la ha analizado ha sido Robert Shiller, que pone de relieve el papel de los factores psicológicos y el comportamiento de manada en los mercados volátiles (Shiller, 2008). Shiller sostiene que «el factor más importante para comprender éste o cualquier otro *boom* especulativo es el *contagio social* de la idea del auge, transmitida por la observación general de que los precios suben rápidamente». Argumenta que en el proceso de contagio social, el conocimiento público está sometido a una suerte de escalada o espiral, en la que la mayoría de la gente piensa que hay que ser optimista simplemente porque a todos los demás también les parece así. Como los medios de comunicación abonan esta visión, la gente acaba por creer que estamos en una «nueva era» y los bucles de *feedback* contribuyen a que los precios suban cada vez más. En sus propias palabras: «El bucle precio-historia-precio se repite una y otra vez durante una burbuja especulativa». En último término la burbuja está abocada a explotar, porque depende de valoraciones sociales que no pueden sostenerse a largo plazo.

Desde luego, retroactivamente siempre es posible un análisis tan perspicaz, pero Shiller lo propuso con mucha anticipación y con referencia explícita a los efectos de las interacciones sociales para producir la burbuja inmobiliaria. Su análisis ofrece importantes lecciones para otras burbujas, como la burbuja de Internet en la década de 1990. Aquí hay una advertencia para los inversores privados, que deberían cuidarse de actuar de oídas. Cuando el vecino le diga que no puede perder dinero comprando ——— (rellene este hueco como desee), probablemente sea una buena señal de que ha llegado el momento de abandonar este tipo de inversión. También hay algunas lecciones para quienes deciden las políticas, que deberían entender que cuando las personas se influyen recíprocamente, las fuertes subidas de los mercados pueden causar riesgos graves para los inversores y para la propia economía.

LOS NUDGES SOCIALES COMO ARQUITECTURA DE LAS DECISIONES

La idea general está clara. Si los arquitectos de las decisiones quieren modificar la conducta y hacerlo con un nudge, simplemente pueden informar a la gente de lo que están haciendo los demás. A veces las prácticas ajenas son sorprendentes, y por tanto conocerlas causa un profundo efecto. Consideremos los cuatro ejemplos siguientes.

Conformidad y tributación

En el contexto de la tributación, un experimento llevado a cabo en Minnesota produjo grandes cambios en la conducta de los ciudadanos[12]. A varios grupos de contribuyentes se les dieron cuatro tipos de información. A unos se les dijo que sus impuestos se destinaban a obras buenas como educación, protección policial y servicios de bomberos. A otros se les amenazó con información sobre los castigos por defraudar al fisco. A otros se les explicó cómo podrían obtener ayuda si tenían dudas en rellenar los formularios. Y a otros simplemente se les dijo que más del 90 por ciento de los ciudadanos de Minnesota ya habían cumplido obligaciones tributarias.

Sólo una de estas intervenciones tuvo un efecto significativo: la última. Al parecer, algunos contribuyentes tienden a violar la ley por la percepción equivocada —seguramente basada en los casos que airean los medios de comunicación— de que el porcentaje de ciudadanos que cumplen la ley es bastante bajo. Cuando se les informó de que el nivel de cumplimiento en realidad es alto, la posibilidad de que defraudaran se redujo. De ahí se desprende que, al menos hasta cierto punto, las conductas deseables o no deseables pueden fomentarse atrayendo la atención pública hacia lo que hacen los demás. (Nota para los partidos políticos: si quiere aumentar su porcentaje de votos, *no* se lamente del gran número de electores que no le votaron)[*].

Conservar el bosque petrificado

Desde luego, en muchos contextos, la incidencia de la conducta no deseable es alta. Este lamentable hecho parece ser un obstáculo real para el cambio: si cada uno sigue a los demás, podríamos acabar con un círculo vicioso o incluso una espiral. Pero ¿es posible encaminar a las personas en mejores direcciones mediante nudges?

Un ingenioso estudio sugiere que sí, y refuerza la idea de que la forma concreta en que se enmarque el problema puede tener un efecto poderoso. El estudio se realizó en el Parque Nacional del Bosque Petrificado, Arizona, del que a algunos visitantes les gusta llevarse muestras de recuerdo, una práctica que amenaza la existencia misma

---

[*] A esta misma categoría pertenece el hallazgo de que la gente tiende más a reciclar si se entera de que hay muchas personas que reciclan. Si un hotel quiere que quienes se alojan en él reutilicen las toallas por razones medioambientales o económicas, haría bien en señalar que la mayoría las reutiliza. ¡Y haría incluso mejor si informa a los huéspedes sobre lo responsables que fueron quienes ocuparon antes su habitación!

del parque. Por todo el lugar hay señales que imploran a la gente que no se lleve fragmentos. La cuestión es qué deben poner las señales. Los investigadores, dirigidos por Robert Cialdini, el gran gurú de la influencia social que es profesor en la vecina Universidad de Tempe, estaban bastante seguros de que las señales que había en el parque eran mejorables[13]. Así que Cialdini preparó un experimento.

En todas las condiciones del experimento había esparcidos por el sendero fragmentos de madera petrificada, que tentaban a los visitantes a coger un trozo. A intervalos de dos horas cambiaba el lenguaje de las señales colocadas a los lados el sendero. Algunas, parecidas a las que había en el resto del parque, subrayaban la gravedad del problema: «Muchos visitantes se han llevado madera petrificada del parque, lo que ha modificado el estado natural del Bosque Petrificado». Otras señales presentaban una norma socialmente aprobada: «Por favor, no retire madera petrificada del bosque para conservar el Bosque Petrificado en su estado natural». La teoría de Cialdini predecía que la norma sancionada socialmente, positiva, sería más eficaz que la informativa, negativa. Esta predicción fue confirmada[14].

Socializar sin alcohol

Un ejemplo relacionado con el anterior es el enfoque de las «normas sociales», que intenta reducir el abuso de alcohol y otras actividades no deseables[15]. Pensemos en el problema del abuso de alcohol entre los estudiantes (en muchos casos, menores de edad). Un estudio realizado por la Escuela de Salud Pública de Harvard descubrió que aproximadamente el 44 por ciento de los estudiantes universitarios habían participado en algún «botellón» en las dos semanas precedentes[16]. No hay duda de que esto es un problema, pero una de las claves para solucionarlo está en el hecho de que la mayoría de los estudiantes piensan que el abuso de alcohol está mucho más extendido de lo que realmente está[17].

Esta clase de percepciones falsas obedecen en parte al heurístico de la disponibilidad. Es fácil recordar los incidentes relacionados con el abuso de alcohol, y ello crea una visión deformada de la realidad. Los estudiantes están influidos por lo que piensan que hacen otros estudiantes, así que el consumo de alcohol aumenta inevitablemente si tienen una percepción exagerada de lo que beben los demás.

Conscientes de la posibilidad de modificar esta conducta dando a conocer la realidad estadística, en muchos casos las autoridades públicas tratan de orientar a la gente en direcciones mejores. Montana, por ejemplo, ha adoptado una campaña educacional a gran escala en la que se pone de relieve que la gran mayoría de los ciudadanos de ese estado no bebe[18]. Un anuncio intenta corregir la percepción falsa de la norma en los campus universitarios con esta afirmación: «La mayoría (el 81 por ciento) de los estudiantes universitarios de Montana consume cuatro o menos bebidas alcohólicas a la semana». Montana aplica ese mismo enfoque al tabaco con un anuncio que indica que «la mayoría (el 70 por ciento) de los jóvenes de Montana no fuma». Gracias a esta estrategia ha mejorado mucho la exactitud de las percepciones sociales y se ha producido una disminución estadísticamente significativa del tabaquismo[19].

Sonrisas, ceños fruncidos y ahorro de energía

También pueden emplearse nudges sociales para disminuir el consumo de energía. Veamos cómo se hizo en un estudio del poder de las normas sociales que abarcó casi trescientos hogares en San Marcos, California[20]. A todos los hogares se les informó de cuánta energía habían consumido en las semanas anteriores y se les dio información (precisa) del consumo medio de energía en los hogares de su zona. El efecto sobre la conducta fue claro y llamativo. En las semanas siguientes quienes gastaban energía por encima de la media redujeron su consumo de forma significativa, y quienes consumían por debajo de la media lo incrementaron también de forma relevante. Este hallazgo se denomina «efecto boomerang» y de él se desprende una importante advertencia: si se quiere orientar a las personas hacia una conducta socialmente deseable, en ningún caso hay que hacerles saber que se está comportando mejor que la norma social.

Pero hay un hallazgo incluso más interesante. Aproximadamente a la mitad de los hogares se les dio no sólo información descriptiva sino también una pequeña señal no verbal que indicaba si su consumo estaba sancionado socialmente o no. Más específicamente, aquellos hogares que consumían más de la norma recibieron un emoticono descontento, como el de la figura 3.2a, mientras que los que consumían menos de la norma recibieron un emoticono contento, como el de la figura 3.2b.

a   b

3.2 *Feedback* visual que recibieron los consumidores
de energía en San Marcos, California

Es significativo, aunque no sorprendente, que los grandes consumidores de energía mostraran una reducción incluso mayor al recibir el emoticono descontento. Y el hallazgo más importante es que cuando los hogares que consumían por debajo de la media recibieron el emoticono contento, el efecto boomerang desapareció por completo. Cuando sólo se les dijo que su consumo de energía estaba por debajo de la media, les pareció que tenían cierto «margen» para aumentarlo, pero si el mensaje informativo se combinaba con el nudge emocional, no se producía el incremento.

En muchos ámbitos, tanto republicanos como demócratas, se argumenta en favor del ahorro de energía basándose en la seguridad nacional, el crecimiento económico y la protección medioambiental. Puede hacerse mucho para fomentar el ahorro energético con nudges sociales bien escogidos. Más adelante abordaremos con mayor detalle cómo la arquitectura de las decisiones puede utilizarse en favor del medio ambiente.

La impronta

Hasta ahora nos hemos centrado en la atención de las personas a lo que piensan y hacen los demás. Otros trabajos estrechamente relacionados muestran el poder de la impronta o *priming*, que se refiere al funcionamiento, un tanto misterioso, del sistema automático del cerebro. La investigación muestra cómo sutiles influencias pueden aumentar la facilidad con la que cierta información llega a la mente. Para hacerse una idea sólo hay que imaginar un juego de asociación de palabras con Homer Simpson. A veces, la mera alusión a una idea o concepto dispara una asociación que puede estimular la acción. Estas improntas se producen en situaciones sociales y su efecto puede ser sorprendentemente poderoso.

En las encuestas se pregunta con frecuencia a los encuestados si tienen prevista una conducta determinada: votar, perder peso, adquirir ciertos productos. Al realizar estos estudios se pretende catalogar la conducta, no influir en ella. Pero los científicos sociales han descubierto un hecho singular: cuando miden las intenciones de las personas, influyen en su conducta. El «efecto de la mera medición» se refiere al descubrimiento de que cuando a las personas se les pregunta qué piensan hacer, es más probable que actúen de acuerdo con sus respuestas. Este hallazgo se da en muchos contextos. Si se pregunta a alguien si tiene la intención de consumir ciertos alimentos, seguir una dieta o hacer ejercicio, su respuesta afectará a su conducta[21]. En nuestra jerga, el efecto de la mera medición es un nudge y puede utilizarse con fines privados o públicos.

Los candidatos electorales quieren animar a sus partidarios a que les voten. ¿Cómo pueden hacerlo? Un método obvio es poner de relieve lo que está en juego; otro es reducir el coste y las molestias de acudir a las urnas. Pero hay otro. Parece que si, el día antes de las elecciones, se le pregunta a una persona si piensa votar, se puede aumentar la probabilidad de que vote hasta en un 25 por ciento[22]. O supongamos que el objetivo es aumentar las ventas de determinados productos, como teléfonos móviles o coches. En una encuesta a una muestra representativa de todo el país se hizo a más de cuarenta mil individuos una sencilla pregunta: ¿Tiene la intención de comprar un coche nuevo en los próximos seis meses?[23] La propia pregunta incrementó las ventas en un 35 por ciento. O supongamos que se intenta animar a las personas a que tomen medidas para mejorar su salud. Respecto a la conducta relacionada con la salud, se han producido cambios significativos midiendo las intenciones de los individuos[24]. Si se les pregunta con cuánta frecuencia se van a cepillar los dientes la semana siguiente, se los cepillarán más. Si se les pregunta si van a consumir alimentos con mucha grasa la semana siguiente, consumirán menos.

El nudge que representa preguntar a la gente qué piensa hacer puede reforzarse si se pregunta sobre cuándo y cómo piensa hacerlo. Esta idea entra en la categoría de lo que el gran psicólogo Kurt Lewin denominó «factores canal», un término que utilizó para las pequeñas influencias que podían facilitar o inhibir ciertas conductas. Imaginemos que el «canal» es algo parecido al curso que toma un río cuando se derrite la nieve. Dicho curso puede estar determinado por cambios aparentemente nimios en el paisaje. Lewin sostenía que factores igual de pequeños pueden crear en las personas inhibiciones sorprendentemente fuertes respecto a la conducta que «quieren» adoptar. Con frecuencia podemos hacer más para facilitar una buena conducta si retiramos algún pequeño obstáculo que si intentamos empujar a la gente en una dirección determinada. Leventhal, Singer y Jones (1965) ilustraron hace tiempo la idea de Lewin en el campus de la Universidad de Yale. Los sujetos eran estudiantes de los últimos cursos a quienes se explicó persuasivamente los riesgos del tétanos y la importancia de vacunarse, pero las buenas intenciones no condujeron a mucho. Sólo el 3 por ciento fue a vacunarse.

A otros sujetos se les dio la misma charla, pero en este caso acompañada de un plano del campus con la ubicación del centro de salud ovalada. Entonces se les pidió que buscasen en sus horarios cuándo les vendría bien ir a vacunarse, así como el mejor camino consultando el plano. Con estos nudges se presentó a vacunarse del tétanos el 28 por ciento de los estudiantes. Hay que tener en cuenta que la manipulación fue muy sutil. Se trataba de estudiantes de cursos superiores que seguramente ya sabían dónde estaba el centro de salud (Yale no tiene un campus tan grande) y no se les dio una cita. Sin embargo, se vacunaron nueve veces más estudiantes, lo que ilustra el poder de los factores canal.

Ampliando un tanto estos hallazgos, los científicos sociales han descubierto que pueden inducir ciertas conductas mediante claves simples y en apariencia irrelevantes. Al parecer, si determinados objetos están situados de forma bien visible, el comportamiento de las personas se ve afectado. Objetos típicos de entornos de oficina, tales como portafolios y mesas de reuniones, hacen que las personas se vuelvan más competitivas y menos generosas y estén menos dispuestas a cooperar[25]. Los olores también son importantes: simplemente el olor a líquido limpiador hace que las personas sean más pulcras mientras comen[26]. En ambos casos, los individuos no eran conscientes del efecto del factor clave en su conducta. O pensemos en éste:

¡los juicios sobre los desconocidos varían en función de si se está tomando café con hielo o café caliente! Quienes tomaron café con hielo tendían a ver a los demás más egoístas, menos sociables y, claro, más fríos, que los que bebieron café caliente[27]. Esto también ocurre de forma completamente inconsciente.

Las tres influencias sociales que hemos descrito —la información, la presión de los demás y la impronta— pueden ser utilizadas como nudges por instancias públicas y privadas. Como veremos, tanto las empresas como los gobiernos pueden servirse del poder de la influencia social para promover muchas causas buenas (y malas).

4

¿CUÁNDO NECESITAMOS UN NUDGE?

Hemos visto que las personas pueden realizar proezas asombrosas, pero también cometen errores ridículos. ¿Cuál es la mejor respuesta? La arquitectura de las decisiones y sus efectos son inevitables, por lo que la respuesta obvia más sucinta es lo que podemos denominar la regla de oro del paternalismo libertario: ofrecer los nudges que tengan más probabilidades de ayudar y menos de perjudicar[*]. Una respuesta más desarrollada es que las personas necesitan nudges para tomar decisiones que son difíciles e infrecuentes, cuyo *feedback* no se hace sentir de forma inmediata, y cuando no pueden traducir aspectos de la situación a términos que entienden fácilmente.

En este capítulo pretendemos ilustrar estos puntos. Comenzaremos por especificar los tipos de situaciones en que la probabilidad de que se tomen buenas decisiones es menor. Después dirigiremos nuestra atención a cuestiones relacionadas con la magia potencial de los mercados e indagaremos si (y cuándo) los mercados libres y la competencia abierta tienden a exacerbar más que a mitigar los efectos de la flaqueza humana. La cuestión clave aquí es que, pese a todas sus virtudes, los mercados con frecuencia incentivan a las empresas para satisfacer esas flaquezas, y beneficiarse con ello, más que para intentar erradicarlas o minimizar sus efectos.

---

[*] Camerer *et al.* (2003) propugnan un «paternalismo asimétrico» que definen como tomar medidas para ayudar a las personas menos educadas o conscientes, al tiempo que se causan los menores perjuicios posibles a las demás. Nuestra regla de oro coincide con el espíritu de su formulación.

Supongamos que se le dice que un grupo de personas tiene que tomar alguna decisión en un futuro próximo y que usted va a determinar el entorno de la decisión, qué tipos de nudges se van a ofrecer y su grado de sutileza. ¿Qué necesita saber para diseñar el mejor entorno posible?

Beneficios ahora, costes después

Hemos visto que cuando las personas han de tomar decisiones que ponen a prueba su capacidad de autocontrol surgen algunos problemas predecibles. Muchas decisiones en la vida, como llevar una camisa azul o blanca, carecen de elementos de autocontrol importantes. Es más probable que éstos surjan cuando las decisiones y sus consecuencias están separadas en el tiempo. En un extremo se halla lo que podría denominarse bienes de inversión, como el ejercicio, pasarse el hilo dental y seguir una dieta. Los costes de estos bienes son inmediatos, pero sus beneficios son diferidos. En el caso de los bienes de inversión, la mayoría de la gente se equivoca en el sentido de hacer demasiado poco. Aunque hay unos cuantos obsesos del ejercicio y maniáticos de la higiene dental, parece cierto afirmar que no hay mucha gente que en Nochevieja decida pasarse el hilo dental menos veces y dejar de utilizar la bicicleta con tanta frecuencia.

En el otro extremo están lo que podríamos denominar bienes culpables: el tabaco, el alcohol y los donuts de chocolate entran en esta categoría. El placer lo experimentamos ahora y las consecuencias más tarde. De nuevo, podemos aplicar la prueba de los propósitos para el nuevo año: ¿cuánta gente decide fumar más, beber más martinis o comer más donuts de chocolate para empezar el año? Tanto los bienes de inversión como los bienes culpables son excelentes candidatos para los nudges. A la mayoría de la gente (no anoréxica) no le hace falta que la animen a comer otro *brownie*, pero le vendría bien algo de ayuda para hacer más ejercicio.

Grado de dificultad

Casi todo el mundo de más de seis años puede atarse los cordones de los zapatos, jugar a tres en raya razonablemente bien y deletrear la palabra *burro*. Pero sólo unos pocos de nosotros saben hacer el lazo de una corbata de pajarita, jugar con maestría al ajedrez o deletrear (y mucho menos, pronunciar) el nombre del psicólogo Mihály Csíkszentmihályi. Desde luego, aprendemos a superar estos problemas. Podemos comprar una pajarita preatada, leer un libro sobre el ajedrez y buscar cómo se escribe Csíkszentmihályi en la web (y hacer copia y pega cada vez que lo necesitemos). Nos servimos de correctores ortográficos y hojas de cálculo. Pero en la vida hay muchos problemas muy difíciles para los que no siempre disponemos de tecnologías como el corrector ortográfico. Es más probable que nos equivoquemos al escoger la hipoteca que nos conviene que al elegir una buena barra de pan.

Frecuencia

Incluso los problemas más difíciles se vuelven más fáciles con la práctica. A fuerza de jugar al tenis, nosotros hemos aprendido a servir con razonable seguridad (y, en el caso de Sunstein, incluso con velocidad), pero nos llevó algún tiempo. La primera vez que alguien intenta realizar este movimiento, tiene suerte si la pelota pasa por encima de la red, y mucho más si toca el suelo dentro del cuadro de servicio. La práctica hace maestros (o, al menos, mejora).

Por desgracia, para algunas de las decisiones más importantes de la vida no hay muchas oportunidades de practicar. La mayoría de los estudiantes elige una sola vez en qué facultad va a estudiar. Fuera de Hollywood, la mayoría de nosotros elegimos cónyuge... no más de dos o tres veces. Pocas personas encaran muchas carreras profesionales distintas. Y fuera de la ciencia ficción tenemos una sola oportunidad de ahorrar para la jubilación (aunque podemos hacer algunos ajustes sobre la marcha). En general, cuanto más hay en juego, menos podemos practicar. La mayoría de nosotros no compra casas y coches más de una o dos veces en una década, pero tenemos mucha práctica en la compra del supermercado. Las familias dominan el arte del control de inventario de la leche no con la resolución de la ecuación matemática correspondiente, sino mediante el procedimiento de prueba y error*.

Nada de esto significa que el Gobierno deba decir a la gente con quién ha de casarse o qué ha de estudiar. Éste es un libro sobre el paternalismo *libertario*. Y ahora sólo queremos señalar que las decisiones difíciles e infrecuentes son buenas candidatas para los nudges.

Feedback

Pero ni siquiera la práctica hace maestros si no se tienen buenas oportunidades de aprender. Es más probable que se aprenda si se recibe un *feedback* inmediato y claro después de cada intento. Supongamos que está poniendo a prueba sus habilidades en el *green* de prácticas. Si golpea diez bolas hacia el mismo hoyo, se dará cuenta de lo difícil que resulta golpear la pelota. Incluso los golfistas menos dotados no tardan en aprender a calcular la distancia en esas circunstancias. Supongamos, por el contrario, que está lanzando las pelotas, pero no ve dónde caen. En ese entorno, puede estar practicando todo el día sin mejorar.

Por desgracia, muchas de las decisiones de la vida son como practicar sin poder ver dónde acaba la pelota, y por una sencilla razón: la situación no está estructurada para proporcionar un buen *feedback*. Por ejemplo, normalmente recibimos *feedback* sólo de las opciones que elegimos, no de las que rechazamos. A no ser que uno abando-

---

* Esto encierra una profunda ironía. Muchos economistas han despreciado los experimentos psicológicos con el argumento de que sólo sirven para cuando hay «poco en juego» y de que con frecuencia la gente no tiene suficientes oportunidades de aprender. Estos economistas sostienen que si hubiera más en juego y los sujetos pudieran practicar antes, «lo harían bien». Este argumento tiene como mínimo dos problemas. Primero, no está demostrado que las cosas se hagan mejor cuando hay más en juego. En realidad, en una primera aproximación, parece que lo que esté en juego no influye en absoluto (véase Camerer y Hogarth, 1999). Segundo, y más importante, se supone que la economía ayuda a explicar las grandes decisiones de la vida, y éstas son las que hay que tomar sin mucha práctica. Las tasas de divorcio quizá serían más bajas si la gente pasara por «matrimonios de prácticas» antes de cumplir los cuarenta años y pudiera asentarse para el de verdad (aunque no tenemos mucha confianza en esta predicción), pero el hecho es que en la vida real elegir una pareja para toda la vida es difícil y con frecuencia se fracasa. De la misma forma, habría menos licenciados al volante de taxis si se pudiera hacer prácticas para elegir la carrera, pero a la edad de treinta y cinco años no se suele tener la posibilidad de «volver a empezar».

ne el camino trillado para experimentar, puede que nunca conozca las alternativas a las opciones habituales. Si usted siempre coge el camino largo para volver a casa cada tarde, quizá nunca llegue a saber que hay uno más corto. Los procesos a largo plazo pocas veces aportan un buen *feedback*. La dieta de alguien puede ser rica en grasas sin que haya signos de aviso hasta que se produce el infarto. A falta de *feedback,* nos puede venir bien un nudge.

Saber lo que se quiere

La mayoría de nosotros sabemos si preferimos el helado de café al de vainilla, Frank Sinatra a Bob Dylan y las novelas de misterio a la ciencia ficción. Éstos son casos en los que hemos tenido tiempo de probar las alternativas y aprender sobre nuestros gustos. Pero supongamos que tiene que prever sus preferencias sobre algo desconocido, como si fuera a cenar por primera vez en un país con cocina exótica. Los turistas listos con frecuencia confían en la ayuda de los demás (por ejemplo, de los camareros): «A la mayoría de los extranjeros les gusta x, pero les repugna y». Incluso en locales menos exóticos puede ser inteligente dejar que alguien elija por uno. Dos de los mejores restaurantes de Chicago (Alinea y Charlie Trotter's) dan a sus clientes muy poco donde elegir. En Alinea sólo deciden si prefieren quince platos muy pequeños o veintiún platos pequeñísimos. En Charlie Trotter's se les pregunta únicamente si quieren comida vegetariana o no. (En ambos casos se les consulta sobre posibles restricciones dietéticas y alergias). La ventaja de tener tan poca posibilidad de elección es que el chef está autorizado a cocinar cosas que el cliente nunca habría pensado pedir.

Tomar buenas decisiones es particularmente difícil cuando las opciones no se pueden trasladar a las experiencias que conllevarán. Por ejemplo, cuando se pide un plato de un menú escrito en una lengua que no se conoce. Pero incluso si se sabe el significado de las palabras, quizá no sea posible traducir las opciones a términos que tengan sentido para uno.

Veamos el problema de elegir un fondo de inversión para su cartera de jubilación. A la mayoría de los inversores (incluidos nosotros) les resultaría difícil comparar un fondo de «apreciación del capital» con un fondo de «dividendos dinámicos», e incluso si se les explicara el sentido de esos términos, el problema no se resolvería. Lo que un inversor necesita saber es cómo una elección entre esos fondos va a afectar a su capacidad de gasto durante su jubilación en distintos escenarios: algo que puede resultar difícil de analizar incluso para un experto que disponga del *software* adecuado y de un conocimiento completo de las carteras de cada fondo. El mismo problema se plantea para elegir entre distintos planes de salud; quizá no comprendamos del todo las consecuencias de nuestra elección. Si su hija contrae una enfermedad infrecuente, ¿podrá acudir a un buen especialista? ¿Cuánto tiempo tendrá que estar en una lista de espera? Cuando resulta difícil predecir cómo afectarán a la vida de uno las decisiones que tome, disponer de numerosas opciones y quizá incluso elegir por uno mismo no representa ninguna ventaja. Y un nudge sería bien recibido.

MERCADOS: UN VEREDICTO NO UNÁNIME

Lo que hemos visto hasta ahora sugiere que las personas quizá necesiten un buen nudge especialmente para las decisiones que tienen efectos diferidos; para las que son difíciles, infrecuentes y ofrecen un *feedback* insuficiente, y para aquellas cuya relación entre la elección y la experiencia es ambigua. Una pregunta natural es si los mercados pueden resolver los problemas de la gente, incluso en esas circunstancias. Con frecuencia la competencia del mercado es muy positiva, pero en algunos casos las empresas tienen un fuerte incentivo para satisfacer y explotar las debilidades humanas.

Señalemos primero que muchos productos de seguros tienen todas las características que hemos señalado. Los beneficios de contratar el seguro son diferidos, es difícil analizar la probabilidad de llegar a utilizarlo, los consumidores no obtienen un *feedback* útil sobre si reciben una buena prestación por el seguro que contratan y la correspondencia entre lo que compran y lo que reciben puede ser ambigua. Pero el mercado de los seguros es competitivo, por lo que sería natural preguntar si cabe confiar en que las fuerzas del mercado «resuelven» los problemas de las decisiones arduas.

Imaginemos dos mundos diferentes. En uno, Mundecón, todos los consumidores son econs y no tienen problemas con las decisiones difíciles. Para ellos, todas las decisiones cuantitativas, incluidas las relacionadas con los seguros, son coser y cantar. (Los econs tienen algo de actuarios). El otro es Mundumán, y en este mundo algunos de los consumidores son humanos y tienen todos los rasgos que suelen caracterizar a la tribu, mientras que el resto son econs. En los dos mundos, hay mercados que funcionan bien y al menos algunas empresas perfectamente racionales que han contratado a econs como directivos. La cuestión clave es si los seguros contratados en Mundumán serán los mismos que los contratados en Mundecón. En otras palabras, ¿hacen los mercados irrelevante la humanidad de los humanos?

Para analizar esta pregunta, comencemos con un sencillo ejemplo inspirado por un maravilloso poema de Shel Silverstein (1974) titulado «Smart» [«Listo»]. El poema es cómico además de brillante, así que, si tiene un ordenador cerca, le sugerimos que teclee «Smart» y «Shel Silverstein» en Google y lo lea ahora[*]. Esperamos a que regrese para continuar.

Para quienes estén leyendo esto en un avión (o sean demasiado perezosos para levantarse de la cama), la historia del poema es simple: un niño explica a su padre, que le dio un billete de dólar, que él, inteligentemente, lo cambió por dos cuartos porque (a diferencia de los tontos de sus padres) sabe que dos es más que uno. Y continúa cambiando las monedas —los dos cuartos por tres monedas de diez centavos, éstas por cuatro monedas de cinco centavos y éstas por cinco centavos—. Al final, el hijo va a su padre para informarle de esta serie de brillante cambios y dice que su padre «estaba demasiado orgulloso [de él] para hablar».

Supongamos que en una economía de mercado que funcione bien algunos humanos prefieren dos cuartos a un dólar porque dos es más que uno. ¿Qué les ocurre a esos amantes de los cuartos? ¿Salen perjudicados? ¿Influyen en los precios del mercado? Las respuestas a estas preguntas dependen en parte de lo tontos que sean, pero supongamos que aunque prefieran dos cuartos a un dólar, siguen prefiriendo

---

[*] Silverstein autorizó personalmente a Thaler para utilizar el poema en un trabajo académico publicado en 1985 —dijo que le halagaba ver su obra en la *American Economic Review*—, pero los derechos ahora pertenecen a sus herederos, que, tras varios nudges (también conocidos como súplicas desesperadas), nos han negado el permiso para reproducirlo aquí. Como habríamos estado dispuestos a pagar derechos, a diferencia de los sitios web a los que se accede con Google, sólo podemos suponer que quienes gestionan los derechos no saben que (parafraseando el poema) algo es más que nada.

muchos cuartos a pocos cuartos (porque les gustan los cuartos). Esto significa que aunque, en principio, estuvieran dispuestos a cambiar dos cuartos por un dólar, no tendrían que hacerlo, porque los bancos (entre otros) competirían por su negocio y les darían el cambio correcto de cuatro cuartos por cada dólar. Por supuesto, los amantes de los cuartos pensarán que en este cambio salen muy beneficiados, pero siempre que haya competencia en la provisión de cuartos, éstos seguirán valiendo veinticinco centavos y el amor irracional a los cuartos será esencialmente inofensivo para quienes los padecen.

Desde luego, este ejemplo es extremado, pero muchos mercados no son tan diferentes de esta situación. En general, la competencia garantiza que el precio es un buen indicador de la calidad. Normalmente (aunque no siempre) las botellas de vino de cincuenta dólares son mejores que las de veintiún dólares. Y los consumidores irracionales no alterarán el mercado mientras no sean predominantes. Así que si alguien escoge el vino porque le gusta la etiqueta, no saldrá perjudicado, pero si mucha gente empieza a hacer lo mismo, el precio del vino con etiquetas atractivas será excesivo.

Para proteger a los consumidores irracionales tiene que haber competencia. A veces esa competencia no existe. Consideremos el caso de la garantía ampliada de los pequeños aparatos electrónicos, que suele ser un mal negocio para los consumidores. Por coger un ejemplo hipotético concreto, supongamos que un teléfono móvil cuesta doscientos dólares. Este teléfono tiene garantía gratis para el primer año, pero la compañía ofrece, por veinte dólares, una garantía ampliada que cubre el segundo año de vida del teléfono. Después, el consumidor tiene previsto comprar un nuevo teléfono. Supongamos que la probabilidad de que el teléfono se estropee durante el segundo año es del 1 por ciento, por lo que los consumidores recibirán en promedio indemnizaciones por valor de dos dólares con esta póliza, pero el precio de la garantía ampliada es de veinte dólares, para incluir el beneficio normal al asegurador y una comisioncita para el vendedor.

Desde luego, los econs comprenden todo eso y no suscriben garantías ampliadas. Pero los humanos quieren garantías ampliadas, quizá porque el vendedor les aconseja «como amigo» lo mucho que les conviene, o quizá porque creen erróneamente que los móviles se estropean el 15 por ciento de las veces en vez del 1 por ciento, o quizá simplemente porque «así están tranquilos».

¿Qué ocurre? ¿Acaso impulsan las fuerzas del mercado estas garantías ampliadas indebidamente caras? ¿O reduce la competencia el precio de las garantías ampliadas a dos dólares, que es el valor esperado de las indemnizaciones? Las respuestas a estas preguntas son no y no. (Antes de que sigamos, verá que en el mundo real proliferan las garantías ampliadas y que mucha gente las contrata. Nuestro consejo: no lo haga)*.

De acuerdo con nuestros supuestos, la garantía ampliada es un producto que simplemente no debería existir. Si los humanos se dieran cuenta de que están pagando veinte dólares por un seguro que vale dos, no lo suscribirían. Pero si no se dan cuenta, los mercados no pueden ni quieren resolver la situación. La competencia no hará descender el precio, en parte porque hace falta un vendedor que convenza a alguien de que pague veinte dólares por un seguro de dos y en parte porque resulta difícil entrar en este mercado de una manera eficiente. Las empresas podrían educar a los consumidores para que no suscribieran la garantía, y en realidad podrían. Pero ¿por qué iban a hacerlo? Si usted compra algo que no debería, ¿cómo gano yo dinero convenciéndole de que no lo compre?

Esto ilustra un principio general. Si los consumidores tienen una convicción que no es completamente racional, las empresas con frecuencia tienen más incentivo para atender a ese interés que para erradicarlo. Cuando todavía había mucha gente que tenía miedo a viajar en avión, era habitual que se vendieran seguros de viaje en los aeropuertos a precios exorbitantes. Pero no había mostradores que vendieran el consejo de no contratarlos.

En muchos mercados, las empresas compiten por los mismos consumidores, pero ofrecen productos que no sólo son distintos, sino que son diametralmente opuestos. Unas venden tabaco; otras, productos que ayudan a dejar de fumar. Unas venden comida rápida; otras, asesoramiento dietético. Si todos los consumidores fueran econs, no habría razón para preocuparse sobre cuál de esos intereses en competencia va a ganar. Pero si algunos consumidores son

---

* Recordemos el episodio de *Los Simpson* en el que a Homer le incrustan un lápiz de cera por la nariz para reducir su cociente intelectual. (No pregunte). Los autores ilustran la reducción del cociente intelectual de Homer haciéndole decir las mayores tonterías. El cirujano sabe que la operación ha tenido éxito cuando Homer exclama: «¡Garantía ampliada! ¡Qué chollo!». (Gracias a Matthew Rabin por este ejemplo).

humanos que a veces toman malas decisiones (desde su propio punto de vista, por supuesto), entonces todos nosotros podríamos tener un interés en cuál de esos dos tipos de empresa gana la batalla. Por supuesto, el Gobierno puede prohibir algunos tipos de actividades, pero como paternalistas libertarios preferimos el nudge —y somos muy conscientes de que los gobiernos están llenos de humanos—.

¿Qué se puede hacer? En el siguiente capítulo describiremos nuestra herramienta principal: la arquitectura de las decisiones.

5

La arquitectura de las decisiones

En los comienzos de su carrera, Thaler dio clases de toma de decisiones gerenciales a alumnos de la escuela de negocios. A veces los estudiantes se marchaban de clase antes de tiempo para ir a entrevistas de trabajo (o para jugar al golf) y luego intentaban entrar en el aula tan subrepticiamente como fuera posible. Por desgracia para ellos, la única salida del aula era una gran puerta doble que estaba en la pared delantera, a la vista de toda la clase (aunque no directamente de Thaler). Las puertas tenían unos hermosos pomos de madera, unos cilindros colocados verticalmente de unos 60 centímetros de longitud. Cuando los estudiantes llegaban a aquellas puertas se enfrentaban a dos instintos opuestos. Uno les decía que para salir del aula había que empujar la puerta. El otro, que cuando encuentras unos pomos de madera tan enormes, diseñados evidentemente para que los agarren, lo que hay que hacer es tirar. Parece que este último instinto predomina sobre el anterior, y todos los estudiantes que abandonaban el aula empezaban tirando del pomo. Pero, ay, la puerta se abría hacia fuera.

Así lo explicó Thaler en una ocasión, mientras un avergonzado alumno tiraba del pomo cuando intentaba escapar del aula. A partir de entonces, cada vez que un estudiante se levantaba para marcharse, el resto de la clase aguardaba ansiosamente para ver si empujaba o tiraba. ¡Y lo asombroso es que la mayoría seguía tirando! Su sistema automático triunfaba; simplemente no podían ignorar la señal que emitía aquel gran pomo de madera. (Y cuando Thaler salía del aula, a veces también se sorprendía tirando tímidamente de la puerta).

Aquellas puertas son un ejemplo de mala arquitectura porque violan un principio psicológico elemental que tiene un sonoro nombre: compatibilidad estímulo-respuesta. La idea es que conviene que la señal que se recibe (el estímulo) sea coheren te con la acción deseada. Cuando hay inconsistencias, el rendimiento de las personas se resiente y se equivocan.

Consideremos, por ejemplo, el efecto de una gran señal octogonal roja que dijera «ADELANTE». Es fácil mostrar experimentalmente las dificultades que provocan esas incompatibilidades. Una de las demostraciones más famosas es el test de Stroop (1935). En la versión moderna de este experimento van apareciendo palabras en una pantalla y se pide a los sujetos que realicen una tarea muy sencilla: pulsar el botón derecho si la palabra que ven se muestra en rojo y el izquierdo si la palabra se muestra en verde. La tarea les resulta muy fácil y la realizan con gran precisión. Esto es, hasta que se les presenta una trampa: la palabra «verde» en rojo o la palabra «rojo» en verde. Para estas señales incompatibles el tiempo de respuesta se hace más largo y la tasa de error aumenta. Una de las principales razones es que el sistema automático lee la palabra antes de que el sistema de nombrar colores pueda decidir el color del texto. Al ver la palabra «verde» en rojo, el sistema automático, sin pensar, se apresura a pulsar el botón izquierdo, que es el equivocado, claro está. Usted puede hacer la prueba por sí mismo. Coja unas pinturas y escriba una lista de nombres de colores sin que éstos coincidan con el color en que los escribe. (Mejor aún, pídale a un niño que lo haga). Entonces diga los nombres de los colores tan rápido como pueda (es decir, lea las palabras e ignore el color): fácil, ¿verdad? Ahora diga el color en el que están escritas las palabras e ignore éstas: difícil. ¿no? En tareas como éstas el sistema automático siempre gana al reflexivo.

Aunque nunca hemos visto una señal de stop verde, sí hay muchas puertas como las que hemos descrito, y violan el mismo principio. Las hojas planas dicen «empuje» y los grandes pomos dicen «tire», así que ¡no esperemos que la gente empuje con grandes pomos! Éste es un fallo de la arquitectura para adecuarse a los principios básicos de la psicología humana. La vida está llena de productos que adolecen de esos defectos. ¿No es evidente que los botones más grandes del mando a distancia de un televisor deberían ser los de encendido/apagado, canal y volumen? Sin embargo, ¿cuántos mandos vemos que tienen el botón del volumen del mismo tamaño que

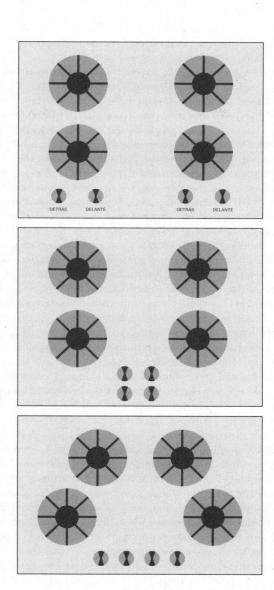

DETRÁS DELANTE DETRÁS DELANTE

5.1 Tres diseños de placas de cuatro quemadores

105

el de «*input*» (que si se presiona accidentalmente puede hacer que desaparezca la imagen)?

Sin embargo, es posible incorporar factores humanos en el diseño, como muestra el maravilloso libro de Don Norman *The Design of Everyday Things [El diseño cotidiano,* 1990]. Uno de sus mejores ejemplos es el diseño de una placa básica de cuatro quemadores (figura 5.1). La mayoría de las placas tienen los quemadores dispuestos simétricamente, como la que se muestra en la parte superior de la figura, con los mandos colocados linealmente abajo. De esta forma no está claro qué mando controla el quemador frontal y qué mando controla el posterior, y como consecuencia se han quemado muchas cacerolas y sartenes. Los otros dos diseños que mostramos sólo son dos de las muchas posibilidades mejores.

Ningún ejemplo de arquitectura de las decisiones ha recibido tanta atención como la ya famosa mosca de los urinarios del aeropuerto de Ámsterdam. Como decíamos en la introducción, grabar una mosca en los urinarios redujo las salpicaduras en un 80 por ciento: un nudge de éxito extraordinario. El empresario e ingeniero Doug Kempel convirtió el experimento de la mosca en un pequeño negocio que vende adhesivos de mosca por Internet. «Mi objetivo es nada menos que salvar el mundo, urinario por urinario —nos dijo—. Creo realmente que este simple producto puede mantener los lavabos más limpios y seguros. Menos necesidad de limpiar significa que se utilizan menos limpiadores dañinos. Y tampoco es malo hacer reír a la gente». Kempel dijo que sus moscas se han vendido especialmente bien en Reino Unido, donde las ha suministrado a bares, restaurantes, colegios, iglesias y, claro, aeropuertos.

Amigos y otros informantes nos han dicho que han visto esas moscas por todo el mundo, incluida la terminal 4 del aeropuerto John F. Kennedy de Nueva York y los aeropuertos de Moscú, Múnich, Singapur, Seattle y Detroit, las universidades de Purdue y de Colorado, el Broward Community College y por toda Holanda. Uno de nuestros intrépidos reporteros, Steffen Altmann, encontró en Bonn un urinario inspirado por el «maravilloso juego» (fútbol, para nuestros lectores) con una pequeña portería de plástico en el centro de la copa. Pero no todos los urinarios son graciosos. Veamos la «Piss Screen» [Pantalla de mear] (sí, se llama así), también de Alemania.

Es un juego, pero con un mensaje serio: cuando bebas, no conduzcas. Anunciada como «una experiencia interactiva, pero no la confunda con la Wii», la Piss Screen consiste en un grupo de sensores de presión que se colocan en los urinarios para simular lo que es ponerse al volante después de unas copas. Unos programadores de videojuegos colaboraron con el servicio de taxi de Frankfurt para crear un sofisticado juego de simulación de conducción que empieza cuando uno, bueno, empieza, y hace girar el coche cuando uno... gira. Exige reacciones rápidas, imposibles cuando se está bebido, y acaba con una realista experiencia de accidente que no deja ninguna duda sobre las consecuencias de mezclar el alcohol con la conducción. «¿Demasiado borracho para conducir? Entonces coja un taxi», dice la última pantalla, seguida del número de teléfono del servicio de taxi de Frankfurt.

La lección básica de la mosca en el urinario es que los diseñadores deben tener en mente que los usuarios de sus objetos son humanos que se enfrentan cada día a infinidad de opciones y señales. El objetivo de este capítulo es desarrollar la misma idea para los arquitectos de las decisiones. Si usted influye indirectamente en las decisiones que toman otras personas, es un arquitecto de las decisiones. Y como las decisiones en las que influye las van a tomar humanos, conviene que su arquitectura refleje una buena comprensión de cómo se comportan los humanos. En concreto, conviene que se asegure de que no va a ser confusa para el sistema automático. En este capítulo ofrecemos algunos principios básicos de una buena (y mala) arquitectura de las decisiones.

OPCIONES POR DEFECTO: POR EL CAMINO DE LA MENOR RESISTENCIA

Por razones que ya hemos visto, muchas personas toman la opción que requiere el menor esfuerzo o el camino de la menor resistencia. Recordemos lo que decíamos sobre la inercia, el sesgo del statu quo y el heurístico de «sí, lo que sea». Todas estas fuerzas implican que si, para una elección determinada, hay una opción por defecto —una opción que prevalecerá si quien decide no hace nada por cambiarla— cabe esperar que gran número de personas acaben por mantenerla, tanto si es buena para ellas como si no. Y como también hemos visto, esas tendencias conductuales hacia la inacción se verán reforzadas si la opción por defecto conlleva una sugerencia implícita o explícita de que representa la acción normal o incluso la recomendada.

Las opciones por defecto son ubicuas y poderosas. También son inevitables en el sentido de que para cualquier nodo de un sistema de arquitectura de las decisiones debe haber una norma que determine qué ocurre si quien decide no hace nada. Desde luego, la respuesta suele ser que si no hago nada, no cambia nada; lo que esté ocurriendo sigue ocurriendo. Pero no siempre. Algunas máquinas peligrosas como las sierras mecánicas y los cortacéspedes van provistas de un «interruptor de hombre muerto», de manera que cuando no las esté sujetando nadie se detienen. Cuando deja el ordenador solo durante un rato para responder a una llamada telefónica, lo más probable es que no ocurra nada hasta que haya hablado durante un rato; entonces aparece el salvapantallas y, si lo deja solo el tiempo suficiente, quizá se bloquee.

Desde luego, puede escoger cuánto tiempo ha de pasar antes de que se active el salvapantallas, pero para eso tiene que hacer algo. Su ordenador probablemente tiene un intervalo de tiempo y un salvapantallas preseleccionados. Y posiblemente ésos sean los ajustes que sigue teniendo.

Muchas organizaciones, tanto del sector público como del privado, han descubierto el inmenso poder de las opciones por defecto. Desde luego, las empresas de éxito, sí. ¿Recuerda la idea de la renovación automática de las suscripciones? Si la renovación es automática, mucha gente permanecerá suscrita durante mucho tiempo a publicaciones que no lee. En la mayoría de las revistas los departamentos de suscripciones son conscientes de ese hecho. Cuando descarga *software*, tiene que hacer muchas selecciones. ¿Desea la instalación «normal» o la «personalizada»? Normalmente, una de las opciones ya está marcada, lo que indica que es la respuesta por defecto. ¿Qué respuestas marcan quienes han desarrollado el *software*? Hay dos motivaciones evidentes: una servicial y la otra egoísta. La primera sería seleccionar la instalación normal como la opción por defecto si se cree que la mayoría de los usuarios van a tener problemas con la personalizada. La motivación egoísta sería seleccionar como opción por defecto el deseo de recibir mensajes con información sobre nuevos productos. En nuestra experiencia, la mayor parte del *software* trae ajustes «serviciales» por defecto respecto al tipo de instalación, pero en muchos casos tiene ajustes «egoístas» para otras opciones. Después nos extenderemos más sobre las motivaciones; pero por ahora sólo señalaremos que no todas las opciones por defecto están seleccionadas para hacer la vida mejor o más fácil al usuario.

Ya hemos señalado que las normas por defecto son inevitables, que las instituciones privadas y el sistema jurídico no pueden soslayarlas. No obstante, en algunos casos, aunque no en todos, hay que hacer importantes matizaciones. El arquitecto de las decisiones puede obligar a cada uno a elegir su propia opción. Es lo que denominamos «elección requerida» o «elección obligatoria». En el ejemplo del *software* la elección requerida consistiría en dejar todas las opciones sin marcar y pedir al usuario que seleccionase una para continuar al paso siguiente. En el caso del acceso a la información de los centros de reclutamiento militar cabe imaginar un sistema en el que todos los estudiantes (o sus padres) deban rellenar un formulario en el que indiquen si desean que se pueda acceder a dicha información. Para cuestiones muy emocionales, como ésta, una política así tiene considerable atractivo porque a la gente no le gustaría que se diera por sentada una respuesta por la que quizá sienta aversión (pero que no rechace por inercia o por presión social real o aparente).

Creemos que la elección requerida, la opción preferida de muchos defensores de la libertad, a veces es el mejor camino. Pero consideremos dos cuestiones sobre ese enfoque. El primero es que a los humanos muchas veces les resultará una molestia como mínimo y preferirían que hubiera una buena opción por defecto. En el ejemplo del *software* realmente ayuda saber cuáles son los valores recomendados. La mayoría de los usuarios no quiere tener que leerse un manual ininteligible para poder decidir sobre un misterioso ajuste. Cuando la elección es complicada y difícil, disponer de una respuesta razonable es muy de agradecer. No está claro en absoluto que haya que forzar a la gente a elegir.

En segundo lugar, la elección requerida suele ser más adecuada para respuestas simples de sí/no que para opciones más complejas. En un restaurante la opción por defecto es tomar el plato como el cocinero lo prepara normalmente, con la posibilidad de pedir que se añadan o supriman ciertos ingredientes. En un caso extremo, la elección requerida implicaría que hay que dar al cocinero la receta de cada plato que cocina. Cuando las opciones son muy complejas, la elección requerida puede que no sea una buena idea, o incluso factible.

Los humanos cometen errores. Un sistema bien diseñado espera que sus usuarios se equivoquen y es todo lo indulgente posible en esos casos. Lo ilustraremos con unos ejemplos del mundo del diseño real.

En la red de metro de París, los usuarios insertan un billete en una máquina que lo lee, lo marca como «usado» y lo devuelve por la parte superior. Los billetes tienen una banda magnética a un lado, pero por lo demás son simétricos. Cuando Thaler fue a París por primera vez no estaba seguro de cómo utilizarlo, por lo que probó a introducirlo con la banda magnética hacia arriba y le agradó mucho descubrir que funcionó. A partir de entonces siempre lo insertó con la banda hacia arriba. Muchos años y viajes a París después se encontraba demostrando orgullosamente a un amigo la forma correcta de moverse por el metro cuando su esposa empezó a reírse. ¡Resultó que no importaba la forma en que se introdujera el billete!

El sistema utilizado en la mayoría de aparcamientos de Chicago contrasta con el del metro de París. Al entrar en el garaje, introduces la tarjeta de crédito en una máquina que la lee y te registra. Al salir hay que volver a insertar la tarjeta en otra máquina. Para ello hay que bajar la ventanilla y alcanzar la ranura para introducirla. Como las tarjetas de crédito no son simétricas, hay cuatro formas posibles de hacerlo (con la banda magnética hacia arriba, hacia abajo, a la derecha o a la izquierda). Sólo una de ellas es la correcta. A pesar del diagrama que hay sobre la ranura, es muy fácil introducirla mal, y cuando la máquina te la devuelve no está inmediatamente claro por qué ha sido rechazada o cómo la habías insertado. Los dos nos hemos quedado atascados durante interminables minutos detrás de algún pesado que tenía problemas con la máquina, y tenemos que reconocer que a veces nosotros hemos sido los pesados que hacen tocar el claxon a todos los que están esperando detrás.

Con el paso de los años, los automóviles se han hecho mucho más amables para sus conductores humanos. Si no te pones el cinturón de seguridad, te avisa. Si queda poco combustible aparece un signo e incluso puede hacer una señal acústica. Si hay que cambiar el aceite, podría indicarlo. Muchos coches tienen un interruptor automático para las luces delanteras que las enciende cuando estás conduciendo y las apaga cuando no lo estás, para eliminar la posibilidad de que te las dejes encendidas y se descargue la batería.

Pero es sorprendente lo que tardan en adoptarse algunas innovaciones tolerantes con el error. Cojamos el caso de la tapa del depósito de combustible. En cualquier coche sensato ésta está sujeta con una pieza de plástico, de manera que cuando la quitas no te la puedas olvidar. Calculamos que esta pieza de plástico no puede costar más de diez centavos. Después de que una marca de automóviles tuviera la buena de idea de introducirla, ¿qué excusa podría haber para fabricar un coche sin ella?

Dejarse la tapa del depósito es un tipo de error predecible que los psicólogos denominan «error de posterminación»[1]. La idea es que cuando se ha terminado la tarea principal, se tienden a olvidar cosas relacionadas con los pasos anteriores. Otros ejemplos serían dejarse la tarjeta en el cajero después de guardarse el dinero o el original en la fotocopiadora después de coger la copia. Con la mayoría de las tarjetas (pero no todas) ya no se puede producir este error porque la tarjeta se devuelve inmediatamente. Otra estrategia, sugerida por Norman, es emplear lo que denomina una «función de forzado», lo que significa que, para conseguir lo que se quiere, hay que hacer algo primero. Así que si para coger el dinero hay que retirar la tarjeta, no será posible olvidarla.

Otra iniciativa de buen diseño relacionado con los automóviles es la de las bocas para los distintos tipos de carburantes. Las que suministran diésel son demasiado grandes para el orificio de los coches que emplean gasolina, por lo que es imposible cometer el error de echar diésel en un automóvil que funciona con gasolina (aunque todavía es posible cometer el error opuesto). El mismo principio se ha utilizado para reducir los errores relacionados con la anestesia. Un estudio descubrió que el 82 por ciento de los «incidentes críticos» estaban causados por errores humanos (no por fallos de máquinas). Un error habitual era conectar el tubo de un medicamento a una toma equivocada, de forma que el paciente no recibía el medicamento adecuado. Este problema se solucionó diseñando el equipo de manera que las bocas de la anestesia y los conectores fueran diferentes para cada medicamento. Se hizo físicamente imposible cometer este error antes frecuente[2].

Un importante problema en la sanidad es que los pacientes «cumplan la pauta». Muchos pacientes, especialmente mayores, deben tomar medicamentos regularmente y en las dosis correctas. Así que aquí se plantea una disyuntiva de arquitectura de las decisiones. Está diseñando un medicamento y en principio tiene una flexibilidad completa: ¿con qué frecuencia preferiría que sus pacientes lo tomasen?

Si descartamos la dosis única administrada inmediatamente por el médico (que sería lo mejor desde todos los puntos de vista, pero con frecuencia no es factible técnicamente), la segunda mejor solución es una toma al día, preferiblemente por la mañana. Está claro por qué una vez al día es mejor que dos (o más) veces: cuantas más veces haya que tomarla, más posibilidades habrá de que se olvide. Pero la frecuencia no es el único factor que hay que tener en cuenta; la regularidad también es importante. Una vez al día es mucho mejor que una vez cada dos días porque se puede educar al sistema automático para que piense: «Mi pastilla al despertarme cada mañana». Tomar la pastilla se convierte en un hábito, y los hábitos están controlados por el sistema automático. Por el contrario, casi nadie es capaz de acordarse de tomar una medicina cada dos días. (De la misma forma, las reuniones que tienen lugar cada semana son más fáciles de recordar que las que tienen lugar cada dos semanas). Algunas medicinas se toman una vez a la semana y, en ese caso, la mayoría de los pacientes la toma el domingo (porque ese día es diferente de los demás para la mayoría de la gente y por tanto es fácil asociarlo con tomar la medicina).

Las pastillas de control de la natalidad presentan un problema en ese aspecto porque se toman diariamente durante tres semanas y después se dejan de tomar durante una semana. Para resolverlo y hacer el proceso automático, estas píldoras se suelen vender en un envase especial de 28 comprimidos, cada uno de los cuales está en una burbuja numerada. A las mujeres se les indica que tomen cada día una pastilla en orden. Las pastillas de los días 22 a 28 son placebos cuya única función es facilitar que las usuarias humanas cumplan la pauta.

Mientras trabajaba en este libro, Thaler envió un mensaje a su amigo economista Hal Varian, asociado a Google. Thaler quería incluir un borrador de la introducción para dar a Hal una idea de cómo era el libro, pero se le olvidó adjuntar el archivo. Cuando Hal le respondió preguntándole por el archivo, señaló con orgullo que Google estaba experimentando una nueva característica en su programa de correo electrónico Gmail que resolvería este problema. Cuando un usuario menciona la palabra *attachment* [archivo adjunto] pero no lo selecciona, se le pregunta: «¿Ha olvidado adjuntar el archivo?». Thaler le envió el archivo y le dijo que eso era precisamente de lo que trataba el libro.

Quienes visitan Londres procedentes de Estados Unidos o Europa tienen dificultades para mantenerse a salvo como peatones. Se han pasado la vida esperando que los coches lleguen por la izquierda, y su sistema automático mira en esa dirección. Pero en Reino Unido los automóviles circulan por el carril izquierdo de la carretera, por lo que el peligro suele venir por la derecha. Por esta razón se producen muchos accidentes de peatones. La ciudad de Londres intenta evitarlo con un buen diseño. En muchas esquinas, especialmente en las zonas frecuentadas por turistas, se ha pintado en el pavimento *«Look right!»* [¡Mire a la derecha!].

Proporcionar *feedback*

La mejor forma de ayudar a los humanos a mejorar su rendimiento es proporcionarles *feedback*. Los sistemas bien diseñados indican a las personas cuándo lo están haciendo bien y cuándo cometen errores. Veamos algunos ejemplos.

Las cámaras digitales suelen proporcionar más *feedback* a sus usuarios que las analógicas. Después de cada disparo, el fotógrafo puede ver una (pequeña) versión de la imagen que acaba de captar. Así se eliminan muchos errores que eran habituales en la época de la analógica, desde colocar mal (o no colocar en absoluto) el carrete hasta olvidar retirar la tapa de la lente o cortar la cabeza de la figura central de la foto. No obstante, las primeras cámaras digitales fallaban en otra dimensión crucial del *feedback*. Cuando se hacía una fotografía, no había ninguna señal audible. Los modelos modernos incluyen ahora un «clic de obturador» completamente falso pero muy satisfactorio. (Algunos teléfonos móviles destinados a personas mayores tienen un tono de marcado igualmente falso por las mismas razones).

Un tipo importante de *feedback* es la advertencia de que las cosas van mal o, incluso mejor, de que van a ir mal. Nuestros portátiles nos aconsejan que los apaguemos o los conectemos a la red eléctrica cuando la batería está peligrosamente escasa de energía. Pero los sistemas de aviso tienen que evitar el problema de que, al advertir de tantas cosas, finalmente sean ignorados. Si el ordenador no deja de preguntarnos si estamos seguros de que queremos abrir un archivo adjunto, empezamos a decir que «sí» sin pararnos a pensar. Por lo tanto, estos avisos acaban siendo inútiles.

El *feedback* puede mejorar en muchas actividades. Pensemos en una tarea sencilla como pintar un techo. Con frecuencia resulta más difícil de lo que parece porque los techos casi siempre se pintan de blanco y a veces no se ve bien dónde se ha pintado. Más tarde, cuando la pintura se seca, se hacen incómodamente visibles manchas de la antigua pintura. ¿Cómo resolver este problema? Una persona servicial ha inventado un tipo de pintura de techo que es rosa cuando está húmeda, pero que se vuelve blanca cuando se seca. A no ser que el pintor sea daltónico y no pueda distinguir entre rosa y blanco, con ello se resuelve el problema.

Comprender las «correspondencias»: de la elección al bienestar

Algunas tareas son fáciles, como elegir el sabor de un helado; otras son difíciles, como elegir un tratamiento médico. Imaginemos, por ejemplo, una heladería en la que las variedades sólo se diferencian en el sabor, no en las calorías ni en otros aspectos de su contenido nutricional. Elegir un helado es sólo cuestión de pedir el que sepa mejor. Si los sabores son conocidos, tales como vainilla, chocolate y fresa, la mayoría de la gente podrá predecir con una exactitud considerable la relación entre su elección y su experiencia real de consumo. Llamaremos «correspondencia» a esta relación entre la elección y el bienestar. Incluso si hay sabores exóticos, la heladería puede resolver el problema de la correspondencia ofreciendo una prueba gratis a los clientes.

Escoger entre distintos tratamientos para una enfermedad es otra cosa. Supongamos que se le ha diagnosticado cáncer prostático y debe elegir entre tres opciones: cirugía, radiación y «espera vigilada» (que significa no hacer nada por el momento). Cada opción conlleva una serie de complejas consecuencias respecto a los efectos secundarios del tratamiento, calidad de vida, esperanza de vida, etcétera. Compararlas implica sopesar pros y contras como en el siguiente caso: ¿estaría dispuesto a arriesgar un tercio de probabilidades de sufrir impotencia o incontinencia a fin de aumentar mi esperanza de vida en 3,2 años? Ésta es una decisión difícil en dos sentidos. Primero, es improbable que el paciente conozca estos intercambios y, segundo, es improbable que pueda imaginar cómo sería la vida si fuera incontinente. No obstante, hay dos hechos preocupantes en este escenario. El primero es que la mayoría de los pacientes deciden qué curso de acción tomar en la misma consulta en la que el doctor le comunica la mala noticia del diagnóstico. El segundo es que el tratamiento que eligen depende en gran medida de la especialidad de su médico[3]. (Algunos están especializados en cirugía, otros en radiación. Ninguno está especializado en la espera vigilada. ¿Qué opción cree que podría estar infrautilizada?).

La comparación entre las opciones de helados y de tratamientos ilustra el concepto de correspondencia. Un buen sistema de arquitectura de las decisiones ayuda a las personas a mejorar su capacidad para establecer esa correspondencia y por tanto seleccionar las opciones que les resulten más beneficiosas. Una manera es hacer más comprensible la información sobre las distintas opciones, transformando la información numérica en unidades que se pueden trasladar más fácilmente al uso real. Si voy a comprar manzanas para hacer sidra, me ayuda conocer la regla básica de que para hacer un vaso de sidra son necesarias tres manzanas.

Tomemos el ejemplo de elegir una cámara digital. Las cámaras anuncian sus megapíxeles, y la impresión que crean es que cuantos más megapíxeles, mejor. Este supuesto es cuestionable, porque las fotos tomadas con más megapíxeles ocupan más espacio en la memoria de la cámara y en el disco duro del ordenador. Pero lo que es realmente problemático para los consumidores es traducir los megapíxeles (que no es precisamente el concepto más intuitivo) a lo que les interesa. ¿Merece la pena pagar cien dólares más para pasar de cuatro a cinco megapíxeles? Supongamos que los fabricantes mencionaran el tamaño más grande recomendado para imprimir las fotos tomadas con una cámara determinada. En vez de dar las opciones de tres, cinco o siete megapíxeles, a los consumidores se les diría que la cámara puede producir fotos de calidad de 10×15, 23×30 o «tamaño póster».

Con frecuencia es difícil descubrir la correspondencia entre los productos y el dinero. Para las opciones sencillas, tales correspondencias son triviales. Si una barra de Snickers cuesta un dólar, es fá-

115

cil saber cuánto cuesta comprar una barra de Snickers cada día. Pero ¿sabe cuánto le cuesta utilizar su tarjeta de crédito? Entre las comisiones que paga están: a) una comisión anual por el privilegio de utilizarla (habituales para las tarjetas que proporcionan beneficios como las de viajero frecuente); b) un interés por el préstamo del dinero (que depende de lo digno de crédito que usted resulte); c) una comisión por demora (y puede acabar con más demoras de lo que imaginaba); d) un interés de demora sobre las compras hechas durante el mes que normalmente no se aplica si la deuda se cancela, pero que empieza a contar si se retrasa un día en el pago; y e) un cargo por comprar cosas en monedas que no sean dólares.

Las tarjetas de crédito no son las únicas que tienen complejos sistemas de precios que no son ni transparentes ni comprensibles para los consumidores. Pensemos en las hipotecas, en los planes de llamadas de los teléfonos móviles y en los seguros de los automóviles, por mencionar sólo unos pocos ejemplos. Para estos y para otros ámbitos relacionados, proponemos una forma muy suave de regulación gubernamental, una especie de paternalismo libertario que denominamos RECAP: Registrar, Evaluar y Comparar Alternativas de Precios.

Así es como funcionaría RECAP en el mercado de los teléfonos móviles. El Gobierno no regularía *cuánto* podrían cobrar las compañías de telefonía móvil, pero sí su transparencia informativa. El objetivo central sería informar a los clientes de todas las tarifas existentes en un momento determinado. Esto no se haría en un documento largo e ininteligible lleno de letra pequeña. Por el contrario, las compañías tendrían que hacer públicos los planes de tarifas en un formato de hoja de cálculo que incluyera todas las fórmulas necesarias. Supongamos que usted está en Toronto y su teléfono móvil suena. ¿Cuánto va a costarle responder? ¿Y leer su correo electrónico? Todos estos precios estarían incorporados en las fórmulas. Ésta es la parte de la regulación que se referiría a la transparencia de precios.

En cuanto a la comunicación del consumo tendría que hacerse anualmente y las compañías enviarían a sus clientes un listado completo de todas las formas en que han utilizado el teléfono y todas las tarifas en que han incurrido. Este informe se enviaría de dos formas: por correo y, más importante, electrónicamente. La versión electrónica también se conservaría en un sitio web seguro, desde el que se podría descargar.

Producir los informes RECAP costaría muy poco a las operadoras de telefonía móvil, pero esos informes serían extremadamente útiles para los clientes que quisieran comparar los planes de precios de distintas operadoras, en especial después de haber recibido el primer extracto anual. Surgirían páginas web privadas, semejantes a las que ya existen para viajes, que permitirían comparar sus servicios fácilmente. Con unos clics, un cliente podría importar sus datos de consumo del año anterior y ver cuánto le habrían cobrado otras operadoras dadas sus pautas de consumo*. Los consumidores que compran el producto por primera vez (que tienen su primer teléfono móvil, por ejemplo) tendrían que imaginar la información del consumo para las distintas categorías, pero al año siguiente podrían beneficiarse plenamente de las posibilidades del sistema. Veremos que, en muchos ámbitos, desde las hipotecas y las tarjetas de crédito hasta el consumo de energía y la Seguridad Social, un programa RECAP podría mejorar mucho nuestra capacidad para tomar buenas decisiones.

ESTRUCTURAR LAS DECISIONES COMPLEJAS

Las personas adoptan distintas estrategias para tomar decisiones según la variedad y la complejidad de las opciones disponibles. Cuando nos hallamos ante un pequeño número de alternativas que conocemos bien, tendemos a examinar todas las características de todas las opciones y después las sopesamos. Pero cuando las opciones son numerosas, tenemos que utilizar otras estrategias, y éstas nos pueden causar problemas.

Por ejemplo, a Jane le acaban de ofrecer un trabajo en una empresa ubicada en una gran ciudad, lejos de donde vive actualmente. Comparemos dos de las decisiones a que se enfrenta: qué despacho escoger y qué apartamento alquilar. Supongamos que en el centro de trabajo hay tres despachos disponibles. Una estrategia razonable sería ver los tres, observar sus diferencias y después tomar algunas decisio-

---

* Somos conscientes, por supuesto, de que el comportamiento depende de los precios. Si mi actual operadora me cobra muy caras las llamadas a Canadá y yo reacciono no haciendo esas llamadas, no podré juzgar el valor de un plan alternativo de llamadas baratas a Canadá. Pero cuando el consumo pasado es un buen indicador del consumo futuro, un plan RECAP puede resultar muy útil.

nes sobre el tamaño, la vista, los ocupantes de los despachos contiguos y dónde se encuentra el lavabo más cercano. En la literatura de las decisiones esto se describe como una estrategia «compensatoria», pues el valor alto de una característica (despacho grande) puede compensar el valor reducido de otra (un vecino ruidoso).

Desde luego, para elegir un apartamento no puede utilizar la misma estrategia. En una gran ciudad como Los Ángeles hay miles de apartamentos disponibles. Si Jane quiere empezar a trabajar algún día, no puede visitar cada uno para evaluarlos todos. Por el contrario, probablemente simplificará la tarea de alguna forma. Una estrategia posible es lo que Amos Tversky (1972) denominó «eliminación por aspectos». Primero hay que decidir qué aspecto es más importante (por ejemplo, la distancia del transporte público), y después establecer un límite (por ejemplo, no más de 10 minutos) y eliminar las alternativas que no cumplen ese requisito. El proceso se repite con cada característica (no más de 1.500 dólares al mes, dos habitaciones como mínimo, posibilidad de tener un perro), hasta que se toma una decisión o las opciones se han reducido lo suficiente como para pasar a una evaluación compensatoria de los «finalistas».

Cuando se utiliza una estrategia simplificadora de este tipo, las opciones que no satisfacen los requisitos mínimos pueden quedar eliminadas aunque sean fabulosas en otros aspectos. Por ejemplo, un apartamento que esté a media hora del transporte público será descartado aunque tenga una vista magnífica y el alquiler cueste doscientos dólares al mes menos que los demás.

La investigación de las ciencias sociales revela que cuando las opciones son más numerosas o varían en más dimensiones, se tiende a adoptar estrategias simplificadoras, lo que tiene implicaciones para la arquitectura de las decisiones. A medida que las alternativas se hacen más numerosas y complejas, los arquitectos de las decisiones tienen que tomar más cosas en consideración y más trabajo que hacer, y también es mucho más probable que influyan en las decisiones (para bien o para mal). En una heladería que venda tres sabores, el orden en que se anuncien en la carta será indiferente y su efecto sobre las opciones (sobre las ventas de cada sabor) probablemente será insignificante porque la gente ya sabe lo que quiere. Sin embargo, cuando las opciones se hacen más numerosas, una buena arquitectura aportará una estructura y ésta afectará a las decisiones.

Consideremos el ejemplo de un almacén de pintura. Incluso sin contar la posibilidad de que se hagan pedidos especiales, las empresas de pintura venden más de dos mil colores con los que puede pintar las paredes de su casa. Cabe pensar muchas formas de organizar cómo se ofrecen esas pinturas al cliente. Imaginemos, por ejemplo, que los colores se enumeran alfabéticamente. El «amarillo limón» podría ir seguido del «azul índigo», etcétera. Aunque el orden alfabético es una forma satisfactoria de organizar un diccionario (al menos, si se tiene una idea de cómo se escribe la palabra), no es una buena forma de organizar un almacén de pintura.

Por ello, los proveedores de pintura utilizan desde hace mucho una especie de paleta de colores, en la que éstos se agrupan por su semejanza: todos los azules juntos, después los verdes, los rojos cerca de los naranjas y así sucesivamente. El hecho de que se puedan ver los colores facilita mucho la selección, especialmente porque sus nombres no son demasiado informativos. (En la página web de Benjamin Moore hay tres tonos similares de beis que se denominan «semilla de sésamo tostado», «trigo de Oklahoma» y «grano de Arkansas»).

Gracias a la moderna tecnología informática y a la red se han simplificado muchos de los problemas que conllevan las opciones de consumo. La página web de Benjamin Moore Paints no sólo permite al consumidor examinar docenas de tonos beis, sino también ver (dentro de las limitaciones de su monitor) cómo quedaría un color determinado en las paredes con el techo pintado en un color complementario. Y la gama de colores en la pintura no es nada en comparación con el número de libros que vende Amazon (millones) o las páginas web que cubre Google (miles de millones). El éxito de muchas empresas, como Netflix, que alquila DVD por correo, en parte se debe a que tienen una arquitectura que ayuda extraordinariamente. Los clientes que desean alquilar una película pueden buscar por actor, director, género y más, y si dan una valoración de las películas que han visto, también pueden recibir recomendaciones basadas en las preferencias de otros aficionados al cine con gustos parecidos, un método denominado «filtro de colaboración». Se utilizan las valoraciones de otras personas que comparten sus gustos para filtrar el vasto número de libros o películas disponibles a fin de aumentar la probabilidad de que elija uno de su agrado. El filtro de colaboración es un esfuerzo por resolver un problema de arquitectura de las decisiones. Si sabe lo que suelen preferir personas como usted, podría animarse a seleccionar productos que no conoce a partir de esa información. A muchos de nosotros el filtro de colaboración nos facilita algunas elecciones difíciles.

Una nota de advertencia: muchas personas disfrutan con las sorpresas y descubriendo cosas nuevas, que es algo muy positivo, y quizá no sea completamente bueno que nuestra principal fuente de información sea lo que le gusta a la gente como nosotros. A veces es mejor saber lo que le gusta a la gente que *no* es como nosotros y ver si a nosotros también nos gustaría. Si a usted le gusta el autor de misterio Robert B. Parker (y estamos de acuerdo en que es muy bueno), el filtro de colaboración probablemente le dirija a otros autores de misterio (por cierto, le sugerimos que pruebe con Lee Child), pero ¿por qué no intentarlo con Joyce Carol Oates, o incluso Henry James? Si es demócrata, y le gustan los libros que concuerdan con sus predilecciones, podría querer saber lo que piensan los republicanos; ningún partido puede tener el monopolio de la sabiduría. Los arquitectos de las decisiones con espíritu cívico —los directores de diarios de noticias, por ejemplo— saben que es bueno ofrecernos nudges en direcciones que quizá no habríamos escogido específicamente. Estructurar las opciones a veces significa ayudarnos a aprender, para después poder tomar mejores decisiones por nosotros mismos[4].

INCENTIVOS

Nuestro último tema es el que la mayoría de los economistas habría puesto en primer lugar: los precios y los incentivos. Aunque hemos abordado factores que la teoría económica tradicional ignora con frecuencia, no es nuestra intención sugerir que las fuerzas económicas estándar no son importantes. Éste es un lugar tan bueno como cualquier otro para hacer constar que creemos en la oferta y la demanda. Si el precio de un producto sube, normalmente se tiende a producirlo más y a consumirlo menos. Así que los arquitectos de las decisiones deben pensar incentivos cuando diseñan un sistema. Los arquitectos sensatos darán los incentivos adecuados a las personas adecuadas. Una forma de empezar a reflexionar sobre los incentivos es hacer cuatro preguntas sobre una arquitectura determinada:

¿Quién utiliza?
¿Quién elige?
¿Quién paga?
¿Quién se beneficia?

Los mercados libres con frecuencia resuelven todos los problemas clave dando un incentivo para hacer buenos productos y venderlos al precio justo. Si el mercado de zapatillas deportivas funciona bien, habrá mucha competencia, los malos fabricantes serán expulsados del mercado y los buenos serán valorados de acuerdo con los gustos de la gente. Tanto los productores como los consumidores de zapatillas deportivas tendrán los incentivos adecuados. Pero a veces se presentan conflictos. Consideremos un caso sencillo. Cuando vamos a comer juntos, cada uno elige lo que va a tomar y lo paga. El restaurante nos sirve la comida y le damos nuestro dinero. No hay conflicto. Ahora supongamos que nos turnamos para pagar la comida. Sunstein tiene un incentivo para pedir algo más caro en las semanas en las que paga Thaler, y viceversa. (No obstante, en este caso la amistad introduce una complicación; podría ocurrir que uno de nosotros pidiera algo más barato si sabe que va a pagar el otro. Sentimental pero cierto).

Muchos mercados (y sistemas de arquitectura de las decisiones) están plagados de conflictos de incentivos. Quizá el más notorio en Estados Unidos sea el sistema de salud. El paciente recibe la atención sanitaria que elige su médico y que paga su compañía aseguradora, y todos, desde los fabricantes de equipos hasta las compañías farmacéuticas y los abogados que llevan los casos de errores médicos, se llevan su parte en el proceso. Cada uno tiene sus propios incentivos y el resultado quizá no sea el ideal para los pacientes ni para los médicos. Desde luego, la cuestión es evidente para todo el que reflexione sobre estos problemas. Pero, como suele ocurrir, el análisis estándar se puede desarrollar y enriquecer si recordamos que los agentes de la economía son humanos. Desde luego, incluso los humanos más insensatos reducen su demanda cuando se dan cuenta de que los precios han subido. ¿Pero se dan cuenta? Sólo si realmente prestan atención.

La modificación más importante que ha de hacerse a un análisis estándar de incentivos es la visibilidad. Quienes se enfrentan a una decisión, ¿ven realmente los incentivos que tienen? En los mercados libres la respuesta suele ser que sí, pero en algunos casos muy importantes la respuesta es negativa. Consideremos el ejemplo de los miembros de una familia urbana que está decidiendo si compra un coche. Supongamos que sus opciones son utilizar el transporte público y tomar taxis o gastar diez mil dólares para comprar un coche de segunda mano, que pueden aparcar en la calle, enfrente de su casa. Los únicos costes visibles de poseer el coche serán la gasolina, las reparaciones que surjan y el seguro anual. Probablemente ignoren el coste de oportunidad de los diez mil dólares. (En otras palabras, después de comprar el coche tienden a olvidarse de ellos y dejan de considerarlos dinero que podrían haber gastado en otra cosa). Por el contrario, cada vez que cojan un taxi, tendrán el coste delante, con el taxímetro corriendo ante sus ojos. Así pues, un análisis conductual de los incentivos de la propiedad de un coche indica que tenderán a infravalorarse los costes de oportunidad del coche, además de otros aspectos menos evidentes, como la depreciación, y quizá se sobrevaloren los muy visibles costes de coger un taxi*. Un análisis de los sistemas de arquitectura de las decisiones debe hacer ajustes similares.

La visibilidad puede manipularse, claro está, y los buenos arquitectos pueden dirigir la atención de la gente hacia los incentivos. Los teléfonos de la Escuela de Negocios INSEAD en Francia están programados para mostrar el coste de las llamadas a larga distancia. Si queremos proteger el medio ambiente y aumentar la independencia energética, podrían utilizarse estrategias parecidas para hacer los costes más visibles. Supongamos que el termostato de su casa estuviera programado para decirle el coste por hora de bajar la temperatura unos grados durante una ola de calor. Esto probablemente tendría más efecto sobre su conducta que subir las tarifas eléctricas con la menor publicidad posible, un cambio que sólo experimentaría a final de mes, cuando llegase la factura. En la misma línea, supongamos que el Gobierno quiere incrementar el ahorro de energía. Subir el precio de la electricidad desde luego tendrá efecto, pero dar visibilidad a la subida tendrá más. Unos termostatos que indicasen el coste podrían tener un impacto mayor que los aumentos (modestos) de las tarifas destinados a reducir el consumo.

---

* Las empresas especializadas en el alquiler a corto plazo, como Zipcar, podrían beneficiarse ayudando a la gente a resolver esos problemas de contabilidad mental.

En algunos ámbitos, la gente puede desear que la visibilidad de las ganancias y las pérdidas se trate de forma asimétrica. Por ejemplo, nadie querría ir a un centro de *fitness* que cobrase a sus usuarios «por paso» en el Stairmaster. Sin embargo, muchos usuarios del Stairmaster disfrutan viendo el contador de «calorías quemadas» mientras hacen ejercicio (especialmente porque parece que esos contadores dan valoraciones más bien generosas de las calorías quemadas). Para algunos, podría ser incluso mejor un *display* de imagen que indicase las calorías quemadas en términos de alimentos: después de diez minutos uno sólo se ha ganado unas zanahorias, pero después de cuarenta minutos una enorme galleta.

SEGUNDA PARTE

EL DINERO

No es sorprendente que los humanos se distingan radicalmente de los econs en la manera de emplear el dinero. Los econs son sensatos gastadores y ahorradores. Guardan dinero para las épocas de vacas flacas y para la jubilación, y lo invierten como si tuvieran un MBA. Cuando piden un préstamo, no tienen dificultades para elegir entre hipotecas a interés fijo y a interés variable y pagan cada mes la deuda de su tarjeta de crédito. Si usted es un econ, puede saltarse esta sección del libro, a no ser que quiera comprender la conducta de su familia y de otros humanos. Uno de los principales objetivos de los capítulos siguientes es explorar cómo se puede mejorar en las difíciles tareas de ahorrar, invertir y elegir un préstamo. También ofrecemos algunas sugerencias sobre cómo las instituciones públicas y privadas podrían orientar a las personas en direcciones que aumenten su riqueza y su seguridad.

6

Ahorre Más Mañana

En muchos países industrializados de todo el mundo, los gobiernos proporcionan planes de pensiones para garantizar que los trabajadores tienen suficiente dinero para la vejez. El futuro de muchos de esos planes está amenazado por dos cambios demográficos: las personas viven más y tienen menos hijos. En la mayoría de los sistemas las pensiones de los trabajadores jubilados las pagan los impuestos de los que están en activo. Pero como está disminuyendo el ratio de trabajadores en activo respecto a jubilados, tendrán que subir los impuestos o bajar las pensiones. Si bajan las pensiones, es necesario que los trabajadores ahorren para compensar la diferencia. Los cambios que se están introduciendo en los planes de jubilación privados también hacen su diseño más exigente para los trabajadores, que han de determinar por sí mismos cuánto ahorrar y cómo invertir ese dinero correctamente. Muchos humanos no están preparados para una tarea tan compleja.

¿Qué cabe hacer para remediarlo? Vamos a presentar dos propuestas básicas. La primera es la participación automática en planes de ahorro; la segunda es el programa Ahorre Más Mañana. Para comprender por qué funcionarían estos nudges y por qué no son parte del repertorio económico habitual, tenemos que retroceder un poco.

La teoría económica estándar del ahorro para la jubilación es al mismo tiempo elegante y simple. Da por supuesto que las personas calculan cuánto van a ganar durante el resto de su vida, cuánto van a necesitar cuando se jubilen y después ahorran lo justo para disfrutar de un confortable retiro sin sacrificarse demasiado durante su vida laboral.

Como orientación general para considerar de forma sensata el ahorro, esta teoría es excelente, pero como aproximación al comportamiento real de la gente, adolece de dos graves problemas. Primero, presupone que las personas son capaces de resolver un complejo problema matemático para calcular cuánto necesitan ahorrar. Sin un buen programa informático, es todo un desafío incluso para un economista. Lo cierto es que conocemos a pocos economistas (y a ningún abogado) que haya hecho un intento serio de resolverlo (incluso con el programa)*.

El segundo problema es que presupone que las personas tienen la suficiente fuerza de voluntad para poner en práctica el plan adecuado. Según la teoría estándar, los ostentosos coches deportivos o los lujosos viajes de vacaciones nunca desvían a nadie de su proyecto de ahorrar para un apartamento en Florida. En suma, la teoría estándar es sobre econs, no sobre humanos.

Durante la mayor parte del tiempo que han pasado en la Tierra, los seres humanos no han tenido que preocuparse mucho de ahorrar para la jubilación, porque en general no vivían lo suficiente como para jubilarse. En la mayoría de las sociedades, los pocos que llegaban a la vejez quedaban al cuidado de sus hijos. En el siglo XX el aumento de la esperanza de vida, junto con la dispersión geográfica de las familias, hizo necesario que la gente se planteara preparar su jubilación en vez de depender de los hijos. Para resolver el problema, tanto las empresas como los gobiernos empezaron a tomar medidas, la primera de las cuales fue el programa de Seguridad Social de Bismarck en Alemania, en 1889[1].

Los primeros planes de pensiones tendían a ser planes de beneficio definido: el participante tiene derecho a una pensión que depende de una fórmula concreta que suele incorporar el sueldo del participante y el número de años que ha tomado parte en el plan. En un plan privado típico, un trabajador tiene derecho a percibir una pensión que está en función de su sueldo durante los últimos años que haya trabajado, y la proporción depende de años trabajados. La mayoría de los sistemas públicos de Seguridad Social, incluido el de Estados Unidos, también son planes de beneficio definido.

---

* Las compañías de fondos de inversión y otras empresas independientes como Financial Engines y Morningstar disponen de buenos productos de *software*, pero a muchos humanos les resulta difícil y aburrido utilizarlos.

Desde la perspectiva de la arquitectura de las decisiones, los planes de beneficio definido tienen una gran virtud: son tolerantes hasta con el más inconsciente de los humanos. En el sistema estadounidense de Seguridad Social, por ejemplo, la única decisión que un trabajador tiene que tomar es cuándo va a comenzar a percibir la pensión. El único impreso que tiene que rellenar es uno en el que escribe su número de la Seguridad Social, ¡y hay que rellenarlo para cobrar! En el sector privado, los planes de beneficio definido también son sencillos y tolerantes con el error, siempre que el trabajador continúe en la misma empresa y ésta siga existiendo.

Aunque un mundo de beneficio definido puede resultar cómodo para alguien que permanezca en el mismo trabajo durante toda su vida, quienes cambian de trabajo con frecuencia pueden acabar prácticamente sin pensión de jubilación, porque suele haber un periodo mínimo de antigüedad en la empresa (como cinco años) para tener derecho a percibirla. Los planes de beneficio definido también resultan caros de administrar para las empresas. Muchas antiguas empresas están pasando a planes de contribución definida, que además son los que ofrecen casi todas las nuevas compañías en Estados Unidos. En un plan de contribución definida, los empleados, y a veces la empresa, hacen determinadas aportaciones a una cuenta que está a nombre del empleado y que tiene desgravación fiscal. La pensión que reciba el trabajador al jubilarse dependerá de sus propias decisiones sobre cuánto ahorrar y cómo invertir.

Los planes de contribución definida tienen muchas características deseables para los trabajadores en la actualidad. Son completamente transportables, por lo que el trabajador es libre para cambiar de una empresa a otra; y también son flexibles, lo que le da la oportunidad de modificar sus decisiones de ahorro e inversión de acuerdo con su situación económica y sus preferencias. No obstante, los planes de contribución definida son bastante exigentes. Los trabajadores tienen que suscribirlos, determinar cuánto van a ahorrar, gestionar su cartera durante un periodo de años y finalmente decidir qué hacer con los rendimientos cuando se jubilan. Todo este proceso puede resultar intimidatorio, y parece que muchas personas no lo están gestionando bien.

Sin duda, una pregunta clave es si estamos ahorrando lo suficiente. Esta cuestión es compleja y controvertida, y las respuestas varían de un país a otro. Para empezar, los economistas no están de acuerdo en cuánto ahorro es el adecuado, porque no están de acuerdo en el nivel de renta apropiado para después de la jubilación. Algunos sostienen que el objetivo debería ser una renta al menos tan alta como la que se tenía cuando se trabajaba, porque los años de jubilación ofrecen la oportunidad de llevar a cabo actividades caras y que consumen mucho tiempo, como los viajes. Además, los jubilados cada vez gastan más dinero en salud. Otros sostienen que los jubilados pueden aprovechar que tienen más tiempo libre para llevar un tipo de vida más económico: ahorrar el dinero que en el pasado gastaban en ropa para ir al trabajo, tomarse su tiempo para comprar con más cuidado y preparar la comida en casa, así como aprovechar las tarifas reducidas para la tercera edad.

Nosotros no mantenemos una postura inflexible en este debate, pero consideramos algunos aspectos. Parece claro que los costes de ahorrar demasiado poco son mayores que los de ahorrar en exceso. En este último caso, hay muchas posibilidades: desde jubilarse anticipadamente hasta dedicarse a jugar al golf, viajar o mimar a los nietos. Pero enfrentarse a la situación opuesta es menos agradable. Segundo, podemos afirmar con seguridad que en nuestra sociedad algunas personas están ahorrando demasiado poco: los trabajadores que no participan en su plan de jubilación o que están ahorrando un pequeño porcentaje de su renta después de haber cumplido los cuarenta años (o más). A éstos les vendría bien un nudge.

En la medida en que esto puede ser indicativo, muchos trabajadores dicen que «deberían» ahorrar más. En un estudio, el 68 por ciento de los participantes en un plan de contribución definida afirmó que su tasa de ahorro era «demasiado baja», el 31 por ciento que era «más o menos la adecuada» y sólo el 1 por ciento dijo que era «demasiado alta». Los economistas tienden a no dar importancia a esas declaraciones, y en parte por una buena razón. Es fácil decir que uno «debería» hacer muchas cosas buenas —ejercicio, seguir una dieta, pasar más tiempo con los hijos—, y las acciones de las personas quizá nos digan más que sus palabras. Después de todo, pocos de los que dicen que deberían ahorrar más hacen algún cambio después. Pero esas declaraciones no son fruto de la casualidad ni dejan de tener significado. Muchas personas anuncian su intención de comer menos y hacer más ejercicio al año siguiente, pero pocas dicen que esperan fumar más o ver más reposiciones de culebrones. Nosotros interpretamos que la declaración «Debería ahorrar más (o seguir una dieta o hacer ejercicio)» implica que esas personas estarían abiertas a estrategias que les ayudaran a lograr esos objetivos. En otras palabras, están abiertas a un nudge. Incluso puede que lo agradecieran.

La decisión de participar: nudges para inscribirse

El primer paso para participar en un plan de contribución definida es inscribirse. A la mayoría de los trabajadores les resultaría muy interesante. Las aportaciones son desgravables, existe la posibilidad de aplazar la tributación sobre el capital acumulado (que en algunos casos queda exento) y en muchos planes la empresa contribuye como mínimo con un porcentaje de lo que aporta el trabajador. Por ejemplo, una característica habitual de los planes es que la empresa iguala el 50 por ciento de la aportación del trabajador hasta algún límite, tal como el 6 por ciento del salario.

Esta aportación de la empresa es prácticamente dinero regalado. Excepto para los hogares más impacientes o necesitados, debería ser evidente que merece la pena aprovecharla. No obstante, la suscripción de esos planes está muy lejos de ser universal. En Estados Unidos aproximadamente el 30 por ciento de los trabajadores con derecho a participar en un plan de jubilación no lo hace[2]. En general, son los más jóvenes, con menos formación y rentas más bajas los que tienden a no suscribirlos, pero también hay trabajadores muy bien pagados que no lo hacen.

Desde luego, hay situaciones, como es el caso de jóvenes trabajadores con otras necesidades económicas urgentes, en las que podría ser sensato no suscribirlo, ni siquiera pensando en la aportación de la empresa. Pero en muchos casos, no hacerlo es simplemente un error. Reino Unido constituye un ejemplo extremo: allí, algunos planes de beneficio definido no requieren aportaciones del trabajador y corren a cargo de la empresa en su totalidad; los trabajadores no tienen que hacer nada para suscribirlos. Los datos disponibles sobre

133

veinticinco planes de este tipo revelan que se apuntaron apenas la mitad de los trabajadores con derecho a ello (el 51 por ciento)[3]. ¡Esto es como no preocuparse de cobrar la nómina!

Algunos trabajadores mayores estadounidenses también están rechazando «dinero regalado». Para poder optar, un trabajador debe reunir tres requisitos: ha de tener más de 59 años y medio, de manera que no tenga penalización fiscal cuando retire fondos de su cuenta de jubilación; la empresa ha de ofrecer una aportación equivalente (lo que significa que aporta algo si el trabajador lo hace), y tiene que permitir a los empleados retirar fondos de sus cuentas de jubilación mientras aún trabajan. Para estos trabajadores, suscribir el plan es una oportunidad de obtener beneficios seguros porque pueden apuntarse, después retirar inmediatamente sus aportaciones sin penalización y mantener la aportación de la empresa. Sin embargo, según un estudio, hasta el 40 por ciento de los trabajadores que reúnen los requisitos no suscribe el plan o no ahorra lo suficiente como para conseguir la máxima aportación de la empresa[4].

Estos ejemplos extremos sólo son los casos más evidentes en que no suscribir un plan es completamente absurdo. En muchos otros casos los trabajadores tardan meses o años en hacerlo y cabe suponer que, en general, no es porque hayan decidido razonablemente que pueden emplear mejor su dinero, sino que simplemente no se ocupan de ello o están postergándolo. ¿Qué nudges podrían hacer que se apuntaran más rápidamente?[*]

HACER AUTOMÁTICO EL AHORRO

Una respuesta obvia es cambiar la norma por defecto. Tal y como están ahora las cosas, esta norma es no apuntarse; hay que ocuparse activamente de suscribir un plan de jubilación. Cuando los trabajadores empiezan a tener derecho a suscribirlo (a veces, en cuanto consiguen el trabajo), se les suele entregar un impreso para que lo rellenen. Los que quieren suscribirlo deben decidir cuánto ahorrar

---

[*] Por cierto, ¿está usted aportando todo lo que puede a su plan de jubilación o, al menos, lo suficiente como para conseguir que su empresa lo iguale? ¿Y sus hijos adultos? Si no, debería dejar de leer y ponerse a ello. Tiene cosas más importantes que hacer que leer este libro.

y cómo asignar sus inversiones entre los fondos que ofrece el plan. Estos impresos pueden ser bastante complicados, por lo que en muchos casos simplemente no los rellenan.

Una alternativa es que la suscripción sea automática. Así es como funcionaría: en el momento en que un trabajador tiene derecho a suscribir un plan, recibe una carta comunicándole que se le va a inscribir (especificando la tasa de ahorro y la asignación de activos), a no ser que solicite activamente por escrito darse de baja. La suscripción automática ha resultado ser una forma extremadamente eficaz de aumentar la participación en los planes de contribución definida en Estados Unidos[5].

En un plan que estudiaron Brigitte Madrian y Dennis Shea (2001), la tasa de participación con el enfoque de suscripción activa apenas era del 20 por ciento después de tres meses de empleo, aumentando gradualmente hasta el 65 por ciento después de treinta y seis meses. Pero cuando se adoptó la suscripción automática, la participación de los nuevos empleados pasó a ser del 90 por ciento inmediatamente y, al cabo de treinta y seis meses, había alcanzado el 98 por ciento. Por tanto, la suscripción automática tiene dos efectos: hay más participantes y éstos se apuntan antes.

La suscripción automática ¿se limita a vencer la inercia de los trabajadores, ayudándoles a tomar la decisión que realmente prefieren? ¿O de alguna manera les seduce para que ahorren cuando ellos preferirían gastar? Un indicio revelador es que con la suscripción automática muy pocos empleados se dan de baja del plan una vez suscritos. En un estudio de cuatro empresas que adoptaron la suscripción automática, la fracción de participantes que se dieron de baja en el primer año sólo fue del 0,3 al 0,6 por ciento más alta de lo que había sido antes de que se introdujera la suscripción automática[6]. Aunque, por supuesto, esta reducida tasa de bajas en parte obedece a la inercia, el hecho de que tan pocos trabajadores se den de baja sugiere que no descubren repentinamente, consternados, que están ahorrando más de lo que desean.

ELECCIÓN OBLIGATORIA Y MÁS SIMPLICIDAD

Una alternativa a la suscripción automática es simplemente pedir a cada empleado que decida activamente si quiere suscribir el plan.

Si un trabajador tiene derecho al plan en cuanto se le contrata, se le puede pedir que marque en una casilla «sí» o «no» participar como requisito para cobrar su nómina. Ante una elección requerida, los trabajadores tienen que expresar sus preferencias y no hay ninguna opción por defecto. En comparación con el enfoque habitual de inscribirse activamente (el trabajador no participa si no decide rellenar los impresos), la elección requerida debería aumentar la tasa de participación. En una empresa que pasó del régimen de inscripción activa al de elección requerida la tasa de participación aumentó en un 25 por ciento aproximadamente[7].

Una estrategia relacionada es simplificar el proceso de suscripción. Un estudio probó esta idea analizando un impreso simplificado[8]. Durante la orientación laboral a los nuevos trabajadores se les entregaban unas tarjetas que tenían una casilla «sí» para suscribir el plan a una tasa de ahorro del 2 por ciento y una asignación de activos preseleccionada. Los trabajadores no tenían que perder tiempo escogiendo la tasa de ahorro y su asignación; sólo tenían que marcar la casilla «sí» para participar. Como consecuencia, la tasa de participación durante los primeros cuatro meses de empleo pasó del 9 al 34 por ciento. Estos métodos de suscripción simplificados están en el espíritu de los «factores canal» que mencionamos en el capítulo 3. Las personas realmente quieren participar en el plan, y si se les facilita un canal que elimina las barreras aparentemente pequeñas que les obstaculizan, los resultados pueden ser espectaculares.

Mientras que la suscripción automática o «rápida» del plan de jubilación hace el proceso menos intimidatorio, el incremento del número de fondos entre los que elegir puede tener el efecto opuesto. Según un estudio, cuantas más opciones hay en un plan, menor es la tasa de participación[9]. Este hallazgo no debería sorprendernos. Con más opciones, el proceso se vuelve más confuso y difícil, y algunas personas se niegan a elegir.

ELEGIR LA TASA DE AHORRO

Tanto los programas de suscripción automática como los de elección obligatoria suelen adoptar por defecto una tasa de ahorro relativamente baja, del 2 o el 3 por ciento, y una decisión de inversión muy conservadora, como una cuenta de mercado monetario. Parece que muchos trabajadores siguen ahorrando por defecto a la tasa del 2 por ciento, que suele ser demasiado baja para proporcionar suficiente dinero para la jubilación. Y también en muchos casos permanecen en el fondo de inversión por defecto, por lo que pierden un montón de dinero. En el siguiente capítulo abordaremos las estrategias de inversión. Ahora veremos aquí qué nudges podrían ayudar a las personas que están ahorrando demasiado poco.

Un indicio de que las personas necesitan ayuda a la hora de elegir una tasa de ahorro y de que no se dan cuenta de que necesitan ayuda es que la mayoría dedica muy poco tiempo a esta importante decisión financiera. Un estudio descubrió que el 58 por ciento empleó menos de una hora para determinar tanto su aportación como las decisiones de inversión[10]. La mayoría de la gente emplea más tiempo en elegir una raqueta de tenis o un televisor. Y parece que con frecuencia utiliza atajos muy simples. En muchos planes se pide a los participantes que especifiquen la tasa de ahorro que desean como porcentaje de su sueldo, y la respuesta a menudo es escoger un «número redondo», que suele ser el 5, el 10 o el 15 por ciento de la renta. Desde luego, no hay una razón lógica para que la tasa adecuada de ahorro sea un múltiplo exacto de 5.

Otro criterio muy común es destinar a la cuenta de jubilación el mínimo necesario para conseguir la máxima aportación de la empresa. Si ésta se consigue ahorrando el 6 por ciento del sueldo, muchos trabajadores ahorrarán el 6 por ciento. Si los participantes se comportan de esta forma, las empresas que quieran fomentar el ahorro entre sus empleados podrían modificar esa fórmula para ayudarles. Pasar del 50 por ciento sobre el primer 6 por ciento del sueldo al 30 por ciento sobre el primer 10 por ciento probablemente incrementaría las tasas de ahorro. Los que utilizan este umbral como criterio ahorrarían más con un umbral más alto. Y si elige un número redondo como umbral, la empresa proporcionaría un nudge a los que utilizan el heurístico de un «múltiplo de 5».

FORMACIÓN

¿Qué otra cosa pueden hacer las empresas si quieren que haya más trabajadores que participen en planes de jubilación, ahorren una cantidad que les permita una jubilación sin agobios y asignen los fondos entre los activos de una manera razonablemente diversificada? La formación es la respuesta obvia, y muchas empresas han intentado formar a sus empleados para que tomen mejores decisiones. Por desgracia, nada indica que la formación sea, por sí sola, una solución adecuada.

Después de ofrecer a sus empleados la posibilidad de pasar de un plan de beneficio definido a otro de contribución definida, una empresa organizó un curso de formación financiera gratuito[11]. Su efectividad se midió con un test rellenado antes y después de la asistencia al curso. El test tenía un formato verdadero/falso, por lo que las respuestas acertadas al azar recibirían, en promedio, el 50 por ciento de los puntos. Antes del curso, la puntuación media de los empleados fue de 54; después, aumentó de manera no precisamente vertiginosa a 55. ¡Enseñar es duro!

Los trabajadores suelen salir de los cursos de formación entusiasmados con la idea de que van a ahorrar más, pero luego no llevan a la práctica sus planes. Según un estudio, en el seminario todos expresaron su interés por ahorrar más, pero sólo el 14 por ciento llegó a suscribir realmente el plan de ahorro. Esto constituye una mejora, pero no lo suficientemente grande: entre los trabajadores que no asistieron a ningún curso, más del 7 por ciento suscribieron el plan[12]. Los estudios sobre los efectos de la asistencia a una reunión informativa tampoco hallan más que un pequeño efecto sobre la participación en un plan de pensiones[13].

AHORRE MÁS MAÑANA

Aunque la suscripción automática es eficaz para que los jóvenes y los nuevos trabajadores se suscriban antes de lo que lo habrían hecho en otro caso, los participantes tienden a permanecer con la tasa de ahorro por defecto, que suele ser bastante baja. Para mitigar este problema consideremos un programa de aumento automático de las aportaciones, desarrollado por Thaler y su frecuente colaborador Shlomo Benartzi, llamado «Ahorre Más Mañana».

Este programa es un sistema de arquitectura de las decisiones que se construyó según cinco principios psicológicos que subyacen a la conducta humana:

— Muchos participantes piensan que deberían empezar a ahorrar más, y así lo planean, pero nunca llegan a ponerlo en práctica.

— Las restricciones de autocontrol son más fáciles de adoptar si tienen lugar en el futuro. (Muchos de nosotros planeamos empezar una dieta, pero no hoy).

— Aversión a la pérdida: odiamos ver que cobramos menos.

— Ilusión monetaria: las pérdidas se perciben en dólares nominales (es decir, sin ajustar la inflación, por lo que un dólar de 1995 parece tener el mismo valor que un dólar de 2005).

— La inercia desempeña un papel muy poderoso.

Ahorre Más Mañana invita a los participantes a comprometerse por anticipado a una serie de incrementos en su aportación en función de sus subidas de sueldo. Al sincronizar los aumentos en el sueldo y en el ahorro, no disminuye el dinero que llevan a casa y no consideran una pérdida su mayor aportación al plan. Desde el momento en que se empieza a participar en el programa, los incrementos en el ahorro son automáticos, pues la inercia actúa para aumentar el ahorro en vez de para evitarlo. Combinado con la suscripción automática, este plan puede lograr tanto altas tasas de participación como mayores tasas de ahorro.

El plan Ahorre Más Mañana se puso en práctica por primera vez en 1998, en una fábrica de tamaño medio. A los trabajadores se les dio la oportunidad de reunirse individualmente con un asesor financiero, que con un portátil y el *software* adecuado calculaba las tasas de ahorro recomendadas a partir de la información que le proporcionaba cada trabajador (tal como sus ahorros hasta el momento y el plan de jubilación de su cónyuge). En torno al 90 por ciento de los trabajadores aceptaron la oferta de reunirse con el asesor financiero. Muchos se quedaron un tanto sorprendidos por lo que escucharon. Como las tasas de ahorro eran muy bajas en la mayoría de los casos, el asesor les dijo prácticamente a todos que tenían que ahorrar mucho más. Con frecuencia el *software* sugería una tasa de ahorro igual al máximo permitido en el plan: el 15 por ciento del sueldo. Pero el asesor se dio cuenta de que esas sugerencias se consideraban inviables y enseguida eran rechazadas, por lo que empezó a proponer un incremento en la tasa de ahorro del 5 por ciento del sueldo.

En torno al 25 por ciento de los participantes aceptaron este consejo e inmediatamente incrementaron sus tasas de ahorro el 5 por ciento recomendado. El resto dijo que no podía permitirse una reducción de su sueldo. A los renuentes se les presentó el programa Ahorre Más Mañana; en concreto, se les ofreció un plan en el que sus tasas de ahorro aumentarían un 3 por ciento cada vez que tuvieran una subida de sueldo. (Una subida de sueldo típica era del 3,24 al 3,50 por ciento). De este grupo de empleados que no estaban dispuestos a incrementar su tasa de ahorro inmediatamente, el 78 por ciento decidió participar en el programa para aumentar su aportación con cada subida de sueldo.

Los resultados ilustran claramente el potencial de la arquitectura de las decisiones. Comparemos la conducta de los tres grupos de trabajadores. El primero lo componían aquellos que decidieron no reunirse con el asesor. Este grupo estaba ahorrando en torno al 6 por ciento de su sueldo cuando comenzó el programa, y el porcentaje no varió en los tres años siguientes. En el segundo grupo estaban los trabajadores que aceptaron el consejo de incrementar su tasa de ahorro en un 5 por ciento. Su tasa de ahorro media pasó de poco más del 4 por ciento a algo más del 9 por ciento después del primer aumento de sueldo y se mantuvo esencialmente constante en los años siguientes. El tercer grupo comprendía a aquellos que decidieron participar en el plan Ahorre Más Mañana. Ese grupo comenzó con la tasa de ahorro más baja de los tres, en torno al 3,5 por ciento de la renta. Sin embargo, con el programa fue aumentando regularmente, de manera que, tres años y medio y cuatro aumentos de sueldo después, su tasa de ahorro casi se había cuadriplicado y era del 13,6 por ciento —muy superior al 9 por ciento de los que aceptaron la recomendación inicial del asesor de incrementar su ahorro en un 5 por ciento—.

La mayoría de los participantes en el programa Ahorre Más Mañana permaneció en él durante las cuatro subidas de sueldo, tras lo cual los incrementos se detuvieron porque habían alcanzado el máximo que permitía el plan. Los pocos empleados que abandonaron el programa no pidieron que sus tasas de ahorro volvieran a sus niveles anteriores, sino que simplemente dejaron de incrementar sus aportaciones.

Desde que se puso en práctica este programa piloto, muchos administradores de planes de jubilación han adoptado la idea de

Ahorre Más Mañana —por ejemplo, Vanguard, T. Rowe Price, TIAA-CREF, Fidelity y Hewitt Associates—, y ahora figura en miles de planes de empresas. El Profit Sharing Council de Estados Unidos ha informado que, en 2007, el 39 por ciento de las grandes empresas estadounidenses habían adoptado algún tipo de plan de incremento automático. Como el plan se puede aplicar de formas distintas, ello nos ha permitido obtener más información sobre lo que le hace funcionar.

La primera vez que se puso en práctica, como hemos visto, la participación fue de más del 80 por ciento, pero en un entorno en el que cada empleado se reunía individualmente con el asesor financiero y éste podía rellenar los impresos necesarios allí mismo. Por el contrario, las tasas de participación han sido reducidas en algunos casos en que los empleados han tenido que rastrear una oscura dirección en una página web de servicios financieros para apuntarse. Nuestra conclusión principal no debería sorprender a nadie que haya leído este libro hasta aquí: las tasas de participación aumentan drásticamente cuando es fácil inscribirse. Organizar un seminario para explicar el plan ayuda; disponer in situ de los impresos ayuda todavía más. (¿Hemos mencionado ya que los factores canal son importantes?).

La forma más eficaz de incrementar la participación en un plan Ahorre Más Mañana es combinarla con la suscripción automática. El Safelite Group fue el primero que hizo automática la participación en un plan Ahorre Más Mañana. Este programa se les presentó a los trabajadores en junio de 2003. El 93 por ciento de los participantes no hizo nada, por lo que quedaron suscritos de manera automática. Al año siguiente, sólo el 6 por ciento se había dado de baja activamente. Los que permanecieron en el programa dispondrán de bastante más dinero para la jubilación.

EL PAPEL DEL GOBIERNO

Las iniciativas que hemos examinado hasta ahora las ha llevado a cabo enteramente el sector privado. Las empresas han puesto en práctica la participación automática sin ningún nudge del Gobierno. El principal papel que el Gobierno tenía que desempeñar era el de no estorbar reduciendo las barreras para adoptar dichos programas. Cada vez más el Gobierno estadounidense ha hecho exactamente eso. Desde junio de 1998 Mark Iwry, que entonces estaba a cargo de la política nacional de pensiones en el Departamento del Tesoro, estuvo dando instrucciones a la administración tributaria (Internal Revenue System o IRS) para que emitiera una serie de disposiciones (y pronunciamientos oficiales) que definían, aprobaban y promovían la participación automática en los planes de pensiones.

En el verano de 2006 el Congreso aprobó la Ley de Protección de las Pensiones con el respaldo entusiasta de los dos partidos. Los pormenores son complejos y tediosos, por lo que los pondremos en una nota y aquí simplemente señalaremos que la ley ofrece incentivos a las empresas para igualar un porcentaje de las aportaciones de los empleados, inscribirlos automáticamente en el plan e ir incrementando sus tasas de ahorro también automáticamente[14]. El incentivo es que la empresa queda eximida de engorrosas regulaciones. Aunque hay personas razonables que pueden censurar las provisiones concretas de la ley (resultado de los habituales compromisos políticos), nosotros pensamos que es un excelente ejemplo de nudge. No se exige a las empresas que modifiquen sus planes, pero, si lo hacen, se evitan el papeleo y su recompensa ahorra dinero de los contribuyentes (porque nadie tiene que leer ni comprobar unos impresos que ya no hace falta rellenar).

También es posible incorporar nudges directamente en los planes de pensiones gestionados por el gobierno. Nueva Zelanda ha sido pionera en esto. En 2007 ese país instauró un programa con el apropiado nombre de KiwiSaver y se dieron algunos incentivos para suscribirlo, incluido un subsidio inicial de 1.000 dólares neozelandeses. Pero, además, el Gobierno inscribió automáticamente a todos los trabajadores en el plan. Los resultados iniciales son interesantes. Un mes después de instaurarse el programa, la mayoría de los participantes lo estaba suscribiendo activamente. Sin embargo, al cabo de dos meses, el número de participantes adscritos automáticamente empezó a superar al de los activos y, a los seis meses, la suscripción activa se había convertido en el principal método de participación. Asimismo, es interesante señalar que dos tercios de los que suscribieron activamente el programa también tomaron la decisión de asignación de activos, mientras que de los inscritos automáticamente sólo lo hicieron el 8 por ciento[15].

La suscripción activa también se ha incorporado en el Plan Nacional de Ahorro para las Pensiones que se instaurará en Reino

Unido en 2012. En este plan los trabajadores aportarán el 4 por ciento de su sueldo y la empresa el 3 por ciento, por lo que la participación será muy atractiva para los primeros en términos económicos. Pero lord Adair Turner, que dirigió la comisión encargada de diseñar el plan, era consciente del riesgo de que, a pesar de todo, hubiera gente que no participase, por lo que decidió eliminar ese riesgo, y la participación será automática.

Desde luego, también se podría incorporar una característica como Ahorre Más Mañana a este tipo de programas nacionales de ahorro. Los trabajadores quedarían adscritos de forma automática a un plan de pensiones en el que las cantidades destinadas al ahorro se incrementarían con los aumentos de sueldo. Esperamos que algún país pruebe pronto este enfoque.

7

Invertir ingenuamente

Hemos explorado la primera parte del ahorro para la jubilación: participar en un plan y decidir cuánto invertir. Ahora centraremos nuestra atención en la fundamental segunda parte: cómo invertir el dinero.

De nuevo, el paso de los planes de beneficio definido a los de contribución definida ha dado a los trabajadores más control, más opciones y más responsabilidad. Pero si resolver el problema de cuánto hay que ahorrar era arduo, escoger la cartera adecuada lo es más todavía. De hecho, para hacer comprensible nuestra explicación, simplificaremos los problemas reales que hay que afrontar. Simplemente créanos cuando decimos que las cosas verdaderamente son más difíciles de lo que dejamos entrever.

La primera pregunta que ha de responder el inversor es: ¿cuánto riesgo voy a asumir? Como norma general, las inversiones más arriesgadas, como las acciones (también llamadas obligaciones), producen tasas de rendimiento más altas que las inversiones más seguras, como los bonos del Estado o las cuentas de mercado monetario. Escoger la combinación adecuada de acciones y bonos (y quizá también de otros activos como bienes inmuebles) se denomina «decisión de asignación de activos». Si un inversor está dispuesto a asignar más dinero a activos arriesgados, generalmente ganará más, pero más riesgo significa que existe la posibilidad de que los rendimientos sean menores, claro está. Y la decisión de cuánto ahorrar guarda una compleja relación con la disposición a correr riesgos. Alguien que desea invertirlo todo en una cuenta segura de mercado monetario con una modesta tasa de interés haría bien en ahorrar un poco si quiere tener una jubilación holgada.

Supongamos que un inversor elige invertir el 70 por ciento de su dinero en acciones y el 30 por ciento en bonos. Esa opción aún deja muchos interrogantes sobre cómo hay que invertir el dinero. En las cuentas de jubilación la mayoría de los inversores no elige las acciones individualmente, sino que invierte a través de fondos de inversión. A su vez, éstos difieren en su grado de riesgo y en cuánto cobran por sus servicios. Algunos fondos están especializados (sólo invierten en empresas de un país o sector determinados, por ejemplo), mientras que otros diversifican. También hay fondos *one-stop shopping*, que elaboran un combinado de acciones y bonos. ¿Deben los inversores crear su propio combinado o escoger un fondo que ya tenga hecha la selección? Otra cosa que complica la combinación es que muchas empresas ofrecen a sus empleados la posibilidad de invertir en acciones de la propia empresa. ¿Conviene comprar acciones de la empresa para la que se trabaja?

Tomar todas estas decisiones es laborioso (o debería serlo, si se hace con cuidado), y sería comprensible que los participantes pensaran que después de tomarlas pueden relajarse y mirar hacia el futuro con la confianza de tener una buena jubilación asegurada. Sin embargo, estas decisiones deben revisarse periódicamente. Un inversor que decidió invertir la mitad de su dinero en acciones y la otra mitad en bonos podría descubrir que las acciones se han disparado y que ahora dos tercios de su cartera están invertidos en acciones. ¿Debería hacer algo? ¿Le convendría vender parte las acciones para volver a la asignación 50-50? ¿O sería mejor que invirtiera más en acciones, ya que parece que dan tanto dinero? Los econs no tienen problemas con estas decisiones, pero los humanos se despistan con facilidad. Como veremos, los inversores humanos cometen toda clase de errores en este ámbito y les podría venir bien una arquitectura de las decisiones que les ayudara más y que tuviera más tolerancia a los errores.

ACCIONES Y BONOS

¿Cómo se decide qué proporción de la cartera se invierte en acciones? (¿Sabe usted cuánto *está* invertido en acciones en su cartera?). Por supuesto, sabe que las acciones históricamente tienen más rentabilidad, pero ¿cuánta más?

146

Consideremos el periodo de ochenta años desde 1925 hasta 2005. Si hubiera invertido un dólar en bonos del Tesoro de Estados Unidos (bonos emitidos por el Gobierno, a corto plazo y completamente seguros), lo habría convertido en 18 dólares, una tasa de rendimiento del 3,7 por ciento anual. Esto no le parece mal hasta que se da cuenta de que sólo para compensar la inflación tendría que ganar un 3,0 por ciento anual. Si hubiera invertido el dinero en bonos a largo plazo, su dólar se habría convertido en 71 dólares, con una tasa de rendimiento del 5,5 anual, lo que ya suena un poco mejor. Pero si hubiera invertido en fondos de inversión que tuvieran acciones de las empresas estadounidenses más importantes (como un fondo del índice S&P 500), su dólar se habría convertido en 2.658 dólares, una tasa de rendimiento del 10,4 por ciento anual, y si hubiera invertido en una amplia cartera de acciones de compañías más pequeñas, podría haber ganado incluso más. Y en casi todos los países del mundo las acciones han tenido mejores rendimientos que los bonos, aproximadamente por magnitudes similares.

En la jerga económica la diferencia entre los rendimientos de los bonos del Tesoro y las obligaciones se denomina «prima de riesgo». Esta prima se considera una compensación por el riesgo mayor que conlleva invertir en acciones. Mientras que los bonos del Tesoro están garantizados por el Gobierno federal y prácticamente no tienen riesgo, invertir en acciones sí es arriesgado. Aunque la tasa media de rendimiento ha sido del 10 por ciento, ha habido años en que las acciones cayeron más del 30 por ciento, y el 19 de octubre de 1987 los índices bursátiles cayeron un 20 por ciento o más en todo el mundo en un solo día.

¿Cómo decidirían los econs qué porcentaje de sus carteras invertir en acciones? Un econ buscaría un equilibro entre el riesgo y la rentabilidad que se basaría en sus preferencias respecto a su renta de jubilación. Eso significa que decidiría si la posibilidad de ser, por ejemplo, un 25 por ciento más rico merece arriesgarse a ser un 15 por ciento más pobre. No hace falta decir que incluso si a los humanos se les ocurriera considerar el problema de esta manera no sabrían cómo hacer los cálculos necesarios. Las decisiones que toman se diferencian de las de los econs en dos sentidos. En primer lugar, estarían indebidamente influidos por las fluctuaciones a corto plazo y, en segundo, es muy probable que sus decisiones se basasen en principios generales. Consideremos las dos situaciones.

Recordemos que, como decíamos en el primer capítulo, los humanos tienen aversión a la pérdida. En términos generales las pérdidas les disgustan el doble de lo que les agradan las ganancias. Con esto en mente, consideremos el comportamiento de dos inversores, Vince y Rip. Vince es agente de bolsa y puede acceder en cualquier momento a la información sobre el valor de todas sus inversiones. Al acabar la jornada tiene la costumbre de ejecutar un pequeño programa para calcular cuánto dinero ha ganado o ha perdido ese día. Como es humano, cuando pierde cinco mil dólares en un día, Vince se amarga —aproximadamente en la misma medida en que se alegra cuando gana diez mil dólares—. ¿Cómo se siente Vince invirtiendo en acciones? ¡Muy nervioso! Cada día las acciones bajan casi con la misma frecuencia con la que suben, así que si usted siente el dolor de las pérdidas mucho más agudamente que el placer de las ganancias, sufrirá si invierte en acciones.

Ahora comparemos a Vince con su amigo y cliente Rip, un vástago de la antigua familia Van Winkle. Su médico le ha dicho que está a punto de seguir la tradición familiar y pronto va a ponerse a dormir durante veinte años[*]. Le aconseja que se acueste en una cama cómoda y que llame a su agente de bolsa para asegurarse de que sus activos están asignados donde deben. ¿Cómo se sentirá Rip si invierte en acciones? ¡Muy tranquilo! En un periodo de veinte años es casi seguro que las acciones subirán. (No hay en la historia ningún periodo de veinte años en el que el valor real de las acciones haya disminuido o haya sido superado por el de los bonos). Así que Rip llama a Vince, le dice que invierta todo su dinero en acciones y se pone a dormir como un bebé.

La moraleja de la historia de Vince y Rip es que las actitudes hacia el riesgo dependen de la frecuencia con que los inversores controlan sus carteras. Como Kenny Rogers aconseja en su famosa canción «El jugador»: «Nunca cuentes el dinero mientras estés sentado

---

[*] Rip van Winkle es un personaje que da título a un cuento de Washington Irving. Rip se va al bosque y se queda dormido durante veinte años debajo de un árbol. Cuando regresa a la aldea, alaba al rey Jorge III sin saber que se ha producido la Revolución americana y Estados Unidos ya no es una colonia británica.

a la mesa, / ya habrá tiempo para contarlo cuando la partida haya terminado». Muchos inversores no hacen caso de este consejo e invierten demasiado poco dinero en acciones. A nosotros esto nos parece un error, porque si conocieran los datos referentes al riesgo de acciones y bonos en un periodo largo de tiempo como veinte años (el horizonte real de muchos inversores), elegirían invertir casi todo su dinero en acciones[1].

EL RITMO DEL MERCADO: COMPRA ALTO, VENDE BAJO

En la década de 1990 la gente incrementó la proporción de su ahorro para la jubilación invertida en acciones, tanto en términos del porcentaje de dinero aportado cada año como de los saldos de las cuentas. ¿Qué ocasionó este cambio de comportamiento? Una posibilidad (más bien remota) es que los inversores hubieran pasado esa década estudiando publicaciones económicas y financieras y se hubieran enterado de que la rentabilidad de las acciones había sido sustancialmente más alta que la de los bonos durante el último siglo, por lo que decidieron invertir más en acciones. La otra (mucho más probable) es que los inversores se hubieran convencido de que las acciones sólo suben, o de que incluso cuando bajan, eso sólo representa otra oportunidad de compra porque enseguida vuelven a subir. El mercado de acciones proporcionó la ocasión de poner a prueba estas hipótesis durante la caída de la bolsa de 2000-2002.

Una forma de analizar la capacidad de los inversores para seguir el ritmo del mercado es ver cómo cambiaron en el tiempo sus decisiones de asignación de activos (es decir, la proporción de sus carteras invertida en acciones). El problema de este enfoque es que, como ya hemos mencionado, la mayoría apenas modifica sus carteras si no cambia de trabajo y tiene que rellenar nuevos impresos. Así que una manera mejor de juzgar lo que piensa la gente es fijarse en el porcentaje de dinero que invierten en acciones los nuevos participantes que acaban de tomar la decisión. Disponemos de datos sobre un numeroso grupo de participantes que eran clientes de planes administrados por la compañía de fondos de inversión Vanguard. En 1992 los nuevos participantes estaban asignando el 58 por ciento de sus activos a obligaciones, y en el año 2000, el porcentaje había aumentado hasta el 74 por ciento. No obstante, en los dos años siguientes la asignación a obligaciones de los nuevos participantes cayó al 54 por ciento. El mercado había entrado en reflujo. Habían comprado acciones masivamente cuando los precios eran altos y las estaban vendiendo cuando los precios bajaron.

Observamos una conducta similar en las asignaciones de activos dentro de las obligaciones. Algunos planes permiten a los inversores escoger fondos que están especializados en determinados sectores o industrias. Tenemos datos de uno de esos planes que ofreció a sus empleados la opción de invertir en un fondo de tecnología. En 1998, al comienzo del periodo de rápida subida de las acciones de empresas tecnológicas, sólo el 12 por ciento de los empleados invirtieron en el fondo de tecnología. Para el año 2000, cuando las acciones tecnológicas estaban tocando techo, el 37 por ciento de los trabajadores tenía dinero invertido en ese fondo. Después de la caída de los precios de esas acciones, el porcentaje de nuevos participantes que invirtió en el fondo de tecnología había caído al 18 por ciento en 2001. De nuevo, los participantes estaban invirtiendo más agresivamente en el fondo de tecnología cuando éste había alcanzado techo y vendiendo después de que los precios cayeran.

NORMAS BÁSICAS

Incluso a los inversores más informados a veces les puede resultar intimidante la decisión de cómo invertir su dinero, y recurren a unas normas básicas y simples. Veamos el caso del economista financiero y premio Nobel Harry Markowitz, uno de los creadores de la teoría moderna de carteras. Cuando le preguntaron cómo había asignado su cuenta de jubilación, confesó: «Debería haber calculado las covarianzas históricas de las clases de activos y establecido una frontera eficiente. Sin embargo […] repartí mis aportaciones al 50 por ciento entre bonos y obligaciones»[2].

Markowitz no fue el único. A mediados de la década de 1980 la mayoría de los educadores tenía un plan de pensiones de contribución definida que proporcionaba una empresa que se llama por sus iniciales: TIAA-CREF. En aquella época el plan sólo tenía dos opciones: TIAA, que invierte en títulos de renta fija, tales como bonos, y CREF, que invierte principalmente en acciones. Más de la mitad de los participantes en este plan, muchos de ellos profesores, seleccionaron exactamente una división de 50-50 entre estas dos opciones. Uno de esos inversores al 50-50 era Sunstein. A pesar de su antigua amistad con Thaler, que muchos años atrás le había dicho que CREF era una apuesta mejor que TIAA a largo plazo, Sunstein no ha cambiado nada todavía. Está en su larga lista de cosas pendientes, inmediatamente después de cancelar las dichosas suscripciones.

Desde luego, una cartera dividida a partes iguales entre acciones y bonos no es absurda, pero si la asignación inicial nunca se modifica (o «reequilibra», en la jerga financiera), con el tiempo, el combinado de activos dependerá de las tasas de rendimiento. Por ejemplo, Sunstein ha estado invirtiendo cantidades iguales en TIAA y en CREF durante más de veinticinco años y ahora tiene bastante más del 60 por ciento de su dinero en CREF. La razón es que el comportamiento de las acciones ha sido significativamente mejor que el de los bonos durante el tiempo que ha sido profesor. Si hubiera invertido la mayor parte de su dinero en acciones, le habría ido mucho mejor.

La estrategia de Markowitz es un ejemplo de lo que puede denominarse «heurístico de la diversificación»: «En caso de duda, diversifique». No pongas todos los huevos en la misma cesta. En general, la diversificación es positiva, pero hay una gran diferencia entre la diversificación sensata y la ingenua. Un caso especial de esta norma básica es lo que podría denominarse el heurístico de «$1/n$»: «Ante n opciones, divide los activos por igual entre todas las opciones»[3]. Pon el mismo número de huevos en cada cesta.

La diversificación ingenua parece que comienza a una edad muy temprana. Consideremos este inteligente experimento llevado a cabo por Daniel Read y George Loewenstein durante una noche de Halloween[4]. Los «sujetos» eran niños disfrazados que recorren las casas para pedir dulces. En una situación, los niños fueron a dos casas contiguas, en las que se les ofreció elegir entre dos barritas de chocolate (Three Musketeers y Milky Way). En otra, fueron a una sola casa, en la que podían elegir «las dos chocolatinas que prefirieran». Se les mostró un gran número de dulces para que los niños no pensaran que era de mala educación coger dos barritas iguales. Las dos situaciones produjeron resultados muy diferentes. En la casa en la que podían coger las dos barritas, casi todos los niños seleccionaron una de cada tipo. Sin embargo, sólo el 48 por ciento de los niños cogieron una de cada tipo cuando eligieron en secuencia en las dos casas.

Aunque las consecuencias de escoger dos barritas distintas son mínimas (tanto Three Musketeers como Milky Way están muy ricas), la diversificación ingenua en la selección de la cartera puede tener consecuencias mucho más significativas sobre lo que hace la gente y sobre cuánto dinero acaba teniendo. En un revelador estudio, a los empleados de una universidad se les preguntó cómo invertirían su dinero de la jubilación si sólo tuvieran dos fondos donde elegir[5]. En un caso, uno de los fondos sólo invertía en acciones y el otro en bonos. La mayoría de los participantes escogió invertir mitad y mitad, asignando a acciones el 50 por ciento. A otro grupo se le dijo que un fondo invertía sólo en acciones y el otro fondo «equilibrado» invertía la mitad en acciones y la mitad en bonos. En este grupo también podrían haber invertido el 50 por ciento de su dinero en acciones poniéndolo todo en el fondo equilibrado. Sin embargo, siguieron la regla de $1/n$ y dividieron el dinero por igual entre los dos fondos —con lo que al final la mayor parte estaba en acciones—. A los integrantes del tercer grupo se les dio a elegir entre un fondo equilibrado y un fondo de bonos. Imagine qué hicieron.

El resultado implica que los fondos que se ofrecen en un plan determinado pueden influir mucho en las decisiones que toman los participantes. Para comprobar esta predicción Benartzi y Thaler (2001) examinaron el comportamiento en planes de ahorro para la jubilación de 170 empresas. Descubrieron que cuantos más fondos de acciones ofrecía el plan, mayor era el porcentaje de dinero que se invertía en acciones.

Muchos planes han intentado ayudar a los participantes a resolver el difícil problema de seleccionar una cartera ofreciendo fondos de «estilo de vida» que combinan acciones y bonos de una manera diseñada para satisfacer las necesidades de distintos niveles de tolerancia al riesgo. Por ejemplo, una empresa podría ofrecer tres fondos de estilo de vida diferentes: conservador, moderado y agresivo. Estos fondos ya están diversificados, por lo que cada uno sólo tiene que escoger el que mejor encaje en sus preferencias. Algunos fondos también ajustan la asignación de activos de acuerdo con la edad del participante.

Una selección de fondos así es una buena idea y puede formar un excelente menú de opciones por defecto (si las comisiones son razonables). Pero cuando los fondos simplemente se incluyen en una combinación de otros fondos, parece que muchas personas no saben cómo utilizarlos. Por ejemplo, pocos participantes colocan todo su dinero en uno de esos fondos, aunque ésa es la misión para la que fueron diseñados. Es como si alguien que no tiene mucha hambre fuera a un restaurante que ofreciera un menú de cinco platos y pidiera todo el menú más un pato asado y un postre. Un estudio investigó el comportamiento de los participantes en un plan que ofrecía tres fondos de estilo de vida y otros seis fondos (uno indexado, uno de crecimiento, uno de bonos, etcétera)[6]. Curiosamente, los que invirtieron en el fondo de estilo de vida conservador sólo asignaron el 31 por ciento a dicho fondo y dividieron el resto entre los demás. Como en el menú de los demás fondos predominan los fondos de acciones, la consiguiente proporción de acciones para quienes invirtieron en el fondo conservador era del 77 por ciento. Esos participantes acabaron con una cartera bastante agresiva, probablemente sin ser conscientes de ello.

NUDGES

Mediante una arquitectura de las decisiones mejor, los planes pueden ayudar a sus participantes en muchas dimensiones. La atención a la arquitectura de las decisiones no ha dejado de adquirir importancia con los años porque los planes han incrementado mucho el número de opciones que ofrecen, lo que dificulta aún más una buena selección.

Opciones por defecto

Históricamente, la mayoría de los planes de contribución definida no tenía una opción por defecto. A los participantes que suscribían el plan se les ofrecía una lista de opciones con instrucciones para asignar su dinero como desearan entre los fondos ofrecidos. No fue necesaria ninguna opción por defecto hasta que los planes empezaron a adoptar la suscripción automática, un régimen que exige opciones predeterminadas: si a los participantes se les suscribe de manera automática, tiene que ser en alguna asignación de activos concreta. Tradicionalmente, las empresas han seleccionado su opción de inversión más conservadora, que suele ser una cuenta de mercado monetario, como la opción por defecto.

153

La mayoría de los especialistas considera una asignación del 100 por cien a una cuenta de mercado monetario demasiado conservadora. La combinación de tasas de rendimiento bajas (apenas por encima de la inflación) y las bajas tasas de ahorro de muchos empleados es simplemente una receta para la pobreza en la jubilación. Las empresas elegían esta opción no porque pensaran que era inteligente, sino porque les preocupaban los posibles litigios legales si adscribían a sus empleados a algo más sensato (pero arriesgado). En un mundo racional, esta opción sería irracional. Es tan irresponsable orientar a la gente hacia inversiones que son demasiado seguras (y que por lo tanto tienen unos rendimientos muy reducidos) como orientarla hacia inversiones que son demasiado arriesgadas.

Por suerte, existen muchas buenas opciones por defecto. Una alternativa es ofrecer un conjunto de carteras modelo con distintos grados de riesgo. Ya hemos señalado que algunos patrocinadores de planes ofrecen carteras de estilo de vida conservador, moderado y agresivo. Lo único que tiene que hacer un participante es seleccionar el fondo de estilo de vida que mejor se adapte a sus preferencias de riesgo. Otra opción es ofrecer «fondos de ciclo de vida». Estos fondos suelen tener un año en su designación, como 2010, 2030 o 2040. El participante sólo tiene que elegir el fondo que coincida con el año en que espera jubilarse. Los gestores de los fondos de ciclo de vida seleccionan el grado de riesgo y van retirando gradualmente la asignación de las acciones y llevándola a inversiones conservadoras a medida que se aproxima la fecha.

Algunos patrocinadores y vendedores han empezado a ofrecer soluciones automatizadas para la selección de carteras. En concreto, algunos patrocinadores adscriben a los participantes de manera automática a un fondo de ciclo de vida basado en una edad de jubilación estándar. Otros les suscriben a «cuentas gestionadas», que suelen ser carteras de acciones y bonos cuyas asignaciones se basan en la edad del participante y en otras informaciones relevantes.

Estructurar las decisiones complejas

Un plan 401(k) constituye un ámbito excelente en el que presentar un proceso de toma de decisiones que se adapte a las necesidades de unos participantes que tienen distintos grados de interés y formación. A continuación esbozamos un enfoque prometedor: a los nuevos participantes se les diría que, si no quieren seleccionar su propio plan de inversiones, pueden escoger el fondo por defecto que ha sido cuidadosamente seleccionado por expertos. Éste podría ser la cuenta gestionada de la que hablábamos antes. Los participantes que quisieran intervenir algo más podrían elegir entre un pequeño número de fondos equilibrados o de ciclo de vida (a fin de que cada participante invirtiera todo su dinero en un solo fondo). A quienes realmente quisieran intervenir se les ofrecería un menú completo de fondos de inversión, lo que permitiría a los inversores experimentados (o que creen serlo) la posibilidad de invertir tan exóticamente como quisieran. Muchas empresas están empezando a poner en práctica planes como éste.

Esperar el error

Para ayudar a quienes por alguna razón no llegan a inscribirse, somos partidarios de la suscripción automática, que combinaríamos con el programa Ahorre Más Mañana a fin de alcanzar una tasa de ahorro suficiente. Para quienes no invirtieron en un fondo de ciclo de vida nosotros recomendaríamos un plan de reequilibrio automático, de manera que la asignación de activos de cada participante se vaya ajustando con el tiempo.

Correspondencias y feedback

A muchos trabajadores les cuesta comprender de qué manera cifras como la tasa de ahorro, la tasa esperada de rendimiento y la volatilidad se traducirán en cambios en su forma de vida cuando se jubilen. Estos conceptos abstractos pueden precisarse traduciéndolos en conceptos que todos comprendemos. Por ejemplo, se podrían crear imágenes de los tipos de vivienda que llevarían aparejados distintos niveles de renta en la jubilación. Para el nivel más bajo, el participante vería un pequeño y deteriorado estudio. Para los niveles más altos, espaciosas casas con jardín. Estas demostraciones visuales podrían incorporarse en el *feedback* periódico que cada participante recibiría sobre su situación respecto a sus objetivos de ahorro. Así, en el informe anual se le podría decir que por el momento sólo podría aspirar al estudio ruinoso, pero que si aumentara su tasa de ahorro desde ese momento (o se apuntara al plan Ahorre Más Mañana), aún podría conseguir un buen piso de dos habitaciones.

Incentivos

Las principales dificultades relacionadas con los incentivos en este contexto son los posibles conflictos de intereses entre la empresa y el trabajador. Los reparos respecto a la adquisición de acciones de la empresa son un buen ejemplo. La Ley de Seguridad de los Ingresos de los Jubilados ya exige a las empresas que actúen en interés de sus trabajadores, y es necesario que esas leyes se apliquen.

La formación y gestión de una cartera de inversiones durante un largo periodo de tiempo es una tarea que reviste dificultades. La mayoría de las empresas encargan la gestión de sus propios activos a un equipo de expertos internos que cuenta con la ayuda de consultores externos. Pero los participantes individuales suelen hacerlo por sí solos, o con la ayuda de un colega o pariente que puede tener intuición pero que carece de la formación necesaria. El resultado final es parecido a lo que cabría esperar si la mayoría de nosotros intentáramos cortarnos el pelo nosotros mismos: un desastre. La mayoría de la gente necesita ayuda; una buena arquitectura de las decisiones y unos nudges bien escogidos pueden proporcionarla.

8

Los mercados de crédito

No nos debería sorprender enterarnos de que los consumidores humanos no son más expertos en sus préstamos que en sus inversiones. Pensemos en la experiencia de Homer Simpson cuando compró un todoterreno para las vacaciones llamado Cañonero.

> Vendedor de Cañonero: Éste es el desglose de las letras. Ésta es la letra de entrada, ésta es la letra mensual y... la letra semanal.
> Homer: Eso es todo, ¿verdad?
> Vendedor: Sí... bueno, cuando pague las mensuales, tendrá que abonar la típica ALC, «abusiva letra de cancelación».
> Homer: Pero falta mucho, ¿verdad?
> Vendedor: ¡Claro!
> Homer: ¡Bien![1]

La ingenuidad de Homer es menos infrecuente, y más reveladora, de lo que podría parecer. En este capítulo examinaremos dos importantes mercados de préstamo —hipotecas y tarjetas de crédito— para ver si algunos nudges podrían ayudar a los numerosos Homer que hay entre nosotros.

Hipotecas

Hubo un tiempo en que elegir una hipoteca era fácil. La mayoría de las hipotecas, que solían ser a treinta años, tenían un tipo de interés fijo. La mayoría de los compradores daban una entrada del 20 por ciento. En este régimen, comparar créditos era fácil: sólo había que escoger el que tuviera el tipo de interés más bajo. En Estados Unidos esto se vio facilitado en gran medida con la aprobación de la Ley de Veracidad en los Préstamos, una legislación que exigía a todas las entidades de crédito que facilitaran la información sobre los tipos de interés de la misma manera: mediante la tasa porcentual anual. Al mismo tiempo, esta ley era una excelente muestra de arquitectura de las decisiones porque facilitaba la comparación de los créditos. Sin una fórmula sencilla, como la tasa porcentual anual, evaluar las distintas condiciones de las hipotecas es muy difícil. Según un estudio realizado por Suzanne Shu (2007), incluso a estudiantes de MBA de una prestigiosa escuela les resultaba difícil elegir los mejores préstamos, y esto en una tarea que era mucho más sencilla de lo que podrían encontrar en el mundo real.

En Estados Unidos elegir una hipoteca se ha hecho mucho más complicado. Los prestatarios pueden escoger entre distintos préstamos a interés fijo (en los que el tipo de interés no cambia durante toda la vida del préstamo), así como entre numerosos préstamos a «interés variable», en los que el tipo de interés sube y baja de acuerdo con los movimientos del mercado. Los prestatarios también podrían considerar productos tan exóticos como las hipotecas de solo interés, con las que no se llega a pagar el principal del préstamo, lo que significa que éste nunca se cancela a no ser que el prestatario venda la casa (con beneficio, si tiene suerte) o gane la lotería o refinancie el préstamo. Muchas hipotecas a interés variable además tienen la complicación de las llamadas tasas de promoción: un tipo de interés bajo que se aplica durante uno o dos años, después de lo cual el tipo (y las mensualidades) suben, a veces de forma espectacular. Además están las comisiones, que pueden variar mucho; los puntos, que son pagos fijos que hace el prestatario para obtener un tipo de interés más bajo; y las penalizaciones por cancelación anticipada del crédito. En comparación con todo esto, escoger una cartera de jubilación parece fácil. Y también hay mucho en juego.

Como en otros casos, un mayor número de opciones tiene un potencial favorable, pero este potencial sólo se hace realidad si cada uno es capaz de escoger el préstamo que convenga más a su situación y sus preferencias. ¿Cómo elegimos las hipotecas? La economista Susan Woodward (2007) realizó un estudio para el que examinó más de siete mil préstamos asegurados por la Administración Federal de la Vivienda, una institución del Gobierno que asegura los préstamos más pequeños y permite entradas reducidas. Woodward estudió qué tipos de prestatarios obtuvieron las mejores condiciones y en qué circunstancias, teniendo en cuenta el riesgo y otros factores. Éstos son algunos de sus hallazgos fundamentales:

— Los prestatarios afroamericanos pagan 425 dólares más por sus hipotecas. Los latinos pagan 400 dólares más. (La comisión media para todos los prestatarios era de 3.133 dólares sobre préstamos que en promedio ascendían a 105.000 dólares).

— Los prestatarios que viven en barrios en que los adultos no han pasado de la enseñanza media pagan 1.160 dólares más por sus préstamos que aquellos que viven en barrios en los que los adultos han ido a la universidad.

— Los préstamos realizados por agentes hipotecarios son unos 600 dólares más caros que cuando los otorga directamente la entidad de crédito.

— Las fuentes de complejidad, como los pagos fijos y las aportaciones del vendedor a los costes de cierre (que pueden hacer más difícil la comparación de las hipotecas), son caras para los prestatarios, y el coste adicional es mayor en el caso de los préstamos gestionados a través de agentes que en el de los directos.

De este análisis podemos extraer varias lecciones generales. Cuando los mercados se hacen más complicados, los compradores con poca formación resultan especialmente perjudicados por la complejidad. Estos mismos compradores también tienen más probabilidades de recibir consejos interesados o malos por parte de personas que ocupan roles en apariencia serviciales y exclusivamente de asesoramiento. En este mercado, los agentes hipotecarios que trabajan con clientes ricos probablemente tienen un incentivo mayor para labrarse una reputación de honradez. Por el contrario, los que tienen clientes modestos con frecuencia están más interesados en ganar dinero rápido*.

---

* Un breve aparte: los economistas sostienen con frecuencia que cuando hay más en juego, la gente está incentivada para buscar asesoramiento de expertos. Aunque seguramente esta afirmación es cierta, de ahí no se deduce que, en la realidad, el asesoramiento que pidan y que reciban sea útil. En el mercado hipotecario muchas personas piensan equivocadamente que el agente hipotecario presta este servicio, pero no se puede decir que éste sea una fuente imparcial. No pretendemos en absoluto que los agentes hipotecarios sean un caso especial en este sentido. Los pobres son presa de gentes que pretendidamente suministran un servicio en muchas más ocasiones.

Estos factores se ven exacerbados en el segmento de mercado que sirve a los prestatarios más pobres y de riesgo más alto, el llamado mercado *subprime*. Como suele ocurrir, hay dos visiones diametralmente opuestas sobre los préstamos *subprime*. Algunos, en particular desde posturas más bien de izquierda, o desde los medios de comunicación, los tachan de prácticas *predatorias*. Esta generalización no reconoce el hecho evidente de que los préstamos de riesgo más alto han de tener tipos de interés más altos para compensar a quienes prestan el dinero. El hecho de que prestatarios pobres y de alto riesgo paguen más intereses no convierte esos préstamos en «predatorios». De hecho, en los países en desarrollo, los microcréditos que condujeron a la merecida concesión del Premio Nobel de la Paz a Muhammad Yunus en 2006 con frecuencia tienen unos tipos de interés del 200 por ciento o más; sin embargo, no dejan de beneficiar a los prestatarios[2]. Por otra parte, algunos observadores piensan que todo el escándalo creado sobre los préstamos predatorios obedece exclusivamente a la incapacidad de periodistas y otros sectores con simpatías de izquierda para comprender que los préstamos de riesgo exigen tipos de interés más altos. Como suele ocurrir, la verdad se encuentra entre los dos extremos. Los préstamos *subprime* no son ni completamente buenos ni completamente malos.

El aspecto positivo de los préstamos *subprime* es que ofrece crédito a aquellos que no podrían obtenerlo de otra manera y permite a algunas familias pobres o de alto riesgo convertirse en propietarias de sus hogares (o de sus negocios). Los préstamos *subprime* también dan a la gente una valiosa segunda oportunidad. Los prestamistas aportan fondos para cualquier gran adquisición. Y con mucha frecuencia esas adquisiciones ayudan a la gente a alcanzar un sueño americano: un hogar mejor en propiedad. De hecho, la gran mayoría de los préstamos *subprime* son hipotecas refinanciadas o préstamos de equidad.

Entonces, ¿en qué sentido son realmente predatorios los préstamos *subprime*? Los prestatarios *subprime* con frecuencia carecen de formación y a veces son explotados por los agentes. Un artículo publicado en la primera página del *Wall Street Journal* describía en cierto detalle la conducta de uno de esos agentes, Altaf Shaikh, un ex jugador profesional de críquet reconvertido en agresivo prestamista hipotecario[3]. Shaikh, que había pasado de una agencia hipotecaria a otra, había hecho una larga serie de préstamos que le habían beneficiado mucho a él, pero no tanto a sus clientes. Así es cómo solían desarrollarse esta clase de operaciones con los clientes a los que se dirigía Shaikh: el agente se pone en contacto con los prestatarios y actúa como si les estuviera haciendo un favor para evitarles el trabajo de buscar más. El contacto se puede producir en persona o a través del correo electrónico o casi por cualquier otro medio. Por ejemplo, un contratista de obras puede visitar una casa para presupuestar una reforma y de paso recomendar a los residentes un agente hipotecario.

En la siguiente reunión el agente sugiere distintas hipotecas al futuro prestatario. Éste puede «elegir» entonces el tipo de interés, las cuotas mensuales y el número de puntos o pagos fijos que quiere hacer. Esta última opción es particularmente confusa: los puntos permiten a los prestatarios pagar una cantidad (que acaba sumándose al crédito porque el prestatario suele necesitar un préstamo para pagarla) a cambio de un tipo de interés más bajo, pero pocos prestatarios son capaces de saber si estos puntos merecen la pena. (Sugerencia: normalmente, no).

Una vez que el prestatario se decide por una hipoteca determinada, la ley exige que se presente una «estimación de buena fe» en la que se detallen todos los costes del préstamo, incluida la comisión del agente. Aunque el prestatario debe poder disponer de esta estimación dentro de los tres días siguientes a la solicitud inicial, a veces no se le entrega hasta el momento de la firma. Entonces formará parte de una montaña de papeles que con frecuencia se remueven más que se leen. De esta forma se invalida el propósito de la estimación. Lo mismo ocurre con el cierre. El agente presenta al prestatario una pila de papeles para que los lea y los firme. Aunque estos impresos describen los términos y condiciones de la hipoteca, firmar el papeleo es generalmente una mera formalidad. Y, para entonces, la mayoría de los prestatarios ya no está en situación de pensárselo dos veces (o, simplemente, de pensar).

Irónicamente, parte del problema lo causaron las buenas intenciones. La Ley de Veracidad en los Préstamos tenía por objeto originalmente resumir las condiciones de los préstamos en términos claros. Pero es difícil ver la «veracidad» cuando está enterrada en una pila de documentos en letra pequeña. En el caso de los préstamos de alto riesgo, la información facilitada de acuerdo con la Ley de Protección de la Equidad y Propiedad de la Vivienda debería ser otra advertencia más para los prestatarios. Pero el impreso no dice explícitamente «alto riesgo», el prestatario simplemente tiene que firmarlo y los compradores suelen ponerse a firmar sin leer mucho.

Otros documentos confusos hacen difícil que el prestatario distinga entre el crédito propiamente dicho y las comisiones. Los documentos tienen cientos de líneas y están llenos de números que pueden oscurecer los diversos cargos. Muchas de las comisiones no están definidas. Algunos prestatarios no saben que tendrán que pagar más si liquidan su hipoteca antes de tiempo, es decir, que tendrán penalización por cancelación anticipada. Y no ayuda que la mayoría de los préstamos *subprime* tengan tipos de interés variables, que complican más aún el problema de comprender la transacción.

En 2007 hubo en Estados Unidos una erupción de *subprimes,* que causó gran agitación en los mercados financieros globales y condujo a la crisis financiera de 2008. Esta crisis ha impulsado a los gobiernos a ver cómo podrían contribuir a paliar el problema. Por supuesto, los mercados lo resolverán en parte por sí mismos, porque los inversores que habían comprado préstamos *subprime* se enteraron con toda la crudeza de que eran más arriesgados de lo que parecían. (En muchos sentidos, los agentes hipotecarios estaban engañando a los inversores que compraban los préstamos, además de a los prestatarios). Pero las fuerzas del mercado no impidieron que el problema se produjera, así que se han hecho llamamientos a una mayor intervención. Algunos piden que se ponga fin a los préstamos predatorios, pero como los préstamos no llevan estampado el sello «predatorio», es difícil poner en vigor una prohibición sin privar de fuentes de financiación a muchos prestatarios de riesgo que son honestos. Y, por supuesto, la opinión general es que en este complejo ámbito la regulación puede ser positiva; de hecho, ciertos límites pueden ser muy deseables. Pero, en todo caso, a los paternalistas libertarios también nos gustaría considerar algunos nudges. Un paso importante sería una mejora en la arquitectura de las decisiones para ayudar a la gente a tomar decisiones más acertadas y evitar los préstamos que realmente sean predatorios —préstamos que explotan la ignorancia, la confusión y la vulnerabilidad—. De hecho, pensamos que a todo el mercado hipotecario le podría venir bien una mejora en la arquitectura de las decisiones.

El problema básico es que la vieja Ley de Veracidad en los Préstamos se ha quedado completamente desfasada. Cuando los tipos de interés varían y hay incontables comisiones, no basta con fijarse en la tasa porcentual anual. El profesor de Derecho Lauren Wilkins (2006) propone una estrategia de reforma que consiste en limitar el número de hipotecas permisibles para facilitar la comparación. Esto implicaría prohibir las hipotecas con elementos como la amortización negativa o los pagos globo: hipotecas en las que al final hay que pagar sumas importantes de dinero porque al vencimiento no se ha pagado completamente el capital y los intereses. La idea es que si hubiera menos tipos de hipotecas —por ejemplo, sólo préstamos de tipo fijo a treinta años—, a los prestatarios les resultaría más fácil elegir mejor. Wilkins piensa que los costes de esas hipotecas exóticas son superiores a sus beneficios. Asimismo, propone que la valoración del préstamo sea válida durante treinta días y que el prestatario tenga que esperar antes de contratar una hipoteca. Aunque esta propuesta tiene cierto mérito, y simpatizamos con el objetivo de facilitar la comparación, no se puede considerar paternalismo libertario porque prohíbe contratos que podrían ser mutuamente beneficiosos. Las hipotecas de interés variable, incluso con tasas de promoción, no son inherentemente malas. Para aquellos que están pensando vender su casa o refinanciarla dentro de unos años, estas hipotecas pueden ser muy atractivas.

Por el contrario, pensamos que una versión de nuestro plan RECAP sí puede resultar útil. Tenemos en mente dos versiones de RECAP en este ámbito. En la forma simplificada las entidades de préstamo tendrían que informar de los costes del préstamo en dos categorías: comisiones e interés. En una versión de dicho informe sugerida por Wilkins, se darían a conocer los distintos tipos de comisiones pero se sumarían en una sola cifra destacada.

Según la investigación de Woodward, las personas que consiguen las mejores condiciones —con mucha diferencia— son las que no pagan ninguna comisión de apertura. (Esto sólo significa que el agente la paga de su comisión. Puede que alguna vez haya almuerzos gratis, pero la hipoteca gratis no existe). La explicación más probable de esto es que cuando la comisión es cero, a los prestatarios les resulta más fácil comparar las condiciones, porque el tipo de interés es lo único en lo que tienen que fijarse. Junto con el tipo de interés, las entidades de préstamo tendrían que presentar un calendario de pagos para un periodo de varios años suponiendo que el tipo no variase. De esta manera los prestatarios al menos sabrían qué

163

tendrían que pagar cuando acabara su tasa de promoción. Asimismo sería conveniente incluir alguna información para el peor escenario posible, de manera que los prestatarios vieran a cuánto podrían ascender sus mensualidades en el futuro.

Las entidades de préstamo también tendrían que proporcionar un informe RECAP pormenorizado en formato digital que incorporase todas las comisiones y tipos de interés, incluidas las tasas de promoción, a qué irían unidos los cambios del tipo de interés, los topes en los cambios por año, etcétera. Esta información permitiría a terceras partes independientes ofrecer mejor asesoramiento. Tenemos la corazonada de que si los datos RECAP estuvieran disponibles, surgirían servicios proporcionados por terceras partes para comparar los préstamos. Habría que cuidar de que el sistema no fomentase la colusión, pero pensamos que este caso sería fácil de controlar y prevenir[4].

Así, los datos RECAP harían mucho más fácil la comparación de hipotecas en línea, lo que haría este mercado más competitivo. Es probable que la comparación en línea ayudase especialmente a las mujeres y a las minorías. De acuerdo con un estudio de las ventas de automóviles, las mujeres y los afroamericanos pagan aproximadamente la misma cantidad que los varones blancos cuando compran un coche en línea, pero cuando lo compran en el concesionario pagan más, incluso si se tienen en cuenta otros factores como la renta.

TARJETAS DE CRÉDITO

La tarjeta de crédito es un elemento ubicuo de la vida moderna. Es casi imposible funcionar en la sociedad sin tener una. Intente coger una habitación en un hotel o alquilar un coche o un juego de palos de golf sin una tarjeta de crédito. Buena suerte. Las tarjetas de crédito tienen dos funciones. Primero, proporcionan un modo de pago en lugar del dinero en metálico, y prácticamente han sustituido a los cheques con ese fin en las transacciones cara a cara —por suerte—, aunque todavía hay quien paraliza la cola en el supermercado para rellenar un cheque por una compra de 7,37 dólares. La segunda función de la tarjeta de crédito es proporcionar liquidez si en un momento determinado se quiere gastar más dinero del que se tiene en metálico. Las tarjetas de débito, que son exteriormente iguales que las de crédito, sólo cumplen la primera función porque están unidas a una cuenta corriente y no permiten el pago a crédito a no ser que también estén unidas a una línea de crédito. (Aviso: algunas tarjetas de débito ofrecen líneas de crédito con comisiones muy altas. Si utiliza una tarjeta de débito para pagar a crédito, asegúrese de que las comisiones son más bajas de lo que serían con una tarjeta de crédito).

Las tarjetas de crédito son una bendición. Pagar con una tarjeta de crédito con frecuencia es más rápido que pagar en metálico y nos permite ahorrarnos la lucha con el cambio; buscar en los bolsillos la cantidad exacta y tener en casa grandes recipientes para guardar la calderilla son algunas de las molestias de las que nos ha librado. ¡Por no mencionar las ventajas de la tarjeta de viajero frecuente! Pero si no se tiene cuidado, la tarjeta de crédito puede convertirse en una adicción. Consideremos estas cifras:

— La Oficina del Censo estadounidense informó de que en 2004 había más de 1.400 millones de tarjetas de crédito por 164 millones de titulares: en promedio, 8,5 tarjetas por titular.
— En la actualidad 115 millones de estadounidenses tienen una deuda de mes a mes con sus tarjetas de crédito.
— En 1989 la familia media estadounidense debía 2.697 dólares a las compañías emisoras de sus tarjetas de crédito; en el año 2007 la deuda había aumentado a unos 8.000 dólares. Y estas cifras probablemente son demasiado bajas porque suelen ser las que dan los propios titulares. Basándose en datos de la Reserva Federal, algunos investigadores sugieren que los hogares estadounidenses pueden tener una deuda media con sus tarjetas de crédito de 12.000 dólares. Con un interés típico del 18 por ciento anual, eso se traduce en el pago de más de 2.000 dólares al año solamente en intereses[5].

Estas cifras son parecidas a las de muchos otros países y, en ciertos aspectos, la situación parece que empeora. Volviendo a los problemas de autocontrol de los que hablamos en el capítulo 3, podemos ver cómo las tarjetas de crédito crean graves problemas a algunas personas. Antes de que se extendiera su uso, los hogares estaban obligados a emplear una contabilidad de «paga cuando gastas», por eso se guardaba el dinero en recipientes con una etiqueta que indicaba su finalidad o destinatario. Si ahora no se tiene dinero para llenar el depósito del coche siempre se puede utilizar la tarjeta de crédito. Las tarjetas de crédito también inhiben el autocontrol de otras formas. Según un estudio de Drazen Prelec y Duncan Simister (2001), la gente estaba dispuesta a gastar el doble para conseguir entradas para un partido de baloncesto si podían pagar con tarjeta de crédito en vez de en metálico. Imposible saber cuánto dinero se gasta con la tarjeta para conseguir más kilómetros de viajero frecuente. Y cuando se llega al límite con una tarjeta, siempre se puede utilizar otra o abrir una nueva cuenta gracias a alguna de las ofertas con que nos importunan casi diariamente por correo para anunciar que «usted ha sido seleccionado».

¿Puede ayudar en esto el paternalismo libertario? Lo mismo que con las hipotecas, pensamos que es un terreno ideal para RECAP. Nuestra propuesta es que las compañías emisoras de tarjetas de crédito estén obligadas a enviar un extracto anual, tanto en papel como en formato electrónico, que incluya una relación totalizada de las comisiones en que se ha incurrido a lo largo del año. Este informe tendría dos finalidades. Primero, los usuarios de tarjetas podrían utilizar la versión electrónica para buscar mejores condiciones. Al conocer exactamente el uso que han hecho de la tarjeta y sus comisiones, serían más conscientes de por qué están pagando.

Aquí tenemos un ejemplo. Una de las formas en que las compañías emisoras de tarjetas de crédito han subido los precios solapadamente es con la reducción del número de días que tiene el titular entre el momento en que recibe la factura y el día en que le pasan el cobro. Si ese día no tiene fondos, no sólo tiene que pagar una penalización, sino también un interés sobre todas las compras que haga al mes siguiente, incluso si cancela la deuda en su totalidad. Para alguien que utiliza la tarjeta constantemente, como un viajero frecuente en *business,* retrasarse un día en el pago de 5.000 dólares puede suponer tener que pagar más de 100 dólares extra.

Segundo, el informe haría más visible a los usuarios cuánto están pagando a lo largo del año. Algunas tarjetas de crédito emiten un resumen anual de compras por categorías, que puede servir de ayuda para preparar la declaración de la renta, pero RECAP obligaría a las compañías emisoras a incluir información sobre sus comisiones en este documento. Con frecuencia se ocultan esas comisiones. Por ejemplo, si el usuario hace una compra en moneda extranjera, la compañía le carga una comisión por convertir el precio de la compra en dólares (algo que al banco no le cuesta prácticamente nada). En el informe RECAP se indicaría al usuario cuánto pagó por el privilegio de utilizar su tarjeta durante sus vacaciones en México. Como el interés sobre las tarjetas de crédito no es desgravable, no hay ninguna razón especial para que los usuarios comprueben cuánto pagaron el último año en intereses por todas sus tarjetas, por lo que estas comisiones suelen ser opacas y se ignoran por completo. Imagine la llamada de atención que supondría para un usuario enterarse de que durante el último año ha pagado 2.153 dólares en intereses, 247 dólares por retrasos en el pago y 57 dólares en comisiones por cambio de moneda.

También podrían resultar útiles otros nudges. Por ejemplo, las tarjetas de crédito siempre mencionan el pago mínimo que se puede hacer cuando se recibe el resumen de compras mensual. Esto puede servir de ancla, como un nudge de que esta cantidad mínima es apropiada[*]. De la misma forma, los límites de la tarjeta de crédito, cuya función teórica es limitar el gasto, pueden servir de anclas altas que en realidad lo fomentan. Por supuesto, como los pagos mínimos son muy pequeños respecto a la cantidad total, pagar esta cantidad sólo maximiza los pagos de intereses con el tiempo. Las compañías emisoras incluso ponen difícil al usuario que cancele la deuda de la tarjeta en su totalidad cada mes. Intente establecer la posibilidad de pago automático con su tarjeta y su banco. Lo más seguro es que sólo le ofrezcan la opción por defecto del pago mínimo, no de cancelar la deuda. Nosotros pensamos que se debería exigir a las compañías que permitiesen el pago automático de toda la deuda.

En este capítulo hemos tratado diversos temas, pero el mensaje unificador está claro. En el caso de las hipotecas y las tarjetas de crédito, la vida es mucho más complicada de lo necesario y se explota a los usuarios. Con frecuencia es mejor dejar a la gente que cuide de sí misma, pero cuando se trata de préstamos, las comunes flaquezas humanas pueden conducir a graves dificultades e incluso al desastre. Como en otros ámbitos, el Gobierno también debe respetar aquí la libertad de elección, pero con unas cuantas mejoras en la arquitectura de las decisiones habría menos probabilidades de elegir mal.

---

[*] Del mismo modo, los límites en las tarjetas de crédito, que en teoría se establecen para limitar el gasto, pueden servir de ancla que fomente el gasto.

TERCERA PARTE

LA SOCIEDAD

9

PRIVATIZAR LA SEGURIDAD SOCIAL:
EL ESTILO *SMORGASBORD*

En la campaña presidencial de 2000 George W. Bush defendió una privatización parcial del sistema de Seguridad Social. Según su plan, una parte del impuesto sobre la nómina se destinaría a cuentas de ahorro individuales. Al mismo tiempo que esto se debatía en Estados Unidos, Suecia estaba instaurando un sistema similar al que proponía el presidente Bush. El plan de Bush no recibió mucha atención en los primeros años de su mandato, pero resurgió en 2005 y, aunque fue derrotado en el Congreso, es probable que en un futuro próximo se estudie alguna versión de esta propuesta, en Estados Unidos o en otros países. De la experiencia sueca se pueden extraer importantes lecciones, sobre todo acerca de las limitaciones de una simple celebración de la libertad de elección.

Veremos que en Suecia lo hicieron muy bien en algunos aspectos de la arquitectura de las decisiones, pero cometieron al menos un error importante que condujo a sus ciudadanos a elegir carteras que no son ni mucho menos tan buenas como podrían haber sido. Les habrían ayudado unos nudges mejores. Si comprendemos por qué, aprenderemos mucho sobre la reforma de la Seguridad Social, y sobre muchas más cosas.

EL DISEÑO DEL PLAN DE PRIVATIZACIÓN SUECO

Si tuviéramos que caracterizar el diseño del plan sueco en dos palabras éstas serían «pro elección». De hecho, es un buen ejemplo de la estrategia Sólo Maximizar las Opciones: dar a la gente tantas opciones como sea posible y después dejar que haga lo que quiera. En casi todas las fases, los diseñadores optaron por un enfoque de *laissez-faire*. En concreto, el plan tenía las siguientes características clave:

1. A los participantes se les permitió crear sus propias carteras seleccionando hasta cinco fondos de una lista aprobada.
2. Se escogió un fondo (con cierto cuidado) para que fuera la opción por defecto de todos aquellos que, por la razón que fuera, no querían hacer una elección activa.
3. Se animó a los participantes (mediante una campaña publicitaria masiva) a elegir sus propias carteras en vez de quedarse con el fondo preseleccionado.
4. Se permitió entrar en el sistema a cualquier fondo que satisficiera ciertas normas fiduciarias. Por tanto, la entrada en el mercado determinaba el *mix* de fondos en el que los participantes podían elegir. Como resultado de este proceso, al principio había 456 (!) fondos donde elegir. (Para el 14 de agosto de 2007 había 783 fondos en el plan, pero desde el comienzo ha habido más de 1.000, así que algunos entran y salen rápidamente).
5. La información sobre los fondos, incluidas las comisiones, el riesgo y el comportamiento pasado, se proporcionó en un libro a todos los participantes.
6. Los fondos (excepto el preseleccionado) podían anunciarse para atraer el dinero.

Si todos los ciudadanos suecos fueran econs, ninguna de estas decisiones de diseño sería controvertida. La combinación de entrada libre, competencia sin limitaciones y muchas opciones parece estupenda. Pero si los suecos son humanos, maximizar las opciones quizá no conduzca al mejor resultado posible. De hecho, no condujo.

EL FONDO POR DEFECTO

Hay dos grupos de cuestiones relacionadas con el fondo por defecto. ¿Qué debería incluirse en la cartera? Y ¿qué estatus debería recibir del Gobierno? Es decir, ¿quiere el Gobierno animar a los participantes a adoptarlo, o desanimarlos, o qué? A continuación indicamos algunas de las muchas opciones posibles que se podrían haber seleccionado:

A. Los participantes no tienen dónde elegir: el único fondo es el preseleccionado.
B. Hay un fondo preseleccionado, pero no se fomenta su elección.
C. Hay un fondo preseleccionado y se fomenta su elección.
D. Hay un fondo preseleccionado, pero su elección no se fomenta ni se desincentiva.
E. Elección requerida. No hay una opción por defecto; los participantes deben elegir ellos mismos o renunciar a sus aportaciones.

¿Cuál elegiría un buen arquitecto de las decisiones? Eso depende de su grado de confianza en la capacidad y predisposición de los participantes a elegir bien sus carteras por sí mismos. La opción A no se puede considerar un nudge. Elimina todas las opciones y por lo tanto no es congruente con el paternalismo libertario. No la recomendamos.

En el otro extremo, los diseñadores evitaron establecer un fondo como opción por defecto, lo que obliga a cada participante a escoger su propia cartera: la opción E, elección requerida. Si los diseñadores tienen confianza en que los participantes van a elegir bien las carteras por sí mismos, pueden plantearse esta política. Aunque la elección requerida sea atractiva en algunos ámbitos, pensamos que el Gobierno sueco hizo bien en no tratar de imponerla[1]. Es inevitable que algunos participantes no respondan a los intentos de contactarlos (quizá porque no pueden comunicarse o porque están fuera del país, enfermos, preocupados o simplemente desinformados). Privar a estas personas de todos los beneficios es cruel y probablemente inaceptable como política o principio. En cualquier caso, no es fácil elegir entre más de cuatrocientos fondos; ¿por qué habría de obligar un gobierno a sus ciudadanos a hacer esa elección, cuando algunos preferirían confiar en la opinión de los expertos, que sería la opción por defecto?

Así que nos quedan las tres opciones intermedias. Si tenemos una preseleccionada, ¿debemos fomentar su elección? Está claro que hay una variedad de opciones que van desde promoverla casi en exclusiva hasta desincentivarla por completo. ¿Cuál es la mejor? La opción D tiene un atractivo evidente: simplemente designar una opción por defecto pero no fomentarla ni desincentivarla. Pero es ilusorio pensar que esta alternativa resuelve el problema. ¿Qué significa ser neutral? Si notificamos a los participantes que el plan fue diseñado por expertos y que sus comisiones son bajas (lo cual es cierto de la opción por defecto en ese caso real), ¿es esto fomentarla? No queremos ponernos excesivamente sutiles. Sólo afirmamos que los diseñadores tendrán que decidir cómo describen el plan preseleccionado y que esas decisiones en parte determinarán la cuota de mercado que ese plan atraiga.

Para analizar las opciones intermedias necesitamos saber algo sobre la competencia de quienes diseñan la opción por defecto y de la competencia y diversidad de quienes podrían ignorarla. Si los diseñadores son extraordinarios, si la opción por defecto es adecuada para todos y si es probable que los participantes se equivoquen, podría tener sentido animarles a escoger la opción preseleccionada. Si los diseñadores están básicamente tanteando, los participantes están muy bien informados y sus situaciones son muy diferentes, quizá sería mejor equivocarse por el lado de la neutralidad oficial.

En cualquier caso, el plan sueco adoptó una versión del plan B. Con una amplia campaña publicitaria se animó a los participantes a que eligieran sus propias carteras. Parece que la campaña tuvo el efecto deseado, porque dos tercios lo hicieron. Los participantes que disponían de más dinero eran los que más tendían a hacer la selección activa y, con el factor dinero constante, predominaban las mujeres y los jóvenes. (Tenemos una teoría de por qué había más mujeres que eligieran activamente: era menos probable que perdieran los formularios y que se olvidaran de enviarlos por correo. Reconocemos que no disponemos de datos en apoyo de esta teoría y nos declaramos culpables de que quizá estemos excesivamente influidos —por el sesgo de la disponibilidad— de que nuestras parejas son bastante más organizadas que nosotros).

Desde luego, un tercio de los participantes acabó con el fondo preseleccionado, y esa cifra podría parecer alta. De hecho, fue la mayor cuota de mercado de cualquier fondo. Pero el Gobierno se esforzó para que la gente escogiera activamente, y el impacto de la campaña se puede inferir de lo que ha ocurrido desde que el plan comenzó. El resultado es que, a medida que disminuía la campaña gubernamental, había menos participantes que eligieran sus propias carteras.

A continuación exponemos algunos pormenores. Cuando el plan se lanzó en la primavera de 2000, se instó a cada trabajador participante a que eligiera una cartera. En los años siguientes se fueron uniendo al plan nuevos trabajadores (en su mayoría jóvenes), a los que también se animó a que escogieran una. Pero poco después del periodo de suscripción inicial, el Gobierno puso fin a su campaña publicitaria para fomentar la selección activa. Es más, los propios fondos privados redujeron en gran medida sus anuncios para atraer inversiones. Probablemente como resultado de estos dos factores, la proporción de personas que elegían sus carteras también disminuyó. De los trabajadores que suscribieron el plan en abril de 2006 (el último periodo de inscripción del que tenemos datos) ¡sólo seleccionaron sus carteras el 8 por ciento!* Como estos nuevos participantes son principalmente trabajadores jóvenes, resulta muy útil comparar este porcentaje con el de los trabajadores que tenían menos de veintidós años cuando el plan se lanzó en 2000. El porcentaje de ese grupo que escogió entonces su cartera fue del 56,7, mucho más que ahora.

¿Tomaron buenas decisiones quienes eligieron activamente?

¿Resultaron beneficiados los que seleccionaron sus carteras? Desde luego, no hay forma de conocer las preferencias de los participantes individuales y tampoco sabemos qué activos tienen fuera del sistema de la Seguridad Social, así que no podemos decir nada preciso sobre si eligieron bien sus carteras. No obstante, es muy revelador comparar las carteras que crearon activamente con el fondo por defecto en cuanto a aspectos que los inversores sensatos deben valorar: comisiones, riesgo y comportamiento. Por resumirlo en una frase: los inversores activos no lo hicieron demasiado bien.

Parece que el fondo por defecto se seleccionó con cierto cuidado (véase la tabla 9.1). Los activos se asignaron de la siguiente forma: 65 por ciento acciones extranjeras (es decir, no suecas), 17 por ciento acciones suecas, 10 por ciento títulos (bonos) de interés fijo, 4 por ciento fondos de cobertura y 4 por ciento *private equity*. En todos los casos, el 60 por ciento de los fondos eran de gestión pasiva, lo que sig-

---

* De hecho, el porcentaje de participantes que eligen activamente no ha dejado de disminuir desde el 17,6 por ciento en 2001, el año siguiente a su lanzamiento.

nifica que los gestores de carteras simplemente compran un índice de acciones y no intentan batir al mercado. Los fondos índice tienen la ventaja de que son baratos. Las comisiones que cargan a los inversores son mucho más bajas que las que cargan los fondos que intentan batir al mercado. Las bajas comisiones de los fondos índice contribuyeron a que los costes del fondo preseleccionado fueran muy bajos: el 0,17 por ciento. (Esto significa que por cada 100 dólares invertidos, al inversor se le cargan 17 centavos anuales). En conjunto, la mayoría de los expertos consideraría que este fondo estaba muy bien diseñado.

Tabla 9.1
Comparación del fondo por defecto y la cartera media elegida activamente

Asignación de activos	Fondo por defecto (%)	Cartera media elegida activamente (%)
Obligaciones	82	96,2
Suecas	17	48,2
Estadounidenses	35	23,1
Europeas	20	18,2
Asiáticas	10	6,7
Títulos (bonos) de interés fijo	10	3,8
Fondos de cobertura	4	0
Private equity	4	0
Indexados	60	4,1
Comisión	0,17	0,77
Rendimientos en los tres primeros años	−29,9	−39,6
Rendimientos hasta julio de 2007	+21,5	+5,1

Nota: Los datos sobre la asignación de activos proceden de la información sobre fondos de Morningstar. La comisión es el ratio de gasto anual como porcentaje de los activos del fondo. El comportamiento *ex post* es el rendimiento para el periodo de tres años tras la reforma (del 31 de octubre de 2000 al 31 de octubre de 2003). El cálculo de las características de la cartera media elegida activamente se ha ponderado con las cuotas de mercado de los fondos tras las decisiones de cartera del año 2000.

Para ver cómo les fue como grupo a los participantes que eligieron activamente podemos examinar las cifras comparables para la cartera agregada seleccionada inicialmente por ellos. En esta comparación hay tres puntos de interés. Primero, aunque en el plan preseleccionado la proporción de acciones era muy alta, en las carteras elegidas activamente es incluso más elevada: 96,2 por ciento. Probablemente eligieron invertir tanto en acciones porque el mercado de valores había experimentado un gran auge en los años anteriores.

Segundo, decidieron invertir casi la mitad de su dinero (48,2 por ciento) en acciones de empresas suecas. Esto refleja la conocida tendencia de los inversores a comprar acciones de su país, lo que los economistas denominan el sesgo doméstico[2]. Por supuesto, cabría pensar que lo lógico es invertir en casa: ¡compra lo que conoces! Pero cuando se trata de invertir, comprar lo que se conoce no es necesariamente lo más lógico. Como vimos en el capítulo anterior, los empleados que compran acciones de la empresa para la que trabajan no muestran mucha capacidad para tomar decisiones financieras rentables.

Consideremos el hecho siguiente. Suecia representa aproximadamente el 1 por ciento de la economía mundial. Un inversor racional en Estados Unidos o en Japón invertiría el 1 por ciento de sus activos en acciones suecas. ¿Es lógico que los inversores suecos inviertan 48 veces más? No[*].

Tercero, en las carteras seleccionadas sólo estaba indexado el 4,1 por ciento de los fondos. Por consiguiente, las comisiones que pagaron los que eligieron activamente fueron mucho más altas: el 0,77 por ciento en comparación con el 0,17 por ciento del fondo por defecto. Esto significa que si dos personas invierten diez mil dólares cada una, el inversor activo está pagando 60 dólares más al año en comisiones que el que escogió la cartera por defecto. Con el tiempo, estas comisiones se van sumando[**]. En resumen, los que seleccionaron sus carteras eligieron una mayor proporción de obligaciones, más gestión activa, mucha más concentración local y comisiones más altas.

---

[*] Si le preocupa el riesgo divisa, ese problema se puede resolver fácilmente, y de hecho se resolvió en el fondo por defecto, con estrategias de cobertura del riesgo de cambio (que esencialmente son una especie de seguro).

[**] Las comisiones de las que hablamos aquí son las que se anunciaron. Más tarde, algunos fondos ofrecieron descuentos, por lo que las comisiones se redujeron.

En el momento en que se hicieron estas inversiones habría sido difícil defender que las carteras seleccionadas activamente eran mejores inversiones que el fondo por defecto. Y aunque los rendimientos durante unos pocos años no demuestran nada, no sólo el fondo preseleccionado estaba mejor diseñado desde el principio, sino que su comportamiento también fue mejor. Debido al declive en el mercado que se produjo tras el lanzamiento del plan, a los inversores no les fue bien durante los tres primeros años (del 31 de octubre de 2000 al 31 de octubre de 2003), pero quienes invirtieron en el fondo por defecto sufrieron menos. Éste perdió el 29,9 por ciento en esos tres años, mientras que la cartera media de los participantes que eligieron sus fondos activamente perdió el 39,6 por ciento.

En los años siguientes, el comportamiento del fondo por defecto ha seguido siendo mejor. Hasta julio de 2007 había subido un 21,5 por ciento, mientras que la cartera media gestionada activamente sólo había subido el 5,1 por ciento. De hecho, el comportamiento del fondo preseleccionado ha sido tan bueno en este periodo que el servicio de valoración de fondos de Morningstar le ha otorgado cinco estrellas, su valoración más alta (en comparación con otros fondos «globales») desde 2003. Por el contrario, la cartera agregada seleccionada por los participantes probablemente habría recibido tres estrellas si se considerase como un solo fondo global.

Un rasgo interesante de la experiencia sueca es que el fondo se lanzó justo cuando el mercado alcista (y la burbuja de las acciones tecnológicas) estaba llegando a su fin. Aunque resulta imposible especificar el efecto preciso de esta coincidencia sobre las decisiones de la gente (o incluso sobre la decisión de lanzar el programa de privatización), los datos aportan algunos indicios convincentes. Ya hemos señalado que las carteras elegidas activamente tenían más del 96 por ciento del dinero en acciones. Si el fondo se hubiera lanzado sólo dos años después, la proporción invertida en acciones casi con seguridad habría sido más baja. Como vimos en el capítulo 8, los inversores individuales, más que ser buenos indicadores de futuro, suelen seguir las tendencias en sus decisiones de asignación de activos.

En un periodo de auge de las acciones tecnológicas, no es sorprendente que las inversiones también se inclinaran hacia esas acciones. Para dar sólo un ejemplo ilustrativo, el fondo que atrajo la mayor cuota de mercado (aparte del fondo preseleccionado) fue Robur Aktiefond Contura, que recibió el 4,2 por ciento del *pool* de inversión. (Se trata de una gran cuota de mercado: recordemos que había 456 fondos, y que un tercio del dinero fue al fondo preseleccionado). Robur Aktiefond Contura invirtió principalmente en acciones tecnológicas y de salud en Suecia y en otros países. En los cinco años que precedieron a la elección, su valor aumentó en un 534,2 por ciento, el más alto de todos los fondos del *pool*. En los tres años posteriores al lanzamiento del programa, perdió el 69,5 por ciento de su valor. En los tres años siguientes, su comportamiento seguía siendo volátil.

En retrospectiva no es sorprendente que un fondo como Robur Aktiefond Contura obtuviera un porcentaje alto de las inversiones del *pool*. Pensemos en lo que se les pide a los participantes. Reciben un libro con los rendimientos de 456 fondos en distintos horizontes temporales, además de otras informaciones importantes sobre las comisiones y el riesgo, pero carecen de la formación necesaria para entenderlo. Lo único de lo que probablemente están seguros es de que unos rendimientos altos son algo bueno. Desde luego, ésos son rendimientos pasados, pero, como es tradicional, los inversores no distinguen bien entre rendimientos pasados y previsiones de rendimientos futuros. Inevitablemente se nos ocurre la siguiente conversación entre el señor y la señora Svenson cuando se disponen a cenar en algún lugar de Suecia.

SEÑOR SVENSON: Wilma, ¿qué haces con ese libro?
SEÑORA SVENSON: Estoy buscando el mejor fondo para invertir, Björn. Y me parece que lo acabo de encontrar. Robur Aktiefond Contura es el ganador. Ha subido un 534 por ciento en los últimos cinco años. Si invertimos en él, ¡nos vamos a retirar a Mallorca!
SEÑOR SVENSON: Sí, lo que digas. ¿Me pasas la tostada de salmón?

Como las inversiones de los participantes están influidas por los rendimientos recientes, el momento en que se instaura el programa puede tener un fuerte impacto sobre las decisiones que tomen. Este efecto puede ser muy duradero, porque sólo un porcentaje muy pequeño de participantes decide modificar sus carteras. El sesgo del statu quo está vivo y coleando en Suecia. En los primeros tres años el porcentaje de participantes que hicieron como mínimo un cambio en sus carteras sólo fue del 1,7; 2,7 y 3,1 respectivamente. Porcentajes similares a la inercia que encontramos en los planes 401(k) en

Estados Unidos[3]. La combinación de prestar una atención indebida a los rendimientos recientes y, después, la inercia en la gestión de la cartera significa que el accidente del momento (cuándo se lanza el nuevo sistema) puede acabar teniendo un profundo impacto sobre las inversiones que se eligen.

De hecho, «accidente del momento» quizá no sea una expresión adecuada, porque parece más probable que se apruebe un plan de privatización después de un periodo prolongado de mercado alcista. Sólo hay que ver cómo disminuyó el apoyo político al plan de Bush después del mercado bajista de 2001 y 2002. Lo mismo que las decisiones de inversión, los juicios políticos pueden estar inducidos por acontecimientos recientes[4].

PUBLICIDAD

La decisión de permitir anunciarse a los fondos no parece especialmente controvertida. De hecho, dado el resto del diseño de este sistema, es difícil imaginar que se prohibiera la publicidad. Si los fondos son libres de entrar en este mercado, seguramente deben ser libres de intentar atraer clientes por todos los medios legales, que naturalmente incluyen la publicidad (veraz). No obstante, es interesante ver el efecto que ésta tuvo sobre el mercado. ¿Qué cabe esperar?

Consideremos dos escenarios «soñados» extremos. En el primero, soñado por un economista partidario del libre mercado con una beatífica sonrisa en su rostro, los anunciantes contribuyen a educar a los consumidores explicándoles los beneficios de los costes más bajos, la diversificación y la inversión a largo plazo, así como la insensatez de extrapolar al futuro el comportamiento reciente. En este sueño, los anuncios ayudan a cada consumidor a descubrir su ubicación ideal en lo que los economistas denominan la «frontera eficiente»: el lugar que todos los inversores racionales quieren encontrar. En otras palabras, la publicidad ayuda a los consumidores a tomar decisiones mejores y más inteligentes.

El otro sueño es más bien una pesadilla que hace agitarse y dar vueltas sin parar a los psicólogos y economistas del comportamiento. En este sueño, los anunciantes inducen a los participantes a pensar a lo grande, no conformarse con la media (indexando) y considerar la inversión como una forma de hacerse ricos. En esta pesadilla la publicidad casi nunca menciona las comisiones, pero sí habla mucho del comportamiento pasado, aunque en realidad no hay pruebas de que el comportamiento pasado prediga el comportamiento futuro. (Los que suelen apostar en acontecimientos deportivos reconocerán un paralelo cuando se habla de «apuestas seguras» y de las asombrosas y casi infalibles previsiones de las últimas tres semanas, por ejemplo).

¿Qué ocurrió en la realidad? Un anuncio típico mostraba al actor Harrison Ford, de *La guerra de las galaxias* e *Indiana Jones,* publicitando los productos de una compañía de fondos sueca. Según el folleto, «Harrison Ford le puede ayudar a elegir una pensión mejor». No estamos seguros de cuál de los papeles de Ford le cualifican para este asesoramiento. (Sabemos que Indiana Jones era profesor en la Universidad de Chicago, pero, por desgracia, no estaba en la Escuela de Negocios ni en el Departamento de Economía).

Más en general, un estudio de Henrik Cronqvist (2007) muestra que los anuncios se parecían más a la pesadilla que al sueño feliz. Sólo una pequeña proporción de los anuncios de fondos se pueden considerar directamente informativos en cuanto a características importantes para inversores racionales, tales como las comisiones. Y mientras que ponían de relieve los rendimientos pasados (cuando habían sido muy altos), esos anuncios no preveían un buen rendimiento para el futuro. Sin embargo, la publicidad influyó poderosamente en las decisiones de cartera de los inversores. Les orientó a carteras con rendimientos esperados más bajos (a causa de las elevadas comisiones) y riesgo más alto (a causa de una mayor concentración en obligaciones, más gestión activa, más sectores «calientes» y más sesgo doméstico).

SIN NUDGES NOS VA PEOR

La historia de la privatización de la Seguridad Social en Suecia es muy reveladora. El problema básico es que los planificadores del Gobierno no eligieron la mejor arquitectura de las decisiones. Por el contrario, su compromiso dogmático con el mantra Sólo Maximizar las Opciones condujo a efectos predecibles por la inercia y el sesgo de la disponibilidad. Una arquitectura mejor habría ayudado.

181

Hemos puesto de relieve que, en la cuestión clave de la opción por defecto, los diseñadores suecos hicieron un trabajo excelente. El plan preseleccionado fue cuidadosamente elegido, y pensamos que, fuera de Suecia, muchas personas invertirían en él si fuera posible. Esto desmiente la idea de que los Gobiernos son inherentemente incapaces de hacer nada bien. Lo peor del plan sueco fue la decisión de animar a los participantes a elegir sus carteras. En situaciones complejas el Gobierno debe poder proporcionar algunas indicaciones útiles. Recordemos una lección importante de la primera parte de este libro: si la decisión subyacente es difícil e infrecuente, y si las personas no tienen *feedback* rápido cuando se equivocan, es legítimo, e incluso bueno, darles un pequeño nudge.

En este contexto habría sido mejor que el Gobierno dijera algo así: «Hemos diseñado un programa que tiene un completo conjunto de fondos en el que puede elegir. Si no se siente seguro para tomar esta decisión por sí solo, puede consultar a un experto o seleccionar el fondo por defecto que ha sido diseñado por expertos para personas como usted». Parece que el Gobierno sueco está de acuerdo con nosotros: ya no anima activamente a los participantes a escoger sus carteras.

Si Estados Unidos lleva a cabo alguna vez una privatización parcial parecida de su sistema de Seguridad Social, como alternativa o en sustitución del sistema tradicional, se pueden extraer muchas lecciones útiles de la experiencia sueca. Como la economía estadounidense es treinta veces más grande que la sueca, un sistema de entrada libre similar probablemente generaría miles de fondos. Esto podría hacer felices a los que creen en el mantra Sólo Maximizar las Opciones, pero a la mayoría de los humanos les resultaría confuso elegir en una lista tan larga. Sería mejor imitar a Suecia seleccionando un buen plan por defecto que contuviera principalmente fondos indexados con gestores seleccionados mediante licitación competitiva. Entonces a los participantes se les guiaría en un proceso de selección simplificado (preferiblemente en la web). Este proceso comenzaría con una pregunta sí/no: «¿Quiere el fondo preseleccionado?». Quienes respondieran que sí, ya habrían terminado (aunque, por supuesto, siempre podrían cambiar de opinión más tarde). A los que rechazaran el plan por defecto se les ofrecería un pequeño número de fondos multicartera, quizá en concordancia con la edad del participante (también en este caso de gestión privada con comisiones competitivas).

Sólo recibirían la lista completa los participantes que rechazaran todos estos fondos. De la experiencia del sector privado se desprende que pocos participantes desearían utilizar la lista completa, pero de esta forma se protegería su derecho a hacerlo si así lo desearan.

El examen de la experiencia sueca ofrece una lección mucho más general. Cuantas más opciones se dan, más ayuda hay que facilitar para tomar las decisiones. Como veremos, ésta es una lección que los diseñadores del programa de medicamentos de Medicare no habían aprendido. Generalmente es bueno proporcionar numerosas opciones, pero cuando la cuestión es complicada, una arquitectura sensata guía a las personas para que tomen las decisiones correctas.

10

MEDICAMENTOS DE PRESCRIPCIÓN: PARTE D (DE DESANIMAR)

A mucha gente de todo el mundo quizá le sorprenda que los estadounidenses tengan que pagar los medicamentos que les recetan, directamente o mediante una póliza de seguro que con frecuencia es contratada por la empresa o institución donde trabajan. El seguro de salud de muchas personas mayores es un programa gubernamental llamado Medicare, y hasta hace muy poco Medicare no cubría las recetas médicas. Resolver este problema fue una de las principales cuestiones que se debatieron en la campaña presidencial del año 2000.

El demócrata Al Gore, entonces vicepresidente, propuso un decreto gubernamental típico. Gore quería incluir la cobertura de las recetas médicas en Medicare, reunir a una comisión de expertos médicos para que elaboraran los detalles y ofrecer un paquete a todos los jubilados. Por el contrario, el republicano George W. Bush ofreció lo que puede considerarse un buen ejemplo del tema de su campaña: el conservadurismo compasivo. De hecho, Bush intentó combinar el conservadurismo compasivo con un papel importante para los mercados libres y el sector privado. Ofreció a los jubilados un nuevo y costoso programa, pero que incluía diversos planes de medicamentos diseñados por compañías de asistencia sanitaria privadas y que dejaba a los consumidores la opción de participar en él y qué plan elegir.

Tres años después, la versión del presidente Bush fue aprobada en el Congreso por un estrecho margen de votos. Este plan, la mayor reforma en la historia de Medicare, creó un subsidio federal de medio billón de dólares para la cobertura de las recetas médicas denominado Parte D. «La razón por la que nos pareció necesario proporcionar opciones es porque queremos que el sistema satisfaga las necesidades del consumidor —declaró el presidente Bush en un centro de la tercera edad en Florida en 2006, durante el lanzamiento del plan—. Cuantas más opciones hay, más probable es que cada uno pueda encontrar un programa que se adapte a sus necesidades concretas. En otras palabras, la talla única para todos no es un programa que beneficie al consumidor. Y yo creo en los consumidores; y yo creo que hay que confiar en la gente»[1].

La confianza del presidente Bush en los jubilados estadounidenses les dejó con una gran responsabilidad a la hora de elegir. Como tal, es un interesante e instructivo modelo de arquitectura de las decisiones. Un sistema de libre elección obligada podría parecer un buen ejemplo de paternalismo libertario en acción. Y, de hecho, creemos que en algunas dimensiones Bush estaba en el camino acertado. Como sistema para proporcionar asistencia sanitaria, Parte D satisfizo razonablemente bien las expectativas de los planificadores. Sin embargo, como ejemplo de arquitectura de las decisiones, adolecía de un diseño difícil de usar que impedía una buena toma de decisiones. Ofrecía un menú con numerosas opciones, lo que está bien, pero tenía cuatro grandes defectos:

— Daba a los participantes poca orientación para ayudarles a hacer la mejor selección en el menú.
— Su opción por defecto en la mayoría de los casos era no participar.
— Seleccionaba una opción por defecto al azar (!) para seis millones de personas que estaban suscritas automáticamente, y no permitía cotejar planes y personas sobre la base de sus historiales de medicación.
— No servía a la población más vulnerable, en concreto a los sectores faltos de medios y de formación.

No queremos que se nos malinterprete. Parte D ha hecho mucho bien. Al contrario de lo que afirman sus críticos, no ha sido un desastre sin paliativos. Pero su arquitectura es mejorable en muchos aspectos.

En este capítulo nuestro análisis será bastante detallado; es difícil comprender este programa, y lo que no funciona en él, sin conocer

186

las opciones clave y dónde fallaban. Pero si mantenemos en mente los cuatro defectos mencionados, los árboles nos dejarán ver el bosque.

EL DISEÑO DE PARTE D DE MEDICARE

Antes de Parte D, aproximadamente la mitad de los jubilados estadounidenses —en torno a veintiún millones— tenían algún tipo de cobertura para las recetas médicas a través de planes privados (que en ocasiones ofrecía su antigua empresa) o de alguna entidad gubernamental como el Departamento de Asuntos de Veteranos. Las autoridades esperaban poder facilitar la cobertura del resto con Parte D. El principio básico era proporcionar a los jubilados todas las opciones posibles que contaran con la aprobación federal. El resultado fue una política que tenía seis características clave:

1. Para la mayoría de la gente, Parte D es un plan voluntario; sólo se benefician quienes lo suscriben. Una excepción son los 6,2 millones de jubilados de renta baja y personas con discapacidad que antes estaban cubiertos por Medicaid (el programa de seguro médico gubernamental para los sectores más pobres). Estos dos grupos debían elegir entre un subconjunto de planes privados, es decir, los más baratos y básicos que cumplieran ciertos estándares (en 2007 los estados tenían entre cinco y veinte planes básicos). Todo el que no eligiera activamente quedaba suscrito de forma aleatoria a uno de estos planes.

2. El periodo de suscripción inicial fue de noviembre de 2005 a mayo de 2006, y a partir de entonces se abren plazos de suscripción al final de cada año. Los jubilados que no se inscribieran desde el momento en que tuvieran derecho a hacerlo, y que carecieran de un plan privado equivalente, se enfrentaban a una penalización en sus primas por cada mes de retaso.

3. Los planes difieren entre estados, de los 47 planes independientes en Alaska a los 63 en Virginia Occidental y Pennsylvania. La mayoría de los estados ofrecen entre 50 y 60 planes. El número total de planes disponibles ha aumentado desde que la ley se aprobó.

4. Durante el periodo de suscripción inicial, el gobierno patrocinó una campaña de concienciación pública de 400 millones de

dólares para animar a la gente a que escogiera un plan. Los responsables de Medicare, incluido el secretario de Servicios Sanitarios y Humanos, viajaron por todo el país en un gran autobús azul para promover el programa. Las empresas también emitieron su propia publicidad. Actualmente, se aconseja a los jubilados que «se guíen por el consejo de personas que conozcan o en las que confíen», que «escojan un plan con el que estén familiarizados» o que utilicen una herramienta personalizada llamada Búsqueda de Planes Medicare para Recetas Médicas en el sitio web de Medicare[2].

5. La cobertura comienza con la primera prescripción que necesite un paciente, pero se interrumpe durante un tiempo después de que el paciente haya gastado cierta cantidad de dinero, y comienza de nuevo cuando se vuelve a estabilizar el gasto. En la prensa popular, este vacío en la cobertura se suele llamar «el agujero del donut». Como sabemos bien que la discusión de los pormenores de Parte D puede causar peligrosos dolores de cabeza, incluso sin mencionar el agujero del donut, limitaremos las referencias a esta cuestión a las notas finales. Sólo diremos que ningún economista del mundo recomendaría una póliza de seguro con esta característica.

Si las personas con derecho a estos planes fueran econs, ninguno de estos aspectos sería un problema. «Si los consumidores están a la altura de esta tarea, sus decisiones garantizarán que los planes, y las aseguradoras, que tengan éxito en el mercado sean los que satisfacen sus necesidades —escribe Daniel McFadden, premio Nobel de Economía y catedrático de la Universidad de California en Berkeley, que ha estudiado extensamente Parte D—. Sin embargo, si muchas personas están confusas o equivocadas, el mercado no recibirá las señales que necesita para funcionar satisfactoriamente»[3]. Con tantos planes complejos donde elegir, no sería una gran sorpresa que los jubilados hayan tenido dificultades para enviar las señales correctas.

LA CONFUSIÓN AGUARDA LA CLARIDAD

Cuando la ventanilla para inscribirse en Parte D se cerró tras seis meses, la gente seguía intentando apuntarse. Veamos la experiencia de McAllen, Texas. Conocida como la Ciudad de las Palmas, McAllen es una ciudad de cien mil habitantes, situada en el valle de Río Grande, cerca de la frontera mexicana. Eje industrial de empresas multinacionales, McAllen es la clase de ciudad pobre —aproximadamente uno de cada cinco residentes de más de sesenta y cinco años vive en la pobreza— a la que Parte D debía beneficiar.

Sin embargo, para obtener esos beneficios, sus destinatarios tenían que abrirse paso a través de cuarenta y siete planes. «Intelectualmente, el programa es una buena idea —dijo la doctora E. Linda Villarreal, ex presidenta de la Sociedad Médica del condado Hidalgo-Star—. Pero se ha producido caos y confusión entre la mayoría de mis pacientes, que no entienden el sistema ni cómo hacerlo funcionar». Ramiro Barrera, copropietario de Richard's Pharmacy en Mission, dijo: «El nuevo programa Medicare requiere dedicación exclusiva. Estamos inundados de solicitudes de ayuda de los beneficiarios»[4].

La experiencia en McAllen no es única. En todas partes, los jubilados estaban confusos, lo mismo que sus médicos y farmacéuticos. Con sus consultas desbordaron las líneas calientes de Medicare para ayudar a la gente a decidir cuál era el plan que más le convenía. Criticar la complejidad de Parte D de Medicare se ha hecho tan habitual que *Saturday Night Live* parodió su laberíntica estructura en un anuncio falso del servicio. El anuncio prometía un plan sencillo y fácil para los ciudadanos con talento para la tecnología que hubieran logrado dominar por completo sus ordenadores, iPods y televisiones por satélite.

El presidente Bush declaró que se daba cuenta de la frustración, pero que en último término el programa merecería la pena. «Sabía que cuando [...] desarrolláramos la idea de dar opciones a los jubilados, crearía un poco de confusión para algunos —declaró en Florida—. Después de todo, hasta ahora no había habido [...] muchas opciones en el sistema y, de repente, para alguien que está contento con las cosas [aquí viene] el viejo George W. [...] y de repente aparecen cuarenta y seis opciones».

¿Cómo debían enfrentarse los jubilados a todas esas opciones? El presidente Bush los instó a que tuvieran paciencia y recurrieran a la ayuda de instituciones privadas. «Hemos animado a toda clase de personas a que ayuden —dijo—. La AARP [American Association of Retired Persons] está ayudando; la NAACP [National Association for the Advancement of Colored People] está ayudando; los hijos y las hijas están ayudando; hay programas basados en la fe que están ayudando a la gente a elegir entre los planes para diseñar uno que responda a sus necesidades. Admito que algunos ciudadanos han dicho: hay tantas opciones que me parece que no voy a participar. Mi consejo es que pueden contar con mucha ayuda».

El impulso era loable, pero usted ya ha leído lo suficiente como para saber que ofrecer cuarenta y seis opciones y decir a la gente que pida ayuda es probable que no sirva de mucho. Y en el caso del Parte D de Medicare, muchos de los grupos que en teoría debían colaborar también estaban confusos. Esta confusión se extendió a los profesionales de la medicina, que coincidían con los pacientes en que el número de planes en el programa actual causaba perplejidad a todos. Otros, como la AARP, decidieron entrar en el negocio de ofrecer planes de seguros al tiempo que proporcionaban asesoramiento sobre qué plan seleccionar: un conflicto de intereses bastante evidente.

Al final, conseguir que los jubilados eligieran un plan no resultó ser el mayor problema. Las organizaciones lograron que se inscribieran un gran número de beneficiarios[5]. En enero de 2007 menos del 10 por ciento de todos los beneficiarios de Medicare —en torno a cuatro millones— no tenía cobertura de recetas médicas, ni con Parte D ni con ningún plan privado equivalente[6]. Un cuarto de los que estaban en algún plan probablemente disfrutaban de buena salud y no necesitaban inscribirse inmediatamente[7]. No obstante, su participación era crucial para la supervivencia de Parte D, porque ayudaba a subvencionar a los que estaban enfermos. Para las autoridades sanitarias federales, la elevada participación fue una señal de éxito innegable. En este sentido, la libertad de elección ha funcionado: un punto interesante para aquellos que rechazan, como nosotros, la idea de que una talla vale para todos.

En conjunto, los usuarios parecen satisfechos con el programa (lo cual es lógico, pues les proporciona un enorme subsidio gubernamental). Desde que se aprobó la nueva ley de Medicare, las críticas al programa han ido disminuyendo, mientras que la aprobación ha aumentado, lo que parece ser un tributo al aprendizaje rápido. En noviembre de 2005, cuando los jubilados se las empezaban a ver con sus cuarenta y tantos planes, la mitad de mil ochocientos encuestados tenía una opinión desfavorable del programa, en comparación con el 28 por ciento, que lo veía favorablemente. Para noviembre de 2006, la valoración desfavorable había caído al 34 por ciento, mientras que la favorable había aumentado al 42 por ciento.

Cuando se les preguntó por sus experiencias personales, tres de cada cuatro usuarios tenían una opinión «muy» o «más bien» positiva de Parte D[8].

Al ver estas tendencias, un vigoroso defensor de Parte D podría afirmar que, como con cualquier nuevo programa, los participantes se habían sometido a un proceso educativo en ocasiones doloroso, pero que, en conjunto, estaban satisfechos con el plan que habían elegido. La gran mayoría pensaba que había hecho una buena elección, aunque por razones que veremos pronto, dudamos de que en muchos casos tuvieran suficiente base para esa valoración.

Desde luego, es cierto que, gracias al aprendizaje, se vuelven más fáciles decisiones que al comienzo eran complicadas. Pero nosotros pensamos que se ha aprendido mucho menos sobre Parte D de lo que sugiere un vistazo superficial. Para empezar, las altas tasas de participación se lograron en parte porque aproximadamente dos tercios de los jubilados quedaron inscritos fácil o automáticamente a través de una de varias vías: planes de empresa o de sindicatos; Medicaid, Asuntos de Veteranos o cobertura de empleados federales; o el programa Medicare especial, más completo, conocido como Medicare Advantage. Las campañas de publicidad y la cobertura en los medios de comunicación desde luego han contribuido a que se conozca mejor, pero nadie debería leer las estadísticas y concluir que treinta y ocho millones de jubilados rellenaron una solicitud de Parte D porque el Gobierno se lo pidió.

Además, muchas personas todavía no se han apuntado al programa, aunque está claro que deberían hacerlo. Cuatro millones de estadounidenses sin cobertura es una cifra muy elevada, y los estudios sugieren que este grupo probablemente esté dominado por personas de poca formación que viven justo por encima del umbral de pobreza (y por lo tanto no tienen derecho a Medicaid). Además, un cuarto de los 13,2 millones de jubilados con derecho a subsidio por renta baja —de nuevo en su mayoría personas con poca formación y que viven solas— no se inscribió. Como para este último grupo la cobertura resulta prácticamente gratis con el subsidio, un 25 por ciento de no participación es inquietantemente alto.

Incluso cuando una persona toma la decisión de participar, puede sentirse desbordada por la abundancia de opciones. Desde que se aprobó la nueva ley de Medicare, los jubilados siempre han declarado en las entrevistas que Parte D le resultaba confuso. Después de un año de experiencia en el programa, sólo uno de cada diez dijo que funcionaba bien y que no necesitaba «cambios sustanciales». En noviembre de 2006, también con un año de experiencia y conocimiento, el 73 por ciento de los usuarios dijo que Parte D era «demasiado complicado» y el 60 por ciento estaba de acuerdo con la afirmación de que alguien no especificado, con toda probabilidad el Gobierno, debería «seleccionar unos cuantos planes [...] para que resulte más fácil elegir». Entre la comunidad médica el consenso era incluso mayor. Más del 90 por ciento de los médicos y farmacéuticos, a quienes los pacientes habían bombardeado con preguntas durante todo el periodo de inscripción, coincidían en que el programa era demasiado complicado.

Estas respuestas sugieren que la satisfacción general de los consumidores podría ser mucho mayor con un diseño mejor. La complejidad es el problema más evidente. Pero no es el único. De hecho, hay otros dos elementos de la arquitectura de Parte D que causan la misma perplejidad.

PLANES PRESELECCIONADOS ALEATORIAMENTE PARA LOS MÁS VULNERABLES

En la introducción examinamos las alternativas a que se enfrentaba Carolyn como supervisora de los comedores. Una de las opciones era colocar los platos al azar. Dijimos que esta opción podía considerarse equitativa e imparcial, pero que conduciría a una alimentación poco saludable en algunos colegios. No nos parecía deseable porque penalizaba injustamente a algunos estudiantes induciéndoles a consumir una dieta que consistiría sobre todo en *pizza,* huevos y helados.

Sin embargo, ésta es la opción que el Gobierno adoptó para seis millones de sus ciudadanos más pobres y enfermos. A cada persona que no eligió un plan se le asignó automáticamente un plan preseleccionado de forma aleatoria con primas cuya cuantía estaba a la altura o por debajo de ciertos baremos de su región. Como consecuencia de la reestructuración del plan, en 2007, 1,1 millón de personas más pasaron a engrosar este sector. Un estado, Maine, se opuso astutamente a este sistema, estableciendo un proceso de «asignación inteligente» para cuarenta y cinco mil personas. Enseguida volveremos al astuto Maine; por ahora, nos centraremos en los otros cuarenta y nueve estados.

192

Los usuarios más pobres y enfermos son los que tienen derecho a Medicare y a Medicaid (los llamados «elegibles duales»). Estas personas son desproporcionadamente afroamericanas, latinas y mujeres. Tienen más probabilidades de padecer diabetes e ictus que los demás beneficiarios de Medicare y, en promedio, tienen prescritos diez o más medicamentos[9]. En este grupo se encuentran los sectores más dependientes de la población, hombres y mujeres de todas las edades con discapacidades físicas y cognitivas, así como pacientes mayores que sufren de demencia y que requieren cuidados de forma continuada. El Gobierno no ha dicho exactamente cuántos elegibles duales seleccionaron un plan activamente, pero los indicios sugieren que fueron muy pocos. Pueden cambiar su plan en cualquier momento, por supuesto, pero si hubo pocos que eligieron activamente su plan, nosotros sospechamos que pocos van a aprovechar la opción de cambio flexible.

La asignación aleatoria puede causar perjuicios aleatorios a las personas a las que se adscribe a planes que no responden a sus necesidades. Para los medicamentos que los elegibles duales toman con más frecuencia, y que están en categorías cubiertas por la ley, la cobertura de los planes varía considerablemente entre el 76 y el 100 por ciento. Esto significa que a algunos elegibles duales se les asignó aleatoriamente un plan que no cubre los medicamentos que más utilizan. Por supuesto, pueden cambiar de plan, pero, al ser humanos, la mayoría permaneció en el plan que se ha escogido al azar con tanto cuidado para ellos. Y dado su acceso irregular a los medicamentos, no es sorprendente que esos planes empeorasen la salud de sus usuarios. En un estudio reciente de elegibles duales, el 10 por ciento declaraba que había mejorado su acceso a la medicación, mientras que más del 22 por ciento dijo que había dejado de tomar medicamentos temporal o permanentemente debido a problemas en la gestión del nuevo plan[10].

La razón de las autoridades para rechazar la asignación inteligente en favor de la asignación aleatoria es que las necesidades de medicación de los pacientes cambian. Las prescripciones pasadas no son garantía de su uso futuro. En la comunidad médica ha habido mucha perplejidad sobre ese argumento. Especialmente en el caso de los ancianos, que con frecuencia deben seguir tratamientos a largo plazo, la medicación que tomaron el año anterior suele ser un excelente indicador de la del año siguiente, y desde luego es un indicador mejor que sacarse un plan de la chistera.

Parece que asignar planes sin mirar siquiera las necesidades concretas de las personas está entre la insensibilidad y la irresponsabilidad. La asignación aleatoria también es incongruente con la filosofía de mercado del plan. En los mercados, los mejores productos obtienen una cuota mayor, y para la mayoría de los economistas partidarios del mercado libre esto es positivo. No creemos que cada fabricante de automóviles deba tener la misma cuota de mercado, igual que no creemos que las familias deban escoger su coche al azar. ¿Por qué habríamos de querer planes de seguros aleatorios?

¿Qué coste tuvieron los errores y la falta de adecuación que causó la asignación aleatoria? Una forma de examinar la cuestión es ver cuántos participantes eligen cambiar de plan después del primer año. (Cada noviembre hay un periodo de inscripción abierta en el que pueden cambiar de plan). Por desgracia, no sabemos tanto como nos gustaría acerca del cambio de planes porque el Gobierno no ha estado muy dispuesto a hacer públicos los datos. Lo que sí anunció es que durante el periodo de inscripción abierta de 2007, unos 2,4 millones —el 10 por ciento de los participantes en Parte D— cambiaron de plan. Pero de los que lo hicieron, 1,1 millón eran beneficiarios de renta baja, a la mayoría de los cuales les cambió unilateralmente el Gobierno para que no tuvieran que pagar las primas incrementadas. Eso significa que, excluidos los elegibles duales, sólo el 6 por ciento cambió de plan activamente. (Sospechamos que el porcentaje es incluso más bajo si tenemos en cuenta a toda la población de inscritos)[11].

Este reducido porcentaje de cambio tiene dos interpretaciones posibles. Una —la que prefieren los defensores del plan y la que sería correcta si estuviéramos estudiando a una población de econs— es que todo marcha bien, la amplia variedad de planes está atendiendo a los distintos requerimientos sanitarios, y los usuarios han elegido el mejor plan para sus necesidades. La segunda interpretación —más probable si los participantes son humanos— es que la inercia y el sesgo del statu quo les impide cambiar. ¿Cómo podemos saber cuál es la correcta? Una forma es comparar a los participantes que eligieron su plan activamente con aquellos cuyo plan se les asignó aleatoriamente. En el caso del segundo grupo no puede presuponerse que el plan con el que comenzaron sea el mejor. Y el hecho de que encontremos bajos porcentajes de cambio en los dos grupos sugiere que la segunda interpretación es la correcta. Parece que a la mayoría de los participantes no les merece la pena el esfuerzo de cambiar —por el tiempo y la energía necesarios para decidir cuál es el mejor plan—.

¿Merece la pena el esfuerzo? La respuesta depende de lo variados que sean los planes y de cómo difieran los costes en función de los medicamentos que se tomen. Consideremos un estudio comparativo de los precios de los medicamentos cubiertos por los planes básicos (los asignados aleatoriamente a los beneficiarios pobres) en tres regiones del país. El estudio informó de ahorros de entre 5 y 50 dólares por medicamento mensualmente cuando los participantes tenían asignado el plan básico de menor coste y que mejor se adaptaba a ellos[12]. Pronto se dispondrá de más datos relativos a los planes enteros, no sólo a medicamentos individuales, y creemos que confirmarán los resultados que otros equipos académicos están empezando a descubrir. El equipo de Kling ha calculado una diferencia de casi 700 dólares anuales entre un plan escogido aleatoriamente y el plan de coste más bajo. Escoger el plan adecuado, en vez de uno al azar, puede ahorrar mucho dinero tanto a los jubilados como al Gobierno. Si hay una diferencia de cientos de dólares por cada persona, a muchos usuarios les puede merecer la pena emplear al menos una o dos horas en escoger el mejor plan (lo mismo que harían si estuvieran eligiendo una nueva lavadora o un *putter*).

NO ES AMABLE PARA EL USUARIO

Por desgracia, no es suficiente con una hora o dos. La principal herramienta de que se dispone es el sitio web de Medicare. «Ayudará a los usuarios a tomar decisiones competentes —anunció el director de los centros federales de Medicare—. Van a disponer de un conjunto de herramientas sin precedentes que les ayudará a encontrar un plan de cobertura de recetas médicas»[13]. Pero proporcionar la ayuda básicamente desde un sitio web tiene un problema obvio. La mayoría de los jubilados todavía no utiliza Internet, y mucho menos el sitio web de Medicare, y los que lo hacen rara vez tienen habilidades informáticas (aunque esto puede cambiar con el tiempo). La mayoría recibe la información sobre Parte D pasivamente a través de correos electrónicos de compañías aseguradoras, el Gobierno y grupos como la AARP. Es extremadamente improbable que esos mensajes contengan información personalizada. Así que el sitio web es la mejor fuente de ayuda. ¿Sobre quién recae la tarea de navegar por él? Sobre los hijos adultos de los jubilados, por supuesto.

Una economista amiga nuestra, Katie Merrell, es una adulta que precisamente investiga la cuestión de la cobertura sanitaria y decidió encargarse de elegir los planes para sus padres. Descubrió que era una tarea de horas, incluso para una experta como ella. Katie nos mostró lo penoso que sería escoger un plan proporcionándonos una lista de los medicamentos que toma su madre. Thaler se conectó al sitio web de Parte D de Medicare y probó. ¡Qué pesadilla! Por mencionar sólo un ejemplo, no tiene corrector ortográfico. Si se teclea «Zanax» en vez de «Xanax», no ofrece ninguna ayuda (a diferencia de Google, por ejemplo). Esto es un problema porque los nombres de los medicamentos parecen series de letras colocadas al azar, así que es de esperar que se cometan errores al teclear. Especificar la dosificación también es complicado. Hay que conocer tanto el peso de la píldora (por ejemplo, 25 miligramos) como la frecuencia con que se toma. El sitio web da por supuesto que, si existe, se está tomando un medicamento genérico y da la opción de mantener el de marca. Sin embargo, muchas personas toman genéricos llamándolos por su nombre de marca, por lo que hay que prestar atención cada vez que se selecciona un medicamento.

Comparemos este proceso con un programa de *software* libre llamado Epocrates Rx, que te ayuda a encontrar un medicamento aunque hayas olvidado el nombre. El programa, que se puede cargar fácilmente en un iPhone o en otro dispositivo móvil, permite al médico o al paciente buscar a partir del tamaño, el color y la forma de las pastillas. Su guía de medicamentos contiene una biblioteca de información sobre dosis, advertencias, precios y posibles incompatibilidades.

De regreso a la web de Medicare, una vez que el usuario ha logrado introducir todos los datos, se sugieren tres planes, con una valoración de los costes anuales. (Los usuarios tecnófobos pueden llamar a 1-800-Medicare y pedir a un representante del servicio a clientes que les diga cuáles son los tres planes y los precios que sugiere el sistema, pero no se da ninguna explicación de cómo se han seleccionado dichos planes)[14].

Por fin (después de que Katie le proporcionara una ayuda próxima a la psicoterapia), Thaler logró recibir algunas respuestas, aunque no las mismas que había obtenido ella. No obstante, como Thaler ya está próximo a la edad de Medicare, pensó que todo esto quizá le resultaría más fácil a alguien más joven. Así que pedimos que lo intentara a uno de nuestros ayudantes de investigación. Ser más joven y más paciente le sirvió de ayuda, pero recibió otras tres respuestas distintas. Entonces decidimos dejarnos de rodeos y pusimos a la tarea al miembro más joven y más listo de nuestro equipo, nuestra estudiante interna (y ganadora de concursos para superdotados), que ahora va a uno de los mejores *colleges*. Incluso ella, a quien todo suele resultarle fácil, a veces se quedaba perpleja en el proceso. Y aunque manejábamos los mismos datos, ninguno de nosotros acabó con los mismos cálculos de costes ni con los mismos planes recomendados[*].

Al principio, estábamos perplejos. Pero resulta que ni siquiera cuatro econs habrían obtenido el mismo resultado. Todos obtuvimos diferentes valoraciones porque los planes de cobertura de recetas médicas actualizan constantemente los precios de los medicamentos. De hecho, la Unión de Consumidores ha identificado diferencias de precios en cinco grandes estados y ha descubierto cambios mensuales continuos. A veces esas fluctuaciones son de unos pocos dólares; otras veces, de más cuantía. Casi el 40 por ciento de los 225 planes sufrió cambios de más del 5 por ciento, que pueden equivaler a varios cientos de dólares al año[15]. Los cambios de precio frecuentes son una valla más que los humanos han de saltar y, a la luz de nuestra experiencia, pueden ser un brusco despertar para quienes los ignoran.

¿ELIGIERON BIEN LOS USUARIOS? NO SIEMPRE

¿En qué consiste escoger un plan de medicamentos? ¿Es difícil elegir el adecuado? La respuesta corta es: muy difícil. Por el momento, ignoremos la decisión sobre si apuntarse a Parte D de Medicare, o si suscribir un plan de medicamentos independiente o un plan de Medicare Advantage. Supongamos que usted, como la mayoría de los

---

[*] Katie nos dijo que no debíamos desesperarnos. Ella utilizó el ejercicio de elegir un plan para su madre en una charla que dio a un grupo de expertos en la materia y el resultado fue una variedad similar de respuestas y una frustración comparable.

197

usuarios, va a escoger un plan independiente. Tendrá que comparar los planes en quince dimensiones principales. (Si no cree que esto sea confuso, lea la nota, que ofrece algunos detalles, pero le aconsejamos que se tome dos aspirinas antes de empezar)[16]. Es cierto que el sitio web de Medicare intenta ayudar a los jubilados a escoger sus planes a partir de algunas de estas dimensiones. Pero ya hemos señalado el sufrimiento que produce usar las herramientas de esta web, e incluso si usted llega a la última página y ve los tres planes más baratos disponibles, no cante victoria. Esta web no le indicará si en su situación le resultará difícil obtener la autorización previa ni cuál será la cantidad límite cubierta de un medicamento concreto. Probablemente esta información sólo se le facilitará cuando intente obtener esa receta concreta después de haber suscrito un plan.

Para saber si los jubilados están haciendo buenas elecciones habría que disponer de información sobre su salud y sus planes. Dada la confidencialidad obvia de estos datos, el Gobierno no los ha hecho públicos. Pero parece que cree, e incluso afirma, que sí están eligiendo bien. Nosotros no estamos tan seguros. Una buena elección es la que responde a las necesidades específicas de una persona. En un experimento el economista Daniel McFadden y su equipo han intentado evaluar lo bien (o mal) que han elegido los jubilados. En conjunto, casi dos tercios no fueron capaces de elegir el plan que minimizaba sus gastos menores no reembolsables[17].

NUDGES POSIBLES

Como paternalistas libertarios, aplaudimos a la administración Bush por insistir en la libertad de elección en Parte D. Dejamos a otros el debate sobre los pros y los contras de un plan de pagador único. Pero como en cualquier plan con numerosas opciones, una arquitectura mejor puede ser de mucha ayuda.

Asignación inteligente

La asignación de un plan de forma aleatoria es una idea terrible. Si a una persona pobre se le asigna un mal plan y no lo cambia, las facturas de sus recetas pueden aumentar o puede decidir dejar de tomar un medicamento caro, como ya han hecho algunos. Esto quizá ahorre dinero al Gobierno a corto plazo, pero resultará caro a largo plazo, especialmente en el caso de enfermedades como la diabetes, en la que no tomar la medicación prescrita puede conducir a numerosas complicaciones. El gobierno también paga más si asigna a alguien un plan y otro plan cubre todos los medicamentos de esa persona y cuesta un 15 por ciento menos.

La respuesta más obvia es abandonar la asignación aleatoria en favor de lo que se ha dado en llamar asignación inteligente. Como ya hemos señalado, Maine es el único estado que utiliza un sistema de asignación inteligente para inscribir a sus elegibles duales en un plan de cobertura de recetas médicas[18]. La asignación aleatoria «condujo a malas adscripciones para muchos beneficiarios elegibles duales de Maine», según un informe de la Government Accountability Office [Oficina de Responsabilidad Gubernamental]. Con la asignación aleatoria, sólo un tercio de los beneficiarios estaba adscrito a planes que cubrían toda su medicación reciente, y un cuarto estaba en planes que cubrían menos del 60 por ciento de esos medicamentos[19].

El método seguido en Maine fue el siguiente: los diez planes que satisfacían los requisitos de cobertura del estado se evaluaron a la luz de tres meses de datos históricos sobre el uso de medicamentos. Los participantes en planes que cubrían menos del 80 por ciento de sus medicamentos fueron transferidos automáticamente a otros planes (al tiempo que conservaban la opción de cancelar la nueva asignación). Otros participantes recibieron cartas en que se les informaba de que había planes que se adecuaban mejor a sus necesidades y se les aconsejaba que se pusieran en contacto con el organismo correspondiente para recibir más información. La asignación inteligente cambió de plan a más de diez mil personas —el 22 por ciento de todos los elegibles duales— y tuvo unos efectos espectaculares. Aunque al principio hubo algunos problemas debidos a la insuficiencia de los datos y a fallos tecnológicos, actualmente las autoridades de Maine afirman que cada dual elegible está adscrito a un plan que cubre el 90-100 por ciento de su medicación[20].

El estado de Maine no fue el único interesado en la asignación inteligente. En 2005 dos importantes grupos farmacéuticos, la Asociación Nacional de Cadenas de Farmacias y la Asociación de Farmacéuticos de la Comunidad Nacional colaboraron con Informed Decisions, una compañía de tecnología de la información sobre la atención sanitaria, con sede en Tampa (Florida), para desarrollar *software* que asignara los planes que más convenían a los usuarios. Las presentaciones del consorcio al Gobierno federal fueron recibidas amable pero fríamente. (Quizá sus defensores deberían haber denominado el programa «diseño inteligente»). Como consecuencia del escepticismo de Washington y de los desafíos legales de las compañías aseguradoras, la asignación inteligente sólo se utiliza para adscribir a los elegibles duales en Maine. Se debería animar, no desanimar, a otros estados a experimentar con métodos similares y, lo que es más importante, revisar la ley que ordena la asignación aleatoria.

RECAP

A los jubilados les ayudaría mucho que nuestro sistema RECAP se aplicara a Medicare. RECAP también contribuiría a hacer dinámico el sitio web de Medicare (en términos relativos, claro).

Así es como funcionaría: una vez al año, poco antes de que se abriera el plazo de inscripción, las compañías aseguradoras enviarían a los jubilados una lista completa y pormenorizada de todos los medicamentos que utilizaron el año anterior y de todo lo que pagaron. También tendrían que proporcionar un resumen electrónico de su plan de precios completo a todo el que lo solicitara. La información estaría disponible en línea, de manera que podría importarse tanto al sitio web de Medicare como a los programas de comparación de precios que seguramente ahora ofrecerían otras entidades. Al mostrar con toda la claridad posible los costes de los medicamentos, la información actuaría como un nudge que apartase a los participantes del sesgo del statu quo y fomentase la comparación. Como los costes del retraso en la inscripción son altos para muchos jubilados, se podrían ofrecer nudges similares a los no participantes. A quienes se hubieran retrasado en la inscripción se les podría enviar información que delinease claramente las primas recientes y actuales para una muestra de planes populares. Uno de los objetivos de esto sería mostrarles cuánto dinero les cuesta el retraso.

Creemos que en este ámbito, como en otros, la exigencia de que los proveedores facilitasen un informe RECAP conduciría a que hubiera empresas del sector privado que ofrecieran servicios para ayudar a los participantes a elegir el mejor plan a partir de esos datos. De hecho, una compañía de Massachusetts llamada Experion Systems ya ha desarrollado una herramienta en línea llamada «Asistente para el plan de cobertura de recetas médicas», que es una versión de la web gubernamental más amable para el usuario. Una primera versión de la herramienta hace preguntas al usuario que le guían para que tome la mejor decisión. Experion también se ha asociado con la cadena de farmacias CVS/Pharmacy para hacer posible que se importe información sobre el uso de medicamentos como la que contendría un informe RECAP. Si existiera una norma RECAP, Experion podría importar los datos necesarios con independencia de dónde se adquiriesen los medicamentos.

La información RECAP también podría utilizarse para mejorar los programas de asignación inteligente. Un equipo de investigadores ha presentado datos preliminares que indican que un nudge del estilo RECAP es prometedor. En un estudio de los beneficiarios de Wisconsin, el equipo calculó que si los participantes se cambiaran de su plan actual al plan de coste más bajo que siguiese satisfaciendo sus necesidades de medicación, podrían ahorrar en promedio en torno a 500 dólares anuales[21]. Para ver si los usuarios querrían aprovechar esa oportunidad de ahorro con un suave nudge, los investigadores enviaron una carta a una muestra aleatoria de participantes en el estudio que habían accedido a facilitar sus historiales de medicación. La carta explicaba los costes del plan actual, el plan más barato comparable y el ahorro que podría significar cambiar el plan. Otra muestra aleatoria de participantes recibió folletos genéricos de Parte D. En ambos correos se daba la dirección de Internet del buscador de Medicare e información de cómo utilizarlo. Parece que las cartas personales movieron a más participantes a escoger planes de menor coste. La tasa general de cambio entre los participantes que recibieron la carta fue del 27 por ciento: un 10 por ciento más que entre los que recibieron el folleto. Escogieron el plan más barato —el único mencionado en la carta— tres veces más receptores de la carta que del folleto (aunque los porcentajes generales seguían siendo de un solo dígito). Estos resultados coinciden con otros estudios que muestran que los participantes están cometiendo errores al escoger sus planes y que la información simple y clara puede reducir esos errores.

La lección de Parte D es parecida a la de la reforma de la Seguridad Social sueca. En situaciones complejas, el mantra Sólo Maximizar las

Opciones no basta para crear una buena política. Cuantas más opciones hay, y más compleja es la situación, más importante es que la arquitectura sea iluminadora. Para crear un diseño amable con el usuario el arquitecto tiene que comprender cómo ayudar a los humanos. El *software* y los ingenieros se guían por un principio clásico: que sea simple. Y si un edificio tiene que ser complicado para ser funcional, lo mejor es ofrecer numerosas señales para ayudar a la gente a moverse por él. Los arquitectos de las decisiones deberían incorporar esos principios.

11

CÓMO AUMENTAR LAS DONACIONES DE ÓRGANOS

El primer trasplante con éxito de un órgano se realizó en 1954, cuando un hombre ofreció a su hermano gemelo un riñón. El primer trasplante de riñón de un donante muerto tuvo lugar ocho años después. Como se suele decir, el resto es historia.

Desde 1988 se han trasplantado más de 360.000 órganos, de los cuales casi el 80 por ciento eran de donantes muertos. Por desgracia, la demanda de órganos excede con mucho la oferta. En enero de 2006 había, sólo en Estados Unidos, más de 90.000 personas en listas de espera para recibir órganos, en la mayoría de los casos, riñones. Muchas (quizá hasta el 60 por ciento) morirán mientras esperan, y la lista crece a una tasa del 12 por ciento anual[*]. Aunque este tema es lo suficientemente interesante e importante como para dedicarle un libro entero, sólo comentaremos brevemente el efecto

---

[*] Desde luego, los economistas tienen una solución simple para este problema, que es permitir un mercado de órganos. Aunque la idea tiene un mérito obvio, también es extraordinariamente impopular por razones que no se comprenden bien. No vamos a ocuparnos aquí de esa cuestión. Puede consultarse un resumen de los argumentos a favor de introducir el mercado en Becker y Elias (2007). Aunque parece que los mercados explícitos no son factibles ahora, quizá podría ser aceptable una especie de intercambio. Supongamos que cada uno de nosotros necesita un riñón y tiene un hermano que está dispuesto a donarlo, pero que no tiene el mismo grupo sanguíneo (lo cual es esencial). Si la hermana de Sunstein fuera compatible con Thaler y el hermano de Thaler compatible con Sunstein, se podría hacer un intercambio. Actualmente se está trabajando mucho para organizar esos intercambios. Una cuestión para reflexionar: ¿por qué es socialmente aceptable que Sunstein y Thaler lleven a cabo este intercambio, pero no lo es que Sunstein ofrezca comprar un coche nuevo al hermano de Thaler a cambio de su riñón?

potencial de una arquitectura mejor para aumentar el número de órganos disponibles[1]. Creemos que unas sencillas intervenciones salvarían miles de vidas cada año, y prácticamente sin imponer nuevas cargas a los contribuyentes.

La fuente principal de órganos es la de los pacientes a los que se ha declarado en estado de muerte cerebral, lo que significa que han sufrido una pérdida irreversible de todas las funciones cerebrales, pero se les mantiene temporalmente con respiración asistida. En Estados Unidos hay de doce mil a quince mil potenciales donantes en esta categoría cada año, pero menos de la mitad se convierten en donantes. Como cada uno puede donar hasta tres órganos, conseguir otros mil donantes podría salvar tres mil vidas. El principal obstáculo para que aumenten las donaciones es la necesidad de obtener el consentimiento de los familiares. Sin embargo, unas buenas normas por defecto pueden incrementar el número de órganos disponibles y salvar vidas. Veamos los posibles enfoques.

CONSENTIMIENTO EXPLÍCITO

En Estados Unidos, la mayoría de los estados aplican lo que se denomina «norma del consentimiento explícito», que significa que alguien debe seguir un determinado procedimiento para demostrar que quiere ser donante. Está claro que muchas personas que están dispuestas a donar órganos no llegan a seguir ese procedimiento. Así lo confirma un estudio de los residentes de Iowa realizado por Sheldon Kurtz y Michael Saks: «El 97 por ciento de los encuestados se mostraron en general favorables a los trasplantes. Una considerable mayoría declaró que estaba interesada en donar sus órganos y los de sus hijos (si se produjeran las circunstancias trágicas que lo hicieran factible)». No obstante, el deseo de convertirse en donantes no se había traducido en ninguna acción concreta. «De los que expresaron su apoyo, sólo el 43 por ciento lo había indicado en el carné de conducir. De los que habían afirmado que personalmente querían donar sus órganos, sólo lo había marcado el 64 por ciento y sólo el 36 por ciento tenía el carné de donante de órganos»[2].

En suma, el procedimiento concreto para registrarse como donante de órganos parece ser disuasorio. Sin embargo, muchos estadounidenses que no llegan a registrarse al menos afirman que están dispuestos a ser donantes. Como en otros ámbitos, la norma por defecto es decisiva y la inercia ejerce una gran influencia. Unos cambios en la arquitectura de la decisión contribuirían a que hubiera más órganos disponibles, de manera que no sólo se salvarían vidas sino que también se cumpliría el deseo de los donantes potenciales.

LA EXTRACCIÓN HABITUAL

El enfoque más agresivo, que es más que una norma por defecto, es la extracción habitual. En este régimen, el estado tiene el derecho a extraer órganos de las personas que han muerto o que se hallan en ciertas situaciones irreversibles sin pedir permiso a nadie. Aunque pueda sonar grotesco, no es imposible defender la extracción habitual. En teoría, salvaría vidas y lo haría sin afectar a nadie que tuviera alguna posibilidad de vivir.

Aunque no hay ningún estado que aplique este enfoque de forma sistemática, muchos sí lo hacen en el caso de las córneas (que se pueden transplantar para que algunos pacientes ciegos puedan ver). En algunos estados, los forenses que realizan las autopsias pueden extraer las córneas sin pedir permiso a nadie. Allí donde se ha aplicado esta norma, los trasplantes de córnea han aumentado espectacularmente. En Georgia, por ejemplo, debido a la extracción habitual el número de trasplantes de córnea pasó de veinticinco en 1978 a más de mil en 1984[3]. La práctica de la extracción habitual de riñones sin duda impediría miles de muertes prematuras, pero habría una amplia oposición a una ley que permitiera al Gobierno tomar partes del cuerpo de las personas cuando éstas no han dado previamente su consentimiento. Este enfoque viola un principio generalmente aceptado: que, dentro de unos amplios márgenes, los individuos deben decidir qué se hace con sus cuerpos.

CONSENTIMIENTO IMPLÍCITO

Una política que cumple los requisitos libertarios según nuestros criterios es la denominada «consentimiento implícito», que preserva la libertad de elección, pero es diferente del consentimiento explícito porque modifica la norma por defecto. Con esta política, se supondría que todos los ciudadanos son donantes, pero tendrían la oportunidad de manifestar su deseo de no serlo, y podrían hacerlo fácilmente. Queremos subrayar la palabra *fácilmente,* porque cuanto más difícil sea hacer constar que no se desea participar, menos libertaria será la política. Recordemos que los paternalistas libertarios buscamos imponer costes reducidos, y, si es posible, ningún coste, a quienes desean seguir su propio camino. Aunque el consentimiento implícito es, en cierto sentido, lo opuesto del consentimiento explícito, hay una semejanza clave: en los dos regímenes aquellos que no están de acuerdo con la preferencia por defecto tienen que registrarse para desvincularse.

Supongamos, por continuar con nuestro razonamiento, que tanto el consentimiento explícito como el implícito pudieran llevarse a la práctica con la tecnología de «un clic». En concreto, imaginemos que el estado pudiera ponerse en contacto con cada ciudadano (y con los padres de los menores) por correo electrónico para pedirle que se registrara. En un mundo de econs, las dos políticas tendrían resultados idénticos. Como los costes de registrarse son triviales, cada uno se apuntaría a su opción preferida. Pero, incluso en un mundo en el que la decisión sólo cuesta un clic, la opción por defecto importa si la población es de humanos.

Ésta es la población real, claro está, y gracias a un importante experimento llevado a cabo por Eric Johnson y Dan Goldstein (2003), tenemos una idea de hasta qué punto importa cuál sea la opción por defecto en esta cuestión. En una encuesta en línea, los investigadores preguntaron de diferentes maneras a los encuestados si estarían dispuestos a ser donantes. En la situación de consentimiento explícito a los participantes se les dijo que acababan de trasladarse a un nuevo estado en el que la norma por defecto era no ser donante y se le dio la opción de confirmar o modificar ese estatus. En la situación de consentimiento implícito, la única variación era que la norma por defecto era ser donante. En la tercera situación, neutral, no se mencionó ninguna norma por defecto, simplemente tenían que elegir. En los tres casos la respuesta se introducía literalmente con un clic.

Como era de esperar, la norma por defecto importaba, y mucho. Cuando los participantes tenían que decidir activamente ser donantes, sólo lo hizo un 42 por ciento. Pero, en la situación contraria, cuando la norma era serlo, decidió ser donante el 82 por ciento.

Sorprendentemente, en la situación neutral, decidió serlo casi el mismo porcentaje (79 por ciento).

Aunque, en Estados Unidos, en casi todos los estados está vigente una versión del consentimiento explícito, en muchos países europeos se han aprobado leyes de consentimiento implícito (si bien el coste de negarse varía y siempre requiere más de un clic). Johnson y Goldstein han analizado los efectos de esas leyes comparando países que tienen la norma del consentimiento explícito con otros que tienen la del consentimiento implícito. El efecto sobre la tasa de consentimiento es enorme. Para hacernos una idea del poder de la norma por defecto, consideremos la diferencia entre dos países similares, Austria y Alemania. En Alemania, donde está vigente el consentimiento explícito, sólo dieron su aprobación el 12 por ciento de los ciudadanos, mientras que en Austria lo hicieron prácticamente todos (el 99 por ciento).

ALGUNAS COMPLEJIDADES

Hasta ahora el consentimiento implícito parece una solución excelente, pero tenemos que señalar que tampoco se le puede considerar una panacea. Un programa que lleva órganos de los donantes muertos a los receptores que los necesitan exige toda una infraestructura. Actualmente España es el líder mundial en el desarrollo de esa infraestructura, ya que ha logrado una tasa de casi treinta y cinco donantes por millón de habitantes, en comparación con los poco más de veinte donantes por millón de habitantes de Estados Unidos. Pero la tasa de donación estadounidense es más alta que en muchos países de consentimiento implícito por la superioridad del sistema médico estadounidense para asignar rápidamente donantes a receptores, transportar los órganos y realizar los trasplantes. Por lo tanto, la norma del consentimiento por defecto no es lo único que importa. No obstante, los cuidadosos análisis estadísticos realizados por los economistas Abadie y Gay (2004) hallan que, si permanecen los demás factores constantes, pasar del consentimiento explícito al implícito incrementa la tasa de donación en un país en torno al 16 por ciento. Johnson y Goldstein obtienen un efecto similar aunque algo menor. Sea cual sea la cifra exacta, está claro que el cambio salvaría miles de vidas cada año.

Es difícil determinar el efecto exacto de cambiar la norma por defecto porque hay grandes diferencias en la forma en que cada país pone la ley en práctica. Francia es técnicamente un país de consentimiento implícito, pero los médicos habitualmente piden permiso a la familia del donante y suelen cumplir sus deseos. Esta política difumina la diferencia entre consentimiento implícito y explícito.

No obstante, la norma por defecto tiene consecuencias. En Estados Unidos, si los supervivientes no ven un carné de donante, los familiares rechazan las peticiones de donación aproximadamente la mitad de las veces. La tasa de rechazo es mucho más baja en los países con leyes de consentimiento implícito, aunque no suele haber constancia de los deseos del donante. En España la tasa es del 20 por ciento aproximadamente, y en Francia, del 30 por ciento[4]. Como señalaba un informe: «Se pide permiso a los parientes más cercanos de forma muy distinta cuando se supone que el silencio del fallecido indica la decisión de donar que cuando se supone que indica la decisión de no donar. Un sistema de consentimiento implícito permite a las organizaciones de trasplantes y al personal del hospital abordar a la familia como la familia de un "donante" en vez de como la familia de un "no donante". Este cambio puede hacer que la familia acepte la donación de órganos con más facilidad»[5].

Elección obligada

Que las familias denieguen el permiso «implícito» de los donantes no es más que uno de los problemas del consentimiento implícito. Otro es que resulta difícil venderlo políticamente. No son unos pocos los que se oponen a la idea de dar nada por supuesto cuando se trata de una cuestión tan delicada. Por estas razones, creemos que la mejor arquitectura para la donación de órganos es la elección requerida.

Ésta puede manifestarse mediante un sencillo procedimiento incluido en el trámite del carné de conducir en muchos estados: al renovar el carné de conducir habría que marcar una casilla que indicase la preferencia del solicitante en esta cuestión. La solicitud de renovación no sería aceptada si no se hubiera marcado una de las casillas. En 2008 el estado de Illinois adoptó una versión de este procedimiento. Cuando los conductores van a hacerse la foto para su nuevo carné se les pregunta si quieren ser donantes. Si dicen que sí, se les recuerda que, al convertirse en donantes, su familia no podrá negarse a cumplir sus deseos y se les insiste en que reconsideren su decisión. Los primeros resultados de este programa son muy prometedores.

NORMAS

Esperamos que más estados y países sigan el camino de Illinois y adopten la elección obligatoria, pues puede salvar muchas vidas al tiempo que mantiene la libertad. Pero incluso en un sistema de consentimiento explícito, los estados podrían adoptar algunas medidas

11.1 Página web en favor de la donación de órganos en Illinois (utilizado con permiso de Donate Life Illinois)

muy sencillas que serían muy positivas. Antes de adoptar la elección requerida Illinois había puesto en práctica un plan para fomentar las donaciones que evidenciaba una extraordinaria intuición de cómo funciona la arquitectura de las decisiones.

La parte clave del plan era el registro del Consentimiento de Primera Persona de Illinois, creado en 2006, que ha contribuido a atraer a más de 2,3 millones de donantes registrados. Una característica fundamental del registro es que después de que una persona dé su consentimiento, no es necesario el consentimiento de la familia cuando llegue el momento (esta característica se mantiene en el nuevo plan de elección obligatoria). En el antiguo sistema de Illinois, la única forma que el donante tenía de estar seguro de que se cumplirían sus deseos era obtener un carné de donante o presentar un documento firmado por dos testigos. El nuevo registro del Consentimiento de Primera Persona reduce mucho el coste del consentimiento al permitir registrarse en línea como donante.

Pensamos que la página web (véase la figura 11.1) utilizada para atraer donantes es un excelente ejemplo de buen nudge. En primer lugar, el estado pone de relieve la importancia del problema general (noventa y siete mil personas en lista de espera) y después lo acerca, literalmente (4.700 en Illinois). En segundo lugar, explota el poder de la influencia social mostrando cuáles son las normas sociales: «El 87 por ciento de los adultos en Illinois cree que registrarse como donante de órganos es lo correcto» y «el 60 por ciento de los adultos en Illinois están registrados». Recordemos que a las personas les gusta hacer lo que la mayoría piensa que es correcto; recordemos también que les gusta hacer lo que hace la mayoría de la gente. El estado está utilizando las normas existentes para promover opciones que salvan vidas, y lo hace sin coaccionar a nadie. En tercer lugar, hay vínculos de MySpace en los que cada uno puede expresar su interés por esta cuestión. En el contexto de la protección medioambiental las personas muchas veces hacen lo que consideran correcto en parte porque saben que los demás las verán haciendo lo que consideran correcto. Lo mismo podría ocurrir con la donación de órganos.

Casi con seguridad esa página web está salvando un número significativo de vidas, y la combinación de la página web y el plan de elección obligatoria ofrece dos modelos excelentes que podrían seguir otros gobiernos.

12

SALVAR EL PLANETA

En las últimas décadas, los Gobiernos de todo el mundo han estado tomando medidas activas para proteger el medio ambiente. Preocupados por la contaminación atmosférica y del agua, por la difusión de los pesticidas y productos químicos tóxicos, así como por la extinción de especies, los Gobiernos han gastado importantes recursos con la esperanza de mejorar la salud humana y reducir los efectos dañinos de las actividades humanas en la vida salvaje y en las zonas vírgenes. Muchas de sus medidas han sido muy beneficiosas; los esfuerzos por reducir la contaminación atmosférica han evitado cientos de miles de muertes prematuras y millones de enfermedades. Pero muchas regulaciones han sido caras y derrochadoras, y en algunos casos han agravado los mismos problemas que intentaban resolver. Los controles agresivos de las nuevas fuentes de contaminación atmosférica, por ejemplo, pueden alargar la vida de las instalaciones más antiguas y sucias, y por tanto incrementar la contaminación del aire, al menos a corto plazo.

Durante los últimos años, la atención se ha centrado en los problemas medioambientales internacionales, incluida la destrucción de la capa de ozono, ahora controlada gracias a una serie de acuerdos internacionales que han logrado la prohibición de las sustancias químicas que dañan la capa de ozono. Pero, sobre todo, la atención pública está puesta en el cambio climático, que todavía no está sometido a controles internacionales eficaces, y sobre el que aquí diremos algunas cosas. ¿Podrían reducirse los gases de efecto invernadero con nudges y una mejor arquitectura de las decisiones? Desde luego; esbozaremos algunas posibilidades prometedoras.

La mayor parte de las veces, los Gobiernos que tratan de proteger el medio ambiente y controlar los efectos dañinos de la contaminación han ido bastante más allá del nudge, y sus medidas no han sido libertarias. En este ámbito, el principio por el que se han guiado no ha sido precisamente la libertad de elección. Con frecuencia han escogido algún tipo de regulación de mando y control, en virtud de la cual rechazan los mercados y las decisiones libres, y permiten poca flexibilidad para promover los objetivos medioambientales. La regulación de mando y control a veces se expresa en decretos tecnológicos, mediante los cuales el Gobierno exige la implantación de las tecnologías respetuosas con el medio ambiente que prefiera; los catalizadores de los automóviles son un ejemplo.

Con más frecuencia, las autoridades no especifican las tecnologías, sino que exigen reducciones generales de las emisiones. Por ejemplo, cosas como que, en diez años, todos los coches nuevos deben emitir un 90 por ciento menos del monóxido de carbono del que emiten ahora, o que las centrales térmicas no deben exceder determinados niveles de emisiones de dióxido de azufre. O pueden establecer un estándar de calidad del aire ambiente para todo el país y exigir que, para una fecha determinada, cada estado lo cumpla y no permita que los niveles de contaminación excedan el estándar (excepto, quizá, alguna vez).

En muchos países la limitación de las emisiones impuesta a los grandes contaminadores ha sido la norma, no la excepción. Dichas limitaciones a veces han resultado eficaces; el aire está mucho más limpio ahora que en 1970. Sin embargo, filosóficamente, tales limitaciones tienen un aire incómodamente familiar con los planes quinquenales de estilo soviético, en los que los burócratas anuncian que millones de personas van a tener que cambiar su comportamiento en los cinco años siguientes. A veces, la gente cambia realmente, pero a veces no, o los costes de hacer los cambios resultan ser inesperadamente altos, y entonces los burócratas tienen que ponerse otra vez manos a la obra. Si el objetivo es proteger el medio ambiente, ¿ayudaría una buena arquitectura de las decisiones?

Somos muy conscientes de que, para los problemas medioambientales, unos suaves nudges pueden parecer ridículamente insuficientes: algo así como tratar de capturar a un león con una trampa para ratones. Cuando el agua o el aire están demasiado contaminados, el análisis estándar dice que es porque los contaminadores imponen externalidades (es decir, perjuicios) a los que respiran o beben. Incluso los libertarios suelen estar de acuerdo en que cuando hay externalidades, los mercados por sí solos no logran los mejores resultados. Quienes contaminamos (todos nosotros) no pagamos los costes que imponemos al medio ambiente, y los perjudicados por la contaminación (también todos nosotros) generalmente no tenemos la posibilidad de negociar con los contaminadores para que sean más limpios en sus actividades. Quienes celebran la libertad de elección son muy conscientes de que cuando los «costes de transacción» (el término técnico de los costes de entrar en acuerdos voluntarios) son altos, quizá no sea posible evitar algún tipo de acción gubernamental, incluso si es de carácter coercitivo. Cuando las personas no están en condiciones de llegar a acuerdos voluntarios, la mayoría de los libertarios se inclina a pensar que el Gobierno tendría que intervenir.

Podemos considerar el medio ambiente como el resultado de un sistema global de arquitectura de las decisiones en el que deciden toda clase de actores, de los consumidores a las grandes empresas y el gobierno. Los mercados son una gran parte de este sistema y, pese a todas sus virtudes, afrontan dos cuestiones que agravan los problemas medioambientales. En primer lugar, los incentivos no están debidamente alineados. Si el año que viene usted adopta un comportamiento medioambientalmente caro a causa de sus decisiones de consumo, probablemente no pagará nada por los perjuicios que cause al entorno. Esto es lo que se suele denominar una «tragedia de los comunes». Cada ganadero está incentivado para ampliar su rebaño de vacas, porque recibe los beneficios de tener más vacas, mientras que sólo sufre una fracción de los costes; sin embargo, colectivamente, las vacas agotan el pasto. Los ganaderos tienen que hallar alguna forma de evitar esta tragedia, quizá mediante un acuerdo para limitar el número de vacas que pueden incorporar a su rebaño. La industria pesquera sufre problemas semejantes, que también pueden ayudar a explicar la contaminación del aire y el cambio climático.

El segundo problema que contribuye a una contaminación excesiva es que no recibimos *feedback* de las consecuencias medioambientales de nuestros actos. Si la energía que usted utiliza contamina el aire o el agua, es improbable que sepa o valore ese hecho; desde luego, no de una manera continuada. Pero incluso si conoce la relación, proba-

213

blemente no le parezca relevante para su conducta. Los que ponen el aire acondicionado y lo dejan encendido durante semanas es improbable que piensen, momento a momento, e incluso día a día, sobre todos los costes personales y sociales. Así que comenzaremos nuestro análisis de los problemas medioambientales con estos dos aspectos de la arquitectura de las decisiones: incentivos y *feedback*.

MEJORES INCENTIVOS

Cuando los incentivos están mal alineados, el Gobierno debe intentar realinearlos para resolver el problema. En el ámbito medioambiental se han propuesto dos amplios enfoques. El primero es gravar fiscalmente o multar a quienes contaminan. Respecto al cambio climático, un buen ejemplo es el impuesto sobre las emisiones de gases de efecto invernadero, que cuenta con el apoyo de muchos ecologistas (y economistas). El segundo enfoque es el llamado «sistema de límites e intercambio». En tales sistemas se asigna (o vende) a los que contaminan el «derecho» de contaminar hasta un límite máximo y después se crea un mercado con estos derechos. La mayoría de los especialistas piensa que los sistemas como éste, basados en los incentivos, deberían desplazar a la regulación de mando y control. Nosotros estamos de acuerdo. Los enfoques basados en los incentivos son más eficientes y eficaces, y también aumentan la libertad de elección[1].

Desde luego, no tenemos reparo en reconocer que estas propuestas no son originales, pero el hecho de que coincidamos con la mayoría de los economistas en esta cuestión no nos parece suficiente motivo para rechazar la idea. (A continuación presentamos algunos argumentos conductuales que incorporan el hecho de que los agentes económicos son humanos). Es más, creemos que, pese a sus rasgos coercitivos, este enfoque está emparentado con el paternalismo libertario, porque es posible evitar los impuestos no contaminando. Especialmente cuando se compara con los sistemas de mando y control, los incentivos económicos tienen un marcado elemento libertario. La libertad es mucho mayor cuando a la gente se le dice: «Puede continuar con su comportamiento, siempre que pague por el perjuicio social que causa», que cuando se le dice: «Debe actuar exactamente como dice el Gobierno». Las empresas prefieren los sistemas de límites e intercambio a los rígidos decretos gubernamentales, porque tales sistemas dan más libertad e imponen costes menores. Si un contaminador quiere incrementar su nivel de actividad, y por tanto su nivel de contaminación, no está completamente bloqueado. Puede comprar el permiso en el mercado libre. Suponiendo que los gases de efecto invernadero se deban regular, muchas empresas han propugnado un sistema de límites e intercambio precisamente por este motivo. Y si es necesario afrontar seriamente el problema del cambio climático, la estrategia última se basará en los incentivos, no en el mando y control.

Casi siempre el mejor enfoque a los problemas de contaminación es gravar el comportamiento perjudicial y dejar que las fuerzas del mercado determinen la respuesta del coste incrementado. El precio de los bienes que causan perjuicios aumentará, y su consumo disminuirá. Muchos países europeos se han dado cuenta de esto. Por supuesto, a nadie le gustan los impuestos. Pero aumentar el impuesto sobre la gasolina, por ejemplo, termina por motivar a los conductores a utilizar automóviles de bajo consumo, a usar menos el coche, o a las dos cosas. Como consecuencia, disminuirían las emisiones de dióxido de carbono, que son las principales responsables del calentamiento global. Y si aumentaran los impuestos sobre la gasolina, los fabricantes de automóviles tendrían muchos incentivos para desarrollar nuevas tecnologías a fin de satisfacer la demanda de coches de más bajo consumo. En Europa, a diferencia de Estados Unidos, ha habido un considerable interés por el uso de «impuestos verdes».

El sistema de límites e intercambio tiene un espíritu y un enfoque similares. En este contexto, quienes reducen su contaminación por debajo de un nivel determinado pueden vender sus «derechos de emisión». Simultáneamente este sistema crea medidas disuasorias de contaminar e incentivos para controlar la contaminación basados en el mercado. Un sistema así también recompensa, en vez de castigar, la innovación tecnológica en el control de la contaminación, y lo hace con la ayuda de los mercados privados. Los sistemas de intercambio de derechos de emisión, basados en los principios del mercado, están resultando ser cada vez más populares en el ámbito internacional. El Protocolo de Kioto, elaborado para controlar los gases de efecto invernadero, contiene un mecanismo de intercambio de permisos de emisión diseñado específicamente para disminuir los costes de reducir las emisiones[2].

La Unión Europea ha mostrado gran interés por el problema del cambio climático, y muchos de sus países han contrastado su interés, y su comportamiento, con los de Estados Unidos. En efecto, la Unión Europea ha creado un ambicioso programa, el Sistema de Permisos de Emisión Comerciables (EU-ETS), que cubre en torno al 40 por ciento de las emisiones de gases de efecto invernadero en su ámbito geográfico. Diseñado originalmente para ayudar a los países de la Unión Europa a cumplir el Protocolo de Kioto, se trata de un sistema de límites e intercambio en virtud del cual, en cada país, se asigna a la industria permisos para unas emisiones fijas[3]. Para cada tonelada de CO_2 emitida anualmente es necesario un permiso[4]. Los permisos son para periodos de varios años, denominados «periodos de intercambio». El primero de ellos fue de 2005 a 2007, y el segundo durará hasta 2012[5]. Las industrias cubiertas actualmente comprenden la energía, los minerales (vidrio, cerámica, cemento), hierro y acero, y papel y pasta de madera[6].

Hasta el momento el EU-ETS ha tenido al menos un éxito modesto: entre 2005 y 2006 el incremento de emisiones verificadas, ajustado a la entrada de nuevas instalaciones, sólo fue del 0,3 por ciento, mientras que el aumento del producto interior bruto de la UE fue del 3 por ciento. En 2006, el 99 por ciento de las instalaciones cumplía las regulaciones[7]. Los estudiosos han valorado que gracias al EU-ETS se ha producido una reducción de entre 50 y 100 megatoneladas de CO_2 anuales, lo que equivale a entre el 2,5 y el 5 por ciento de disminución[8]: mucho menos de lo que se pedía y se deseaba, pero es un comienzo.

Los sistemas de este tipo, basados en los incentivos, no siempre han cumplido las expectativas y no siempre han recibido apoyo político, creemos que en parte porque hacen transparentes los costes de limpiar el medio ambiente. Anunciar un nuevo estándar de ahorro de combustible suena engañosamente «libre», mientras que imponer un impuesto a las emisiones de dióxido de carbono suena caro, aunque en realidad sea una forma más barata de lograr el mismo objetivo. El problema político de conseguir que se aprueben esas leyes puede solucionarse con un poco de contabilidad mental. Por ejemplo, los ingresos obtenidos mediante el impuesto sobre las emisiones podría ir acompañado de una reducción del impuesto sobre la renta, de la asignación de más fondos a la Seguridad Social y a Medicare o de la provisión de un seguro de salud universal. De forma parecida, en un sistema de límites e intercambio podrían subastarse los «derechos» a contaminar, y utilizarse los ingresos de manera parecida. Esta forma de vincular costes y beneficios podría contribuir a que la píldora pasara más fácilmente.

En Estados Unidos, el programa más llamativo de incentivos económicos lo constituyen las enmiendas de 1990 a la Ley del Aire Limpio. Impulsada por el presidente George H. W. Bush, y apoyada por republicanos y demócratas, esta ley se basa en un sistema de intercambio de emisiones para el control de las deposiciones ácidas («lluvia ácida»). De hecho, la mayoría de las empresas estaban dispuestas a aceptar el sistema con la idea de que la posibilidad de intercambiar los derechos de emisión reduciría los costes. Junto con el programa el Congreso tomó una decisión específica sobre el «techo» o «límite» —el nivel agregado de emisiones— de las sustancias que producen la lluvia ácida. A las empresas contaminantes se les permite explícitamente vender sus permisos. Como la reducción de la contaminación puede convertirse en dinero, se crean fuertes incentivos para un comportamiento que beneficie al medio ambiente.

El programa de deposiciones ácidas ha tenido un éxito extraordinario[9]. Su cumplimiento ha sido casi total. Se ha producido un intenso intercambio y se ha creado un eficiente mercado de permisos, como se pretendía. Desde que el programa entró en vigor, el precio de transportar carbón se ha reducido espectacularmente, debido a la desregulación, y el programa ha sido capaz de afrontar esta sorpresa con un intercambio de permisos mucho menor del previsto. En comparación con un sistema de mando y control, se calcula que el mecanismo de intercambio ha ahorrado 357 millones de dólares anuales en sus cinco primeros años. Para sus veinte primeros años se proyectaba que ahorraría 2.280 millones de dólares anuales con un ahorro global de más de 20.000 millones de dólares.

De hecho, es justo decir que el programa de deposiciones ácidas está entre los éxitos más espectaculares de la historia de la regulación medioambiental en Estados Unidos. Como los costes del programa han sido mucho más bajos de lo previsto, el ratio coste-beneficio parece especialmente bueno, con unos costes de cumplimiento de 870 millones de dólares, en comparación con unas estimaciones de beneficios anuales que están entre los 12.000 y los 78.000 millones de dólares, incluidas las reducciones de casi 10.000 muertes prematuras y más de 14.500 casos de bronquitis crónica.

Es razonable esperar que para los gases de efecto invernadero muchos países apliquen impuestos sobre el carbono o (más probablemente) se basen en el modelo del programa de deposiciones ácidas y empleen incentivos económicos para reducir las emisiones agregadas. De hecho, ya se ha prestado mucha atención a la posibilidad de crear mercados mundiales de derechos de emisión con un tope en las emisiones globales[10]. Una ventaja fundamental de un sistema así es que las reducciones las harían quienes pudieran hacerlo con el menor coste —y que los que realmente necesitaran permisos de emisión pagarían a la gente, quizá en especial de los países más pobres, que prefiriese tener el dinero—.

FEEDBACK E INFORMACIÓN

Aunque creemos que el paso más importante para abordar los problemas medioambientales es establecer los precios (es decir, los incentivos) correctos, nos damos cuenta de que este enfoque no resulta fácil políticamente. Cuando los electores se quejan del precio de la gasolina, quizá no sea factible que los políticos se pongan de acuerdo en una solución que lo suba. Una razón clave es que los costes de la contaminación están ocultos, mientras que en las gasolineras el precio es muy visible. Así que sugerimos que, al mismo tiempo que se establecen los precios adecuados (o, al menos, mientras los políticos reúnen el valor necesario para ello), tomemos otras medidas tipo nudge que pueden contribuir a reducir el problema de formas políticamente más aceptables.

Un paso importante y muy libertario sería mejorar el *feedback* a los consumidores mediante más información y más transparencia. Esas estrategias pueden mejorar el funcionamiento tanto de los mercados como del Gobierno, y también son mucho menos caras, y requieren menos intervención, que los enfoques de mando y control que con tanta frecuencia han favorecido los gobiernos. Desde luego, muchos ecologistas temen que sólo con transparencia no se consiga mucho. Quizá tengan razón. Pero a veces la información es un motivador sorprendentemente fuerte.

En todo el mundo, la información se emplea como un instrumento de regulación. En Estados Unidos, los mensajes obligatorios sobre los riesgos del tabaco, que se establecieron en 1965 y se modificaron en 1969 y 1984, quizá sean el ejemplo más conocido de política informativa. La Agencia de Medicamentos y Alimentos mantiene desde hace tiempo la política de exigir etiquetas de riesgo para los productos farmacéuticos. La Agencia de Protección Ambiental ha hecho lo mismo para los pesticidas y el asbesto. Antes de la eliminación gradual de las sustancias químicas perjudiciales para la capa de ozono, los productos que las contenían debían llevar etiquetas de advertencia. El Congreso exige que se informe sobre qué productos contienen sacarina. Con el presidente Reagan, que no era precisamente un entusiasta de la regulación, la Agencia de Salud y Seguridad en el Trabajo emitió una Norma de Comunicación de Riesgos. Todos los empresarios deben adoptar un programa de comunicación de riesgos —que incluye la formación individual— e informar a todos los trabajadores de los riesgos que puedan correr. Esta norma ha hecho de los centros de trabajo lugares mucho más seguros y, aparte de obligar a proporcionar la información, lo ha conseguido sin exigir a las empresas ningún cambio en su funcionamiento.

Algunos estatutos de este tipo están diseñados para activar mecanismos políticos más que del mercado. En este caso el objetivo no es tanto facilitar a los consumidores *feedback* sobre sus decisiones, sino informar a los votantes y a sus representantes. En la legislación estadounidense el más famoso es la Ley de Política Nacional Medioambiental, aprobada en 1972. Su principal objetivo es exigir al gobierno que reúna y haga pública la información relacionada con el medio ambiente antes de avanzar con cualquier proyecto que tenga un fuerte impacto medioambiental. Su objetivo es activar salvaguardas políticas, bien de las propias decisiones del Gobierno, una vez estén claros los efectos medioambientales, bien de la presión exterior de ciudadanos que se han enterado de dichos efectos. La idea que hay tras la ley es que si el público se indigna, el Gobierno no podrá ignorar los efectos medioambientales, pero si el público reacciona con un bostezo, el Gobierno tendrá una justificación para no hacer nada. Muchos países han adoptado estatutos similares, que exigen que se consideren cuidadosamente las consecuencias medioambientales de las acciones propuestas.

Un éxito significativo de la exigencia de transparencia es la Ley de Planificación de Emergencias y del Derecho a Saber de la Comunidad, aprobada por el Congreso en 1986, poco después del desastre causado por el reactor nuclear de Chernóbil, en Ucrania[11]. Modesta y poco controvertida en principio, esta ley no estaba diseñada para producir beneficios medioambientales por sí misma. Sobre todo era una medida de control, cuyo objeto era proporcionar a la Agencia de Protección Ambiental información de lo que estaba ocurriendo ahí fuera. Pero resultó que hizo mucho más. De hecho, la exigencia de transparencia, tal y como se puso en práctica con el Inventario de Emisiones Tóxicas, quizá sea el éxito más inequívoco de toda la legislación medioambiental.

Para crear el Inventario de Emisiones Tóxicas, las empresas y los individuos deben informar al Gobierno nacional de las cantidades de sustancias químicas potencialmente peligrosas que han almacenado o expulsado al medio ambiente. Quien lo desee puede consultar esta información en la web de la Agencia de Protección Ambiental. Ahora más de 23.000 instalaciones ofrecen información detallada sobre más de 650 sustancias químicas, que cubren alrededor de dos millones de toneladas de sustancias emitidas y residuos. Quienes emplean sustancias químicas peligrosas también deben informar a los bomberos locales de la ubicación, tipos y cantidades de las sustancias almacenadas, además de revelar sus posibles consecuencias adversas para la salud.

El hecho sorprendente es que, sin obligar a ningún cambio de conducta, esta ley ha tenido unos efectos beneficiosos enormes, pues ha provocado una gran reducción de las emisiones tóxicas en todo el país[12]. Esta consecuencia imprevista sugería que, por sí misma, la exigencia de transparencia, podría producir una reducción significativa de las emisiones*. (Enseguida vamos a ver cómo el éxito del Inventario de Emisiones Tóxicas podría repetirse en el contexto del cambio climático). También se utilizan listas en otros países y contextos medioambientales, como la limpieza de las playas y el reciclado en Italia, y un índice climático en los municipios suecos.

---

* Un trabajo de Ginger Zhe Jin y Phillip Leslie (2003) documenta un hallazgo similar para los restaurantes. En 1998 el condado de Los Ángeles introdujo unas tarjetas indicadoras del grado de higiene del establecimiento que debían colocarse en los ventanales de los restaurantes. Los investigadores descubrieron que gracias a esas tarjetas ha mejorado la puntuación de las inspecciones de sanidad, ha aumentado la sensibilidad de los clientes a la higiene en los restaurantes y ha disminuido la hospitalización por enfermedades causadas por los alimentos.

Exactamente ¿por qué ha tenido unos efectos tan positivos el Inventario de Emisiones Tóxicas? Una de las principales razones es que los grupos ecologistas, y los medios de comunicación en general, suelen denunciar los peores comportamientos, creando una especie de «lista negra medioambiental»[13]. Éste es un excelente ejemplo de nudge social. Ninguna empresa quiere figurar en el Inventario. La mala publicidad puede causar toda clase de perjuicios, incluida la depreciación de las acciones[14]. Es muy probable que las empresas que están en la lista tomen medidas para reducir sus emisiones. Incluso mejor, las empresas están motivadas para procurar no aparecer en la lista. El resultado es una especie de competición en la que las empresas adoptan más y mejores medidas para evitar que se las perciba como peligrosamente contaminantes. Si son capaces de reducir sus emisiones con un coste bajo, lo harán, simplemente para evitar la mala publicidad y los perjuicios que conlleva.

Con este ejemplo en mente podemos esbozar un nudge inicial, de coste bajo, para el problema del cambio climático. Los gobiernos de muchos países deberían crear un Inventario de Gases de Efecto Invernadero, que exigiera la publicación de información sobre los emisores más importantes. Este inventario permitiría a la gente saber quiénes son los principales emisores de estos gases en cada país y seguir la evolución en el tiempo. Con esta información, los gobiernos podrían responder con el estudio de medidas legislativas. Es muy probable que los grupos interesados, incluidos los medios de comunicación, llamaran la atención sobre los mayores emisores. Como el problema del cambio climático es de los que tienen más relevancia pública, este inventario muy bien podría tener el mismo efecto beneficioso que el de emisiones tóxicas. Desde luego, quizá no produjera cambios importantes por sí solo, pero un nudge así no sería caro y casi con seguridad ayudaría.

También podrían tomarse otras medidas en esta línea. Desde 1975 el Congreso exige que los automóviles nuevos cumplan las normas de ahorro de combustible. Además, con objeto de promover la competencia entre las empresas, un útil decreto exigía que éstas indicaran de forma bien visible el ahorro en combustible que podían esperar los comparadores de cada coche (véase la figura 12.1).

Pero ¿qué significan exactamente las cifras del kilometraje? Para la mayoría de nosotros la respuesta no es evidente. El objetivo de promover la competencia puede lograrse de forma mucho más eficaz

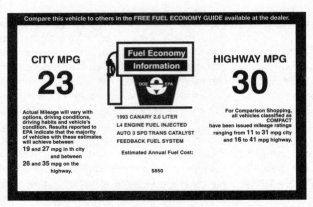

12.1 Adhesivo sobre el ahorro de combustible (Environmental
Protection Agency)

trasladando el kilometraje a dinero, lo que resuelve el problema de
la correspondencia. De hecho, la Agencia de Protección Ambiental
ha revisado su etiqueta de ahorro de combustible de manera que
muestre el coste anual estimado de éste, así como el método para determinar esa cifra. La nueva etiqueta también muestra gráficamente
dónde se sitúa un vehículo determinado dentro de un rango de categorías de millas por galón (mpg) [1 milla = 1,609 km; 1 galón = 3,785 l]
para los vehículos de su clase (véase la figura 12.2). Estas regulaciones han entrado en vigor con los modelos del año 2008.

Nosotros aplaudimos los nuevos adhesivos, aunque pensamos que
serían incluso más potentes si la cifra del dinero gastado en combustible abarcara cinco años. ¡Imagine el adhesivo de un Hummer! Incluso
mejor sería poner el adhesivo en la parte posterior del vehículo para
que lo vieran los demás conductores. Richard Larrick y Jack Soll, de la
Universidad de Duke, piensan que los adhesivos deberían mostrar los
galones por milla en vez de las millas por galón, porque en este último
caso no se ve con tanta claridad el valor del ahorro de carburante cuando su consumo es más eficiente. Una milla adicional de eficiencia a
diez millas por galón ahorra más combustible que una milla adicional
de eficiencia a cincuenta millas por galón. Los humanos no se dan
cuenta de esto (los econs sí) y subestiman las mejoras de millas por
galón cuando se pasa de un coche derrochador como un Hummer

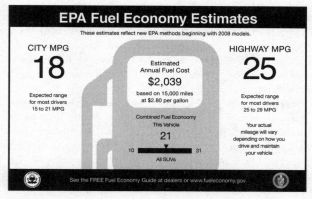

12.2 Versión revisada del adhesivo sobre el ahorro de combustible (Environmental Protection Agency)

a uno moderadamente eficiente como un Ford Station Wagon, mientras que sobrevaloran saltos similares entre coches que ya son eficientes, por ejemplo de un Honda Civic a un Toyota Prius[15].

Por cierto, la eficiencia del consumo de combustible no es la única razón del éxito comercial del Toyota Prius, especialmente en comparación con otros coches híbridos. Otra razón es que el Prius se vende sólo como híbrido (a diferencia del Camry, por ejemplo, que se vende en el modelo convencional y en el híbrido). A la gente que quiere exhibir sus credenciales ecologistas le gusta mucho más el Prius que el Camry híbrido, porque nadie sabe que el Camry es híbrido si no se fija en la nomenclatura del coche.

La nomenclatura muestra un potencial enorme para afrontar los desafíos medioambientales, precisamente porque los conceptos relevantes son tan abstractos e inescrutables para la mayoría de nosotros. Las cifras, la imaginería y las comparaciones de productos ayudan a traducir y clarificar los grandes problemas. Conscientes de esto, las autoridades japonesas tienen previsto etiquetar los bienes de consumo de manera que informen de su huella de carbono a fin de aumentar la conciencia pública sobre el calentamiento global. De acuerdo con el plan, una selección de productos, desde bebidas hasta detergentes, llevará indicada su huella de carbono —o cuánto gas responsable del calentamiento global se ha emitido para su pro-

223

ducción y transporte—. En otros países desarrollados, entre los que están Gran Bretaña y Francia, se han introducido etiquetas parecidas. «Esperamos que mostrar la huella de carbono haga más conscientes a los consumidores, así como a las empresas, de sus emisiones y les motive para emitir menos CO_2», declaró el ministro de Comercio Shintaro Ishihara[16].

Unos requisitos de etiquetado y transparencia podrían producir casas más ecológicas. En la Unión Europea, donde los edificios son responsables del 40 por ciento del consumo energético, la valoración de su eficiencia energética se está convirtiendo en una información imprescindible para la venta o el alquiler de una casa. Los problemas de los incentivos hace mucho tiempo que se dejan sentir en la industria de la construcción porque los costes de hacer una casa más eficiente energéticamente los soporta por anticipado el constructor, mientras que los de calentarla y enfriarla los pagan después los propietarios. No es sorprendente encontrar casas que carecen de dispositivos de ahorro energético que son habituales cuando la casa la diseña su usuario último (que después paga las facturas de esos servicios). Tomemos un ejemplo del negocio hotelero. En muchas habitaciones de hoteles, especialmente en Europa, al entrar es necesario insertar la tarjeta-llave de plástico en una ranura para que se enciendan las luces. Cuando la tarjeta se retira, las luces y el aire acondicionado se apagan, pero el reloj despertador sigue funcionando. ¿Por qué se diseñan así las habitaciones? Porque el hotel es el que paga la factura de la electricidad, y la dirección sabe que los clientes no tienen incentivos para apagar las luces. Los hoteles están dispuestos a hacerse cargo por anticipado del coste extra que supone este dispositivo.

Pero ¿por qué no tenemos un interruptor parecido en nuestras casas? ¿No le gustaría poder pulsar un interruptor al salir y que se apagaran todas las luces pero no todos los despertadores?

NUDGES MEDIOAMBIENTALES AMBICIOSOS

A continuación exponemos una idea más ambiciosa. ¿Y si se pudiera hallar una forma de que cada día viéramos cuánta energía hemos gastado? Clive Thompson (2007) ha explorado los esfuerzos de Southern California Edison para animar a sus clientes a ahorrar energía (y su creativa solución puede considerarse un nudge). Los intentos pasados de notificar a los usuarios su consumo energético mediante correos electrónicos y mensajes de texto no sirvieron de nada; sin embargo, sí funcionó entregarles un Orbe Ambiental, una pequeña bola que se pone de color rojo cuando se está consumiendo mucha energía, pero que se pone verde cuando el consumo es reducido. Al cabo de unas semanas los usuarios del Orbe redujeron su consumo de energía, en los periodos punta, en un 40 por ciento. Esa bola roja brillante realmente llama la atención e impele a consumir menos energía. (Nosotros pensamos que podría funcionar incluso mejor si, cuando el consumo superase un determinado umbral, el dispositivo hiciera ruidos molestos, tales como reproducir pistas del CD de Abba *Gold: Greatest Hits).*

Como señala Thompson, el problema subyacente es que la energía es invisible, por lo que la gente no es consciente cuando gasta mucha energía. La genialidad del Orbe es que hace visible este consumo. Subrayando la importancia del *feedback,* Thompson sugiere que podríamos buscar una forma de ver nuestro consumo diario de energía, y quizá incluso de poner las cifras concretas en un lugar público, como una página de Facebook. De hecho, una compañía de diseño, DIY Kioto (basada en el Protocolo de Kioto, el esfuerzo internacional por controlar la emisión de gases de efecto invernadero), ya comercializa el Wattson, un dispositivo que muestra el consumo energético y permite transmitir el dato a un sitio web, de manera que se pueden hacer comparaciones con otros usuarios de Wattson. Y en Suecia un grupo de ingenieros de diseño y de inversores ha patentado un cable que muestra la intensidad de la corriente eléctrica que porta con pulsos de luz cada vez más brillantes. Cuanto más tiempo está encendida la luz, más brilla el cable. Thompson sugiere que enfoques como éste podrían producir una «cascada de conservación».

Una de las formas en que esta cascada podría desarrollarse es con algo de amistosa competencia. John Tierney, columnista del *New York Times,* ha sugerido que se podría llevar una joya, quizá un broche, con una pequeña huella brillante, que cambiaría de color, por ejemplo, de rojo a verde, dependiendo de la huella de carbono de las personas que la lleven —cuánta electricidad y gasolina gastan, cuántos viajes en avión hacen (y si viajan en avión privado)—. Tierney organizó un concurso en su blog para escoger un nombre para este dispositivo. El ganador fue el iPed (aunque a nosotros nos gusta más AlGoreRhythm). Tierney defiende así el iPed:

Desde luego, supondría un montón de trabajo colocar contadores del consumo de energía, pero muchos ecologistas están dispuestos a dedicar tiempo a la causa. A algunos se les acusa de ser fanáticos religiosos: los «calentadores globales». Pero una de las ventajas de la religión es que inspira actos de generosidad por el bien común. ¿Por qué no recompensar a los devotos conservacionistas permitiéndoles mostrar su virtud?

Además de encontrar una utilidad para el entusiasmo de los ecologistas, esta moda también podría inyectar cierto realismo en el debate sobre el calentamiento global. Una vez que empiezas a seguir la pista de toda la energía que utilizas, comienzas a ver las dificultades de hacer reducciones drásticas —y la diferencia entre las acciones efectivas y las exhibiciones rituales—. Instalar una placa solar o un molino de energía eólica en tu casa de campo no va a borrar la huella de carbono de mantener una segunda residencia a la que te trasladas los fines de semana. Reciclar las botellas de cristal y evitar las bolsas de plástico en el supermercado no va a compensar las emisiones de tu coche[17].

Gracias a las innovaciones tecnológicas, los dispositivos de *feedback* seguramente serán cada vez más sofisticados. Por ejemplo, el Prius posee una pantalla en el tablero de instrumentos interior que anima a los conductores a modificar su comportamiento para ahorrar más combustible evitando los frenos y acelerando suavemente.

Acelerar suavemente era el objetivo del gigante automovilístico Nissan cuando dio un paso más allá del *feedback* con un dispositivo de simplicidad elegante: un acelerador que literalmente se resiste cuando el conductor lo pisa a fondo. El llamado ECO Pedal detecta la presión excesiva sobre el acelerador y muestra con un nudge al conductor de pie de plomo que podría ahorrar combustible si aflojara un poquito. Las pruebas de fábrica han mostrado que el pedal puede incrementar la eficiencia de combustible en un 5-10 por ciento. Los conductores tienen la opción de soslayar el ECO Pedal y, por supuesto, todavía pueden pisar a fondo si tienen que hacer una maniobra evasiva.

No está claro a cuánta gente le gustaría realmente hacer público su consumo energético o comprar coches que tienen sus propias ideas sobre lo que es conducir bien. Como paternalistas libertarios no queremos que se lo pida alguna instancia gubernamental; pero si la gente quiere entrar en una especie de competencia por la conservación, ¿quién tiene algo que objetar? El argumento más convincente es que si podemos hallar formas de hacer visible el consumo energético, estaremos ofreciendo nudges para el ahorro sin necesidad de imponer esas restricciones.

Otra idea relacionada: la participación voluntaria en programas diseñados para ayudar no a los consumidores individuales, sino a las empresas, grandes y pequeñas. Con tales programas, las autoridades no tendrían que exigir a nadie que hiciera nada. Sólo tendrían que preguntar a las empresas si estarían dispuestas a seguir ciertas normas que presumiblemente tendrán efectos deseables sobre el medio ambiente[18]. La idea básica es que, incluso en un mercado libre, las empresas con frecuencia no utilizan los últimos productos y el gobierno a veces tiene que ayudarlas a ganar dinero al tiempo que reducen la contaminación.

Por ejemplo, en 1991 la Agencia de Protección Ambiental adoptó el programa Green Lights, que estaba diseñado para aumentar la eficiencia energética, un objetivo que (en opinión de la Agencia) era al mismo tiempo rentable y beneficioso para el medio ambiente. La Agencia de Protección Ambiental llegó a una serie de acuerdos voluntarios con empresas y entidades sin ánimo de lucro (como hospitales y universidades). Mediante esos acuerdos se comprometían a llevar a cabo mejoras en la iluminación a fin de ahorrar energía. En 1992 la Agencia adoptó una innovación parecida, el Programa de Productos Ofimáticos Energy Star, que también estaba destinado a promover la eficiencia energética, pero centrándose en impresoras, fotocopiadoras y equipos informáticos y electrónicos en general. La Agencia estableció estándares de consumo voluntarios y permitió a las entidades participantes que utilizaran su logo de Energy Star. Además, dio a conocer la cooperación de los grupos industriales, lanzó campañas en los medios de comunicación y ofreció distinciones a las empresas que hicieran avances destacados en la eficiencia energética.

Uno de los principales objetivos de la Agencia de Protección Ambiental era mostrar que la eficiencia energética no sólo es buena para el medio ambiente; también produce un ahorro significativo. Pero desde el punto de vista de la teoría económica estándar, no cabía predecir dichos ahorros. La razón es ésta: si las empresas realmente pudieran ahorrar dinero además de proteger el medio ambiente, ya lo habrían hecho. En una economía de mercado, las empresas no necesitarían la ayuda del Gobierno para reducir sus gastos. Las presiones competitivas ya se encargarían de que aquellos que no los redujesen no tardasen en tener pérdidas, y encontrarse fuera del mercado.

Sin embargo, en la práctica, las cosas no siempre son así. Los directivos de las empresas son gente ocupada que no puede atender a todo. Para llevar a cabo cambios, alguien de la empresa tiene que promoverlos. En la mayoría de las empresas los directivos no piensan que proponer una política de ahorro de gastos energéticos vaya a ser el camino para el cargo de director ejecutivo, especialmente cuando el ahorro no es grande en el balance general. El proyecto suena aburrido y rácano, y el directivo que lo sugiere podría estar destinado a un puesto en el departamento de contabilidad más que al de presidente.

En teoría, los programas de la Agencia de Protección Ambiental no deberían haber funcionado. Esto en cuando a la teoría. En la realidad, los dos programas han logrado promover un uso mayor de tecnologías de bajo coste eficientes energéticamente. En consecuencia, esas tecnologías se han difundido mucho. Gracias a Green Lights, en muchos lugares se han adoptado programas de iluminación que ahorran costes. Los productos de Energy Star han conducido a mejoras sustanciales en la eficiencia energética gracias a las cuales quienes utilizan dichos equipos ahorran dinero. El Gobierno ha logrado todo esto no con un mandato sino con un amable nudge.

El calentamiento global, el aumento de los precios de la energía y las reformas del mercado energético han conducido a muchas empresas europeas de servicios públicos a la innovación en el ámbito de la conservación, pues han desarrollado proyectos que al mismo tiempo se proponen reducir las emisiones y cobrar a sus clientes de una forma más precisa, basada en su consumo real. Una investigación realizada en 2007 prevé que, para 2012, en Europa habrá 60 millones de contadores inteligentes, lo que significa que calcularán las facturas de uno de cada cuatro usuarios. A la vanguardia de esta clase de dispositivos ha estado Italia, cuya empresa más grande de servicios públicos, Enel SpA, empezó a instalarlos en el año 2000. Suecia espera acabar la instalación para 2009 y en Dinamarca, Finlandia y Austria los están implantando a gran escala.

El éxito de estos programas ofrece lecciones generales para la protección medioambiental. Para aquellos que están especialmente preocupados por el problema del cambio climático la idea está clara: tanto si los gobiernos deciden adoptar algún sistema basado en los incentivos como si no, pueden ayudar a reducir el consumo energético con un nudge. No hay duda de que los funcionarios gubernamentales muchas veces son ignorantes, pero a veces disponen de información útil, que puede beneficiar literalmente a las empresas. En todo el mundo, lo pueden hacer bien y mal.

13

PRIVATIZAR EL MATRIMONIO

Esperamos que la idea de paternalismo libertario ofrezca nuevas formas de pensar sobre muchos viejos problemas. A continuación vamos a abordar la antigua institución del matrimonio y a explorar algunas de las controversias que se han suscitado recientemente sobre éste y las relaciones entre personas del mismo sexo.

Comenzaremos proponiendo una idea extremadamente libertaria que protegería la libertad, incluida la libertad religiosa, y que, en principio, debería ser aceptable para todas las partes. Sabemos que en numerosos países muchas personas, entre las que se encuentran fieles de distintos grupos religiosos, se oponen rotundamente al matrimonio entre personas del mismo sexo. Las organizaciones religiosas insisten en su derecho a decidir ellas solas qué uniones están dispuestas a reconocer, atendiendo al género, la religión, la edad y otros factores. También sabemos que muchas parejas del mismo sexo desean establecer vínculos duraderos. Para respetar la libertad de los grupos religiosos, al tiempo que se protege la libertad individual en general, proponemos que el matrimonio como tal se privatice completamente. De acuerdo con nuestra propuesta, el término «matrimonio» ya no aparecería en las leyes y ninguna instancia gubernamental otorgaría ni reconocería las licencias de matrimonio. El Estado se ocuparía de sus cosas, y las organizaciones religiosas de las suyas. Eliminaríamos la ambigüedad creada por el hecho de que el término «matrimonio» actualmente se refiere al mismo tiempo a un estatus oficial (legal) y a otro religioso.

De acuerdo con nuestro enfoque, el único estatus legal que el Estado conferiría a las parejas sería la unión civil, que consistiría en un acuerdo de convivencia doméstica entre dos personas*. El matrimonio sería un asunto estrictamente privado, celebrado por instituciones religiosas y otras organizaciones privadas. Dentro de unos límites amplios, las organizaciones que confirieran el matrimonio serían libres de elegir las normas que prefiriesen para los matrimonios que se celebrasen bajo sus auspicios. Por ejemplo, una Iglesia podría decidir que sólo casaría a sus propios fieles, y un centro de buceo podría decidir que restringiría sus ceremonias a los buceadores certificados. En vez de canalizar todas las uniones en un único contrato matrimonial estatal, las parejas podrían elegir la organización que mejor se adaptara a sus necesidades y deseos. El Gobierno no tendría que sancionar ninguna relación concreta confiriéndole la denominación de «matrimonio». A continuación explicamos en detalle cómo funcionaría esto.

Para aquellos a quienes esta idea les parezca demasiado radical nuestra propuesta más limitada coincide con el enfoque que están adoptando una serie de países: hacer posible la unión civil de personas de sexos distintos y del mismo sexo. Nosotros pensamos que, como mínimo, muchos países podrían proceder de esta forma.

Después dirigiremos nuestra atención a la arquitectura de las decisiones. Sirviéndonos de los principios que nos han ayudado a analizar las políticas de ahorro y otros aspectos de la vida, preguntamos: ¿cómo pueden los países diseñar las normas por las que deben regirse los acuerdos contractuales entre parejas domésticas (que a veces también serán marido y mujer como resultado de una ceremonia privada)? ¿Cómo pueden los gobiernos proteger a los niños y a las partes vulnerables?

¿QUÉ ES EL MATRIMONIO?

Desde el punto de vista legal, el matrimonio es nada más y nada menos que un estatus oficial, creado por el Estado y acompañado por derechos y obligaciones estipulados por el Gobierno. Cuando una persona se casa, obtiene muchos beneficios materiales, económicos y no económicos[1]. Las leyes varían en cada país, pero, como norma general, estos beneficios entran en seis grandes categorías[2].

---

* Soslayamos la cuestión de si en las uniones civiles pueden participar más de dos personas.

1. Beneficios (y cargas) fiscales. En algunos países el sistema tributario ofrece grandes recompensas a muchas parejas por casarse, al menos si un cónyuge gana mucho más dinero que el otro. (Puede haber una gran penalización por casarse si los dos cónyuges tienen rentas sustanciales).

2. Derechos. Con frecuencia las leyes benefician a las parejas casadas a través de una serie de programas. En Estados Unidos, por ejemplo, la Ley de la Familia y el Permiso Médico exige a las empresas que concedan permisos no retribuidos a los trabajadores que tienen que cuidar a su cónyuge; sin embargo, no están obligadas a hacer lo mismo en el caso de las «parejas»[3]. Muchos países conceden ventajas similares a los miembros de un matrimonio.

3. Herencia y otros beneficios por fallecimiento. Un miembro de un matrimonio obtiene una serie de ventajas a la hora de la muerte. En algunos países cualquiera de los cónyuges puede legar al otro todos sus bienes sin que tengan que pagar impuestos.

4. Beneficios de propiedad. Según la ley, los cónyuges pueden tener automáticamente derechos de propiedad de los que carecen las parejas. En algunos lugares tienen derecho automático a los bienes de sus cónyuges y es imposible soslayar estas leyes.

5. Toma de decisiones surrogada. Los miembros de un matrimonio a veces tienen derecho a tomar determinados tipos de decisiones subrogadas en caso de incapacitación del otro. Cuando surge una emergencia, se permite que un cónyuge emita juicios en representación de su esposa o esposo incapacitado. Es improbable que las parejas obtengan esos beneficios.

6. Privilegios de testificación. En algunos países los tribunales reconocen privilegios maritales, incluido el derecho a mantener la confidencialidad de las comunicaciones maritales y a excluir el testimonio adverso del cónyuge.

Éstos son, como mínimo, beneficios inmensos en ámbitos muy distintos (y no los hemos enumerado todos). También suelen ser bastante estables en el tiempo; recordemos que el statu quo es poderoso y que cualquier intento de reconsiderarlo está sometido a fuertes constreñimientos políticos. Pero este tipo de beneficios económicos y materiales en absoluto agotan el significado del matrimonio.

Es crucial que muchos países vinculen explícitamente estos derechos y obligaciones materiales con los beneficios simbólicos y expresivos asociados con el estatus marital. Para muchas personas, quizá para la mayoría, estos beneficios simbólicos y expresivos constituyen buena parte del significado del matrimonio. Mientras los gobiernos concedan las licencias matrimoniales, el estatus de «matrimonio oficial» —es decir, matrimonio portador de estatus legal— tiene una importancia inmensa. Una pareja que esté casada según una tradición religiosa o privada de algún tipo, pero que esté desprovista de la autoridad del Estado, carece de una validación importante, con independencia de la fuerza de su vínculo o de la significación que tenga para ella el elemento religioso de su matrimonio.

Para ver la importancia de la licencia oficial, supongamos que a las parejas interraciales se les dijera que podrían tener acceso a todos los beneficios materiales del matrimonio, pero que su estatus sería el de «unión civil», no de «matrimonio». Su exclusión de la institución del matrimonio —del estatus oficial— sería en sí misma una ofensa para las parejas interraciales. De hecho, en muchos sistemas legales violaría la Constitución. El Estado no puede decir a los miembros de esas parejas que no se les permite acceder a la institución legal del matrimonio, aunque reciban sus beneficios. Sin embargo, les resultaría indiferente si sus matrimonios estuvieran validados por organizaciones privadas. En suma: cuando la gente se casa, recibe no sólo beneficios materiales, sino también una especie de legitimidad oficial, un sello de aprobación del Estado.

Sin licencias del Estado

Ahora podemos ver que, en la medida en que opera a través del Gobierno, el matrimonio es un programa de licencias oficiales, y que cuando el estado concede licencias matrimoniales, está proporcionando unos beneficios tanto simbólicos como materiales a las parejas que reconoce. Pero ¿por qué combinar esas dos funciones? Y ¿qué aporta el uso oficial del término «matrimonio»?

Comparemos los matrimonios con otras clases de asociaciones. Cuando nosotros decidimos escribir juntos este libro, tuvimos que llegar a una serie de acuerdos. Firmamos un contrato con nuestra editorial en el que acordábamos cómo repartir los derechos de autor que recibiríamos si alguien decidía comprarlo, y llegamos a muchos otros acuerdos informales sobre cómo lo escribiríamos. El sistema legal nos protege mediante las leyes de *copyright* si alguien intenta reproducirlo (y también habría establecido el marco legal si hubiéramos tenido diferencias que hubieran impulsado a uno de los dos a abandonar el proyecto antes de acabar el libro). Sin embargo, nada en el sistema legal dice que tengamos o no que hacer un juramento solemne de ser buenos amigos, comer juntos al menos una vez a la semana, pero no más de dos, o renunciar a otras colaboraciones. La escritura de un libro no necesita ser monógama. Pero incluso cuando nuestros acuerdos son informales, y no están sancionados por la legislación, los tomamos en serio y muy probablemente los cumplamos. En lo que atañe al Estado, ¿por qué no considera las uniones domésticas como cualquier otra asociación de negocios? ¿Por qué no privatizarla?

El control estatal del matrimonio es anacrónico

Nuestra tesis es que el matrimonio gestionado por el Estado dificulta la protección de la libertad de las organizaciones religiosas para actuar como les parece conveniente al tiempo que se salvaguarda la libertad de las parejas para adoptar los compromisos que quieran sin ser tratadas como ciudadanos de segunda clase. Pero también creemos que el sistema de licencias oficiales ya no responde a la realidad moderna. En primer lugar, la institución del matrimonio gestionado por el Estado tiene un pasado extremadamente discriminatorio, imbuida como ha estado de desigualdad racial y sexual. Este pasado no puede desligarse por completo de la versión actual de la institución del matrimonio[4].

En la medida en que operaba a través del Gobierno, la institución marital era en su origen una herramienta de éste para sancionar tanto las actividades sexuales como la crianza de los hijos. Si alguien quería tener relaciones sexuales o hijos, estaba en una posición mucho mejor si contaba con la licencia del Estado. De hecho, seguramente necesitaba esa licencia no menos que hoy se necesita carné para conducir un coche. La licencia oficial era una forma de garantizar que la actividad sexual no sería un delito, y era difícil adoptar niños fuera del vínculo del matrimonio. Pero el matrimonio oficial ya no cumple ese papel. En algunos estados, las personas tienen el derecho constitucional de mantener relaciones sexuales incluso si no están casadas, y se convierten en padres —también padres adoptivos— sin necesidad de que haya matrimonio. Ahora que el matrimonio no es un requisito legal para tener hijos y relaciones sexuales, el papel sancionador del Estado parece menos importante.

Históricamente, una de las principales razones para la institución oficial del matrimonio ha sido no limitar la entrada, sino vigilar la salida: hacer que a la gente le resultara difícil abandonar este vínculo. Desde luego, hay buenas razones para este tipo de vigilancia, que puede operar como un nudge o como mucho más. El matrimonio puede considerarse en parte como una solución al problema del autocontrol mediante la cual los individuos tratan de aumentar la probabilidad de que su relación sea duradera. Si el divorcio resulta difícil, seguramente los matrimonios serán más estables. La estabilidad marital suele ser buena para los niños (aunque a los niños también les puede beneficiar el fin de un mal matrimonio). Asimismo, puede ser positiva para los cónyuges, pues les protege frente a decisiones impulsivas o destructivas que van en detrimento tanto de sus relaciones como de su bienestar a largo plazo.

Los humanos, al contrario que los econs, están dispuestos a considerar la protección legal frente a las decisiones impulsivas. (Si los econs tienen impulsos, su sistema reflexivo los mantiene bajo control). Incluso podemos ver la institución del matrimonio como una estrategia de compromiso anticipado, no muy distinta de la de Ulises con las sirenas, en la que las personas eligen conscientemente un estatus legal que las proteja de sus propios errores. En Estados Unidos algunos estados han experimentado con una institución denominada *covenant marriage* que hace la salida extremadamente difícil. Esos matrimonios se pueden contraer voluntariamente, lo mismo que se toman otras medidas para proteger los intereses propios a largo plazo.

Pero, en la era moderna, la salida está mucho menos rigurosamente vigilada. En muchos países, una pareja puede abandonar el vínculo marital en el momento en que lo desee. Y parece ser que el *covenant marriage* prácticamente no ha supuesto ninguna diferencia para la institución del matrimonio. Sólo en torno al 1-3 por ciento de parejas lo escogen cuando tienen la posibilidad de hacerlo, y no es sorprendente que las parejas que escogen esa opción suelan ser religiosas y tengan una visión tradicional del matrimonio, la crianza de los hijos y el divorcio[5]. En su gran mayoría, sus compromisos y deseos ya tienden a producir matrimonios estables. No tiene nada de malo que puedan escoger una forma de matrimonio adecuada para sus objetivos, y a los paternalistas libertarios nos agrada que exista esa opción. Pero la relativa falta de popularidad del matrimonio y el fracaso evidente del movimiento que lo promueve demuestran que casi todas las parejas prefieren la opción «no covenant».

Cada vez más el matrimonio no es un contrato particularmente extraordinario. Lo puede disolver cualquiera de las partes y no tiene estatus permanente. Ahora que la salida ni está prohibida ni es infrecuente, es difícil sostener que la institución oficial del matrimonio resulta esencial para promover la estabilidad de las relaciones. En cualquier caso, la unión civil que nosotros suscribimos, junto con las instituciones privadas y sus normas diversas, debería ser capaz de cumplir la deseable misión de promover esa estabilidad.

Las licencias matrimoniales oficiales también tienen la desafortunada consecuencia de dividir el mundo entre el estatus de los que están «casados» y los que están «solteros», de una manera que produce graves desventajas económicas y materiales para estos últimos (y a veces también para los primeros). Muchas de esas desigualdades económicas y materiales son indefendibles. Por ejemplo, ¿hay alguna buena razón para que alguien que tenga una relación con otra persona de su mismo sexo no pueda tomar decisiones médicas en nombre de su pareja o legarle parte de sus bienes al morir sin pagar impuestos? Las relaciones privadas, íntimas o de otra índole, podrían estructurarse de muchas formas diferentes y la simple dicotomía entre «casado» y «soltero» no hace justicia a la variedad de relaciones que la gente podría elegir. De hecho, esa simple dicotomía es una descripción cada vez más imprecisa de lo que la gente escoge realmente. Muchas personas tienen relaciones que son íntimas, serias y monógamas, pero fuera del matrimonio. Muchos matrimonios no son íntimos ni monógamos. Hay incontables variaciones. ¿Por qué no dejar que las personas elijan sus propias relaciones, sujetas a los criterios de organizaciones privadas, religiosas o no?

¿ES BENEFICIOSO EL MATRIMONIO OFICIAL?

Quienes desean conservar el matrimonio oficial, y los que probablemente se sentirán alarmados por nuestra propuesta, podrían estar preocupados por los intereses de los niños o de la parte más vulnerable (que suele ser la mujer). Estas preocupaciones son legítimas. Veámoslas.

Con frecuencia el matrimonio se ha considerado una forma de proteger a los hijos, y no hace falta decir que este objetivo es importante. Pero la institución oficial del matrimonio es un instrumento muy imperfecto para proporcionar esa protección, que se podría facilitar de formas mejores y más directas[6]. Por ejemplo, la ley podría hacer mucho más para garantizar que los padres ausentes proporcionaran ayuda económica a sus hijos. Cuando están en juego los intereses de los niños, los decretos están completamente justificados. La sociedad puede ir —y va— más allá del paternalismo libertario para hacer que los llamados padres «incumplidores» paguen la pensión de los hijos. Quienes están a favor de los nudges podrían decir que este problema se solucionaría con unas sencillas herramientas. Por ejemplo, imaginemos la inscripción automática (en este caso, sin derecho a borrarse) de los padres ausentes en un plan de pago de manera que una cierta cantidad de dinero se dedujera mensualmente de la cuenta correspondiente.

En cualquier caso, no hay razón para pensar que las uniones civiles y los acuerdos privados, religiosos o de otra índole, no pueden proporcionar tanta protección a los hijos como el matrimonio oficial. Si los niños necesitan apoyo material, dicho apoyo se puede exigir directamente a través de instituciones legales. Si los niños necesitan hogares estables, la cuestión es si un programa de licencias oficiales que lleva el nombre de «matrimonio» contribuye lo suficiente a la estabilidad familiar como para que merezca la pena. Quizá, pero no vemos una base para asegurarlo.

Si la preocupación es por el riesgo que corren los dependientes con la disolución de una relación a largo plazo, la mejor forma de empezar es con unas buenas normas por defecto. Ya existe una literatura detallada sobre esta cuestión; algunas de las sugerencias más útiles son tanto libertarias como paternalistas, en el sentido de que mantienen la libertad de elección al tiempo que orientan a las personas en direcciones deseables[7]. Enseguida examinaremos más detenidamente los enfoques posibles. Por ahora baste señalar que la institución oficial del matrimonio no es necesaria ni suficiente para unas buenas normas por defecto.

Desde el punto de vista de una buena arquitectura de las decisiones, un problema fundamental del actual programa de licencias matrimoniales es que no es lo suficientemente libertario. Somos conscientes de que a nadie se le obliga a casarse; desde luego, no por ley. En este sentido, la institución del matrimonio es completamente distinta de los tipos de rígidos decretos gubernamentales que más amenazan la libertad personal. Cuando las sociedades democráticas emiten licencias matrimoniales, están haciendo algo muy distinto de lo que harían si (por ejemplo) exigieran a todas las empresas que proporcionaran un determinado nivel de atención sanitaria, o a todos los empleados que ahorraran una determinada cantidad de dinero. El matrimonio incluso podría parecer una forma de facilitar las opciones privadas, más que de eliminarlas. Pero el programa de licencias es algo más que un mecanismo de facilitación. Es muy diferente del derecho contractual. El Estado no sólo permite que las personas se casen de acuerdo con sus religiones; no sólo exige que cumplan sus compromisos. También crea un monopolio sobre la forma legal del matrimonio; impone límites estrictos sobre quién puede contraerlo y cómo; y dota a esa forma legal de ventajas materiales y simbólicas exclusivas. Quienes creen en la libertad difícilmente pueden considerar esto un bien inequívoco.

Nos damos cuenta de que muchas parejas pueden beneficiarse de una forma u otra de la afirmación pública de su vínculo. Es una opinión muy extendida que la institución oficial del matrimonio contribuye a reforzar ese vínculo de una forma que es positiva tanto individual como socialmente. Pero si los vínculos son importantes, ¿por qué no dejarlos en manos de las uniones civiles y las instituciones privadas, incluidas las religiosas? ¿Es verdaderamente necesaria una licencia del gobierno con el adjetivo «matrimonial»? Hay muchos vínculos estables sin licencias del Estado. Las personas conservan los lazos con sus amigos, sus iglesias, sus coautores y sus empresas durante largo tiempo. E incluso sin un programa de licencias gubernamentales ni sanción legal, se toman estos vínculos privados con toda seriedad. Muchos miembros de organizaciones religiosas, comunidades de propietarios y clubes de campo se sienten obligados por las estructuras y reglas de esas organizaciones. Recordemos que si es deseable algún tipo de vínculo, en nuestra propuesta nada impide que éste se establezca mediante una unión civil o a través de instituciones privadas.

Bajo esta luz, ¿cuál es el balance del matrimonio oficial? Sus beneficios son sorprendentemente bajos; en muchos sentidos es un anacronismo. Lo más que puede decirse de él es que podría contribuir a un tipo de vínculo que beneficia tanto a las parejas como a los hijos. En el lado de los costes, no perjudica demasiado. Pero crea una polarización innecesaria, confusión acerca de la relación entre el matrimonio patrocinado por el Estado y el matrimonio religioso, y una intensa disputa sobre cuestiones y definiciones fundamentales. En la época actual, la dificultad más obvia es que las organizaciones religiosas insisten en que se les debe permitir definir el matrimonio como quieran, mientras que las parejas del mismo sexo insisten en que se les debe permitir establecer vínculos a largo plazo sin un estatus legal de segunda clase. Nuestra propuesta satisface al mismo tiempo a las dos partes. Los problemas subyacentes se evitarían fácilmente con la declaración del matrimonio como algo perteneciente al ámbito de las instituciones privadas, no del Estado, y que las organizaciones religiosas son libres de establecer sus propias reglas respecto a quién puede contraer matrimonio. Esa declaración —una forma de separación de la Iglesia y el Estado— tendría una ventaja adicional, a la que volveremos enseguida.

En algunos países nuestra propuesta podría parecer radical, pero la mayor parte del mundo está avanzando en esta dirección. El consenso a favor de los «matrimonios» de sexos distintos está rompiéndose en favor de toda una serie de experimentos. En muchos países existe algún tipo de unión civil a la que pueden acceder parejas de distinto sexo y a veces del mismo sexo. En Nueva Zelanda, por ejemplo, ambos tipos de parejas tienen acceso a la unión civil. En Alemania, Dinamarca, Suiza y el Reino Unido se permiten «uniones» que tienen muchos de los mismos derechos que los matrimonios. La República Checa mantiene un Registro de Uniones exclusivamente para personas del mismo sexo, que las coloca esencialmente en el mismo plano que las parejas heterosexuales. En 2006 Sudáfrica aprobó una ley de matrimonio neutral respecto al género y Noruega hizo lo propio en 2008. En 2003 Buenos Aires se convirtió en la primera ciudad de América Latina que adoptó uniones civiles neutrales respecto al género.

Estas iniciativas pueden situarse en distintas categorías: algunas amplían la idea de matrimonio, otras otorgan estatus oficial a las parejas del mismo sexo sin darles ese nombre y otras crean un nuevo estatus, con un nombre diferente, para todas las parejas que lo deseen. Por lo que nosotros sabemos, ningún país ha llegado tan lejos como para abolir el matrimonio oficial como tal, pero muchos están avanzando en direcciones más libertarias que reducen el papel directivo y excluyente del Estado.

Nudges para parejas

En nuestra opinión, la institución oficial del matrimonio, así como el debate sobre su naturaleza y su futuro, han desviado la atención de la cuestión clave a la que se enfrentan los arquitectos de las decisiones: ¿cuáles son las normas por defecto apropiadas para establecer un vínculo de pareja?

Es aquí donde los buenos arquitectos de las decisiones pueden hacer verdaderas mejoras. En este espacio no podemos examinar todos los complejos problemas que se plantean, pero esbozaremos algunas propuestas que se pueden aplicar a cualquier forma de unión doméstica legal (incluido el matrimonio en su forma actual). Nuestra motivación es simple: si tuviéramos que comenzar desde el principio, nadie en su sano juicio diseñaría el sistema existente, que está tan plagado de arbitrariedades y confusiones que, en muchos países, ni siquiera los abogados matrimonialistas experimentados saben cómo van a terminar las disputas. Como mínimo, habría que modificar la arquitectura de las decisiones de manera que la gente tuviera una idea clara de sus derechos y obligaciones. Un objetivo más ambicioso sería introducir nudges para proteger a los que son más vulnerables: con frecuencia las mujeres y, sobre todo, los niños.

Como suele ocurrir, hay que comenzar con los objetivos e intenciones reales de las personas. Si éstas se hacen promesas explícitas, en general la ley debe hacer que dichas promesas se cumplan. En la medida en que dejan vacíos o incertidumbres, la ley debe seleccionar un menú de normas por defecto. Por desgracia, es probable que la gente necesite alguna orientación cuando establece vínculos a largo plazo. Como hemos sugerido antes, donde es más extremado el optimismo ilusorio es en el contexto del matrimonio. Según estudios recientes, por ejemplo, las personas tienen una idea precisa de la probabilidad de que los demás se divorcien (en torno al 50 por ciento). Pero recordemos su absurdo optimismo sobre la probabilidad de que ellas mismas acaben divorciándose. Merece la pena repetir el hallazgo clave: casi el 100 por cien de las parejas consideran seguro o prácticamente seguro que no se van a divorciar[8].

En estas circunstancias, y en parte por esa razón, la gente suele ser extremadamente renuente a los acuerdos prematrimoniales. Como la mayoría piensa que el divorcio es improbable, y que esos acuerdos van a enrarecer el ambiente, al final simplemente se la juega con la actual ley de divorcio, que es (por decirlo con suavidad) un laberinto, con frecuencia ininteligible para los propios especialistas. Asimismo, son las parejas informadas y adineradas las que con más frecuencia firman acuerdos prematrimoniales, conocen la ley y tienen una representación legal de calidad en el caso de divorcio. El resultado de todo ello es que la mayor parte de la gente queda a merced del azar —y de un sistema legal que tiene un asombroso grado de incertidumbre—. Cuando no se han firmado acuerdos prematrimoniales, creemos que unas normas adecuadas deberían actuar como nudges para ayudar a la parte más débil, que suele ser la mujer. Generalmente, las perspectivas económicas de las mujeres empeoran con el divorcio, mientras que las de los hombres mejoran[9]. Parece lógico adoptar normas por defecto que las protejan de las pérdidas más graves.

Como supuesto, se debe permitir que las personas establezcan sus propios acuerdos si así lo desean. Si hombres y mujeres llegan libremente a una situación que en general beneficia a los hombres, la ley debería respetar ese acuerdo —y utilizar otras herramientas del sistema legal, como el sistema de redistribución, para ayudar a quienes lo necesitan—. No es probable que las normas que impiden a las personas llegar a los acuerdos que deseen cumplan los objetivos para los que se establecieron; serán soslayadas con ajustes en otros aspectos del acuerdo. Pero lo que la gente desea hacer es probable que se vea influido por las normas por defecto legales. Si la ley establece una práctica estándar, mucha gente la seguirá.

Si la norma por defecto dice que se debe proporcionar una ayuda especial a quien más se haya ocupado de los hijos, es probable que la norma se generalice. Si la custodia compartida es la norma por defecto cuando ninguno de los progenitores ha sido negligente, las parejas tendrán una idea clara de lo que sucederá si se disuelve el hogar. Y si la norma por defecto dice que, tras el divorcio, quien se haya ocupado principalmente de los hijos seguirá haciéndolo, y recibirá ayuda económica, también ésta tenderá a extenderse. En este contexto la generalización de las normas por defecto puede utilizarse fácilmente para proteger a los más vulnerables de las peores consecuencias.

Aparte de ayudar a los vulnerables, las normas por defecto deben ser claras en este ámbito, porque los humanos, a diferencia de los econs, tienen un sesgo egoísta cuando se trata de negociar acuerdos[10]. En lo esencial, el sesgo egoísta significa que en las negociaciones difíciles o importantes tendemos a pensar que el resultado tanto objetivamente «justo» como más probable es el que se inclina en nuestro favor. (Después de un partido en el que hayan jugado la selección de Brasil y la de Italia, pregunte en esos países a quién ha perjudicado el árbitro). Cuando las dos partes muestran un sesgo egoísta, es probable que la negociación llegue a un punto muerto y que la gente se enzarce en los tribunales y a veces arruine su vida (al menos durante un tiempo). En los casos de divorcio, muy emocionales, cada parte suele pensar que tiene toda la razón y da por supuesto que el juez también lo verá así. Cabría pensar que incluso si los cónyuges están sujetos al sesgo del egoísmo, los abogados no lo están y por lo tanto deberían poder reducir algo las expectativas de sus clientes; pero, en muchos casos, los abogados también sufren el sesgo del egoísmo.

El resultado es que cuando la ley no está clara, es probable que se produzcan largas e intensas disputas. A las dos partes les vendría bien recibir un nudge que las encaminara hacia los resultados más probables, de manera que sus expectativas tuvieran algunos puntos de encuentro. Las familias que se enfrentan al divorcio saldrían ganando si la ley les proporcionara un ancla o rango, que les ayudase a saber lo que constituye un resultado justo o probable.

Para conseguir este objetivo la mejor solución es algo no muy distinto de las sentencias penales que constituyen las líneas maestras de la jurisprudencia —una gama relativamente reducida de posibilidades dentro de la cual un juez tiene discreción para considerar otros factores—. En muchos estados ya existe algo parecido, pero en lo que se refiere al sesgo del egoísmo las normas son menos útiles si la gente no las conoce. Y la investigación ha demostrado que muchas parejas que contraen matrimonio no tienen una idea precisa de lo que suele ocurrir tras el divorcio respecto a la ayuda para los hijos o la pensión[11]. (Si usted está casado, o piensa hacerlo, ¿sabe cómo se calcula en su país la pensión y la ayuda a los hijos? Oh, pero no se preocupe. Seguro que no se va a divorciar). Los gobiernos deberían especificar claramente qué rango de apoyo se considera aceptable como porcentaje de la renta (quizá sujeto a límites máximos).

El mejor enfoque podría ser una fórmula explícita basada en factores tales como la edad de los cónyuges, sus posibilidades salariales, la duración del matrimonio, etcétera. Comenzando con esa fórmula como ancla, un juez podría valorar otras consideraciones como el nivel de vida durante el matrimonio, la salud del cónyuge que reclama una pensión, las perspectivas económicas de las dos partes y otros factores relevantes. Habría que especificar claramente las razones para las «desviaciones» respecto al rango, que deberían limitarse a un pequeño número de motivos aceptables, pues la transparencia del proceso debería funcionar como un nudge para que las parejas buscaran un acuerdo dentro del rango previsto.

Pero concluyamos con nuestro planteamiento general. Hay poderosos argumentos a favor de la privatización del matrimonio, de permitir a las instituciones privadas, sean religiosas o no, que actúen como deseen, sujetas a las normas por defecto y las prohibiciones penales que establezca la ley. Hemos argumentado en pro de la abolición del «matrimonio» como tal por el Estado, que sólo debería administrar uniones civiles. Si las instituciones religiosas quieren restringir el «matrimonio» a las parejas heterosexuales, desde luego deberían poder hacerlo. Si quieren limitar el divorcio (es decir, el término de un «matrimonio»), también deberían poder hacerlo. Más modestamente, cada país podría facilitar (como ya se hace en muchos) la unión civil para todas las parejas y dejar que éstas acudan a instituciones privadas si desean contraer «matrimonio». La ventaja de este enfoque es que permitiría una amplia gama de experimentos, pues aumentaría la libertad tanto de los individuos como de las organizaciones religiosas, al tiempo que reduciría la innecesaria y a veces violenta intensidad de los debates públicos actuales.

CUARTA PARTE

EXTENSIONES Y OBJECIONES

14

UNA DOCENA DE NUDGES

Hemos descrito numerosos nudges, pero estamos seguros de que hay muchos otros. A continuación vamos a exponer una docena más: mininudges, por así decirlo. Animamos encarecidamente a los lectores a que aumenten la lista y que envíen los que se les ocurran a nuestra página web: www.Nudges.org.

1. *Done Más Mañana*. Muchas personas tienen fuertes impulsos caritativos; sospechamos que, por inercia, dan mucho menos de lo que realmente querrían dar. Su sistema reflexivo quiere ser caritativo, pero su sistema automático no lo consigue. ¿Cuántas veces ha pensado que debería ayudar, pero no lo ha hecho porque ha pasado el momento y ha vuelto su atención a otras cosas?

Un sencillo nudge sería un programa Done Más Mañana. La idea, basada en el modelo de Ahorre Más Mañana, es preguntar a la gente si le gustaría empezar a donar una pequeña cantidad a las organizaciones benéficas que prefiriera en un futuro próximo, comprometiéndose a incrementar sus donaciones cada año. (Probablemente no sería factible vincular los incrementos a aumentos de sueldo). Si alguien decidiera salir del programa Done Más Mañana, sólo tendría que hacer una rápida llamada telefónica o enviar un mensaje por correo electrónico en cualquier momento. Sospechamos que a mucha gente le gustaría participar en un programa así.

Anna Breman (2006) realizó un experimento piloto sobre esta idea en colaboración con una importante organización benéfica. A los donantes que ya estaban aportando cantidades mensuales se les pidió que las incrementaran inmediatamente o comenzaran dos meses después. Este último grupo aumentó sus donativos en un 32 por ciento. Estamos llevando a cabo otros experimentos en colaboración con nuestra universidad, y los resultados iniciales parecen prometedores. Si el objetivo es incrementar los donativos a organizaciones benéficas, ésta es una sencilla manera de hacerlo. De hecho, no sería de extrañar que el programa Done Más Mañana produjera mucho más dinero para quienes lo necesitan, y que fuera bien recibido por los donantes bienintencionados pero olvidadizos que quieren ayudar pese a que nunca encuentran el momento.

2. *La Tarjeta de Débito Benéfica y la desgravación de impuestos.* Un nudge relacionado con el anterior facilitaría la desgravación de las aportaciones a organizaciones benéficas. Guardar los resguardos de los donativos e incluirlos en la declaración de la renta puede ser engorroso para algunos humanos, que acaban donando menos de lo que lo harían si las desgravaciones fueran automáticas. Una solución obvia es la Tarjeta de Débito Benéfica: una tarjeta especial que emitirían los bancos y que sólo sería aceptada por organizaciones benéficas. Con la Tarjeta de Débito Benéfica, los donativos se cargarían directamente a su cuenta corriente y su banco le enviaría un extracto al final del año con sus donaciones pormenorizadas y totalizadas. También se podría utilizar para llevar un registro cuando se hicieran donaciones no monetarias, como muebles o automóviles, de manera que su banco conocería el valor de la donación y lo incluiría en el extracto anual. Incluso podría enviar el extracto directamente a la administración tributaria de manera que el Gobierno pudiera procesar automáticamente la desgravación correspondiente. Con una tarjeta así, que hiciera más visibles las donaciones, la colaboración con las organizaciones benéficas sería más fácil y atractiva.

3. *Declaración de la renta automática.* Hablando de impuestos y de proceso automático, ningún arquitecto de las decisiones sensato diseñaría el actual sistema tributario, que es famoso por su complejidad. Las retenciones fueron un gran avance que simplificó la vida a todo el mundo. Tanto los contribuyentes como la administración tributaria saldrían más beneficiados aún si el proceso fuera automático. Una simple medida, sugerida por el economista Austan Goolsbee (2006), es la declaración de la renta automática. De esta manera, todo aquel que no pudiera desgravarse nada y que no tuviera ingresos que la ad-

ministración tributaria ignorase (como propinas) recibiría un borrador de su declaración de la renta. Para presentarlo, el contribuyente sólo tendría que firmarlo y enviarlo por correo (o, mejor aún, por Internet desde el sitio web de la administración, donde sólo tendría que registrarse y aceptarlo con un clic. Desde luego, se le pediría que modificase aquellos puntos en los que su situación hubiese cambiado o si hubiera empezado a percibir rentas no declaradas).

Goolsbee estima que esta propuesta ahorraría a los contribuyentes hasta 225 millones de horas de preparación de la declaración y más de 2.000 millones de dólares en asesoría. Es cierto que mucha gente no confía en la administración tributaria, así que aquí proponemos una forma de asegurarnos de que nuestros recaudadores de impuestos son honestos: que si hay un error devuelvan el dinero al contribuyente con un plus (por ejemplo, 100 dólares).

La declaración de la renta automática ya se está utilizando en otros países. Dinamarca fue pionera a comienzos de la década de 1980, y los demás países nórdicos la siguieron poco después. El primer ministro finlandés Matti Vanhanen concedió a su administración tributaria un premio en 2006 por su programa de declaración automática, que fue elogiado por el jurado «por reducir de forma significativa el tiempo que los contribuyentes necesitan para preparar su declaración... (y) reducir sustancialmente los costes internos de la administración tributaria para procesar las declaraciones». Actualmente, Australia, Noruega, Suecia, Bélgica, Chile, Portugal, España y Francia han adoptado diferentes sistemas de borrador de declaración, y Holanda tiene previsto hacerlo en 2009. En Noruega los contribuyentes que quieren modificar su información fiscal incluso pueden solicitar un impreso de cambio con un mensaje de teléfono móvil[1].

4. *Stickk.com.* Muchas personas necesitan ayuda para alcanzar sus objetivos y aspiraciones. Comprometerse a una acción específica es una forma de aumentar las probabilidades de éxito. A veces es fácil cumplir los compromisos, por ejemplo con gestos como cancelar tarjetas de crédito, no tener siempre a mano *brownies* y anacardos, o hacer que la pareja esconda el mando a distancia del televisor hasta haber ordenado el despacho. Otras veces es más difícil. ¿Recuerda la apuesta sobre la pérdida de peso entre dos estudiantes que describimos en el capítulo 2? Bien, uno de ellos, Dean Karlan, que ahora es catedrático de Economía en Yale, se ha asociado con Ian Ayres, colega de su uni-

versidad, para proponer un negocio basado en el mismo principio a través de Internet. Ayres y Karlan lo denominan Stickk.com[2].

Stickk ofrece dos tipos de compromiso: financiero y no financiero. En el caso del financiero, un individuo adelanta una cierta cantidad de dinero y se compromete a cumplir un objetivo concreto para una fecha determinada. También especifica cómo verificar que ha cumplido su objetivo. Por ejemplo, puede someterse a un control de peso en la consulta de un médico o en la casa de un amigo, hacerse análisis de orina en una clínica para detectar nicotina o facilitar la verificación de sus calificaciones académicas. Si cumple su objetivo, recupera su dinero. En caso contrario, el dinero va a una organización benéfica. También tiene la opción de participar en un compromiso financiero colectivo en el que el dinero reunido entre todos se divide entre los miembros del grupo cuando éste cumple sus objetivos. (Una opción más dura, más malévola y quizá incluso más efectiva es regalar el dinero a entidades a las que el individuo comprometido odie; por ejemplo, un partido político opuesto a sus preferencias o el club del equipo archirrival del suyo). Los compromisos no financieros incluyen la presión de las personas de su entorno (correos electrónicos a su familia o a sus amigos para comunicar su éxito o su fracaso) y el seguimiento de su progreso en el blog del grupo.

El objetivo puede ser perder peso, dejar de fumar, hacer más ejercicio, mejorar las calificaciones académicas, etcétera. Incluso hay una sección creativa para personas con objetivos idiosincrásicos: subir al Kilimanjaro mientras todavía haya hielo en la cumbre (verificación con la fotografía correspondiente), viajar a Mongolia (verificación mediante el sello en el pasaporte), aprender a hacer juegos malabares con siete naranjas y una sandía (verificación con un vídeo), correr una maratón, ahorrar más dinero (desde luego, esto es menos creativo), gastar menos gas y electricidad (no es demasiado creativo, pero es admirable) o cualquier autosuperación que se le pueda ocurrir a alguien y la anuncie en la web.

5. *Dejar de fumar sin parches.* Ya hay organizaciones para ayudar a la gente a comprometerse y cumplir sus objetivos. Acción para Reducir y Abandonar el Tabaco [CARES en sus siglas en inglés] es un programa de ahorro que ofrece el Green Bank de Caraga en Mindanao, Filipinas. El fumador que quiere dejar el tabaco abre una cuenta con un saldo mínimo de un dólar. Durante seis meses deposita en

dicha cuenta la cantidad de dinero que habría gastado en tabaco. (En algunos casos, un representante del banco le visita cada semana para recoger el depósito). A los seis meses el cliente se hace un análisis de orina para confirmar que no ha fumado recientemente. Si pasa esa prueba, le devuelven su dinero. Si no la pasa, la cuenta se cierra y el dinero se destina a fines benéficos.

Los primeros resultados de este programa han sido evaluados por el Laboratorio de Acción contra la Pobreza del MIT y parecían muy buenos. El hecho de abrir una cuenta hace un 53 por ciento más probable que quienes quieren dejar de fumar logren su objetivo[3]. Ninguna otra táctica antitabaco, ni siquiera los parches de nicotina, parece haber tenido tanto éxito.

6. *Cascos de motos.* En muchos estados está prohibido conducir motos sin casco. Para los libertarios esa prohibición es cuestionable. Preguntan: si la gente quiere correr riesgos, ¿no se le debería permitir hacerlo? Hasta la fecha un acalorado debate ha dividido a los paternalistas más irreductibles, que ponen de relieve los peligros y apoyan las prohibiciones, y a los fans del *laissez-faire,* que insisten en que el Gobierno debería dejar a la gente que hiciera lo que quisiera. El columnista John Tierney (2006) ha sugerido una especie de nudge para que los estados puedan fomentar la seguridad al mismo tiempo que mantienen la libertad. La idea básica es que los motoristas que no quisieran usar el casco deberían obtener un carné de conducir especial. Para ello, el motorista tendría que hacer un curso de conducción especial y demostrar que tiene un seguro de salud[*].

El enfoque de Tierney impone ciertos costes a los que quieren sentir el viento en la cabeza; un curso extra de conducción y demostrar que se está asegurado no son precisamente trivialidades. Pero este tipo de requisitos no suponen menos intromisión en la vida del individuo que una prohibición y podrían hacer mucho bien.

7. *Autoprohibirse el juego.* El juego suscita cuando menos interrogantes complejos, y no vamos a examinar en detalle lo que un paternalista libertario podría hacer en este ámbito. (Baste decir que no-

---

[*] Un lector de la columna de Tierney sugirió en una carta al director que el carné especial de los motoristas también debería llevar un sello que certificase que es donante de órganos.

sotros no daríamos a los Gobiernos de los estados el monopolio del juego, en especial cuando deciden especializarse en juegos que ofrecen pocas probabilidades de ganar a los clientes, como las loterías del Estado, que aproximadamente dan cincuenta centavos por cada dólar. Consejo: si quiere apostar con probabilidades decentes, haga una porra de fútbol con sus amigos). En cualquier caso, está claro que entre nosotros hay ludópatas, y que necesitan ayuda de verdad.

Ésta es una solución ingeniosa. En la pasada década varios estados, entre los que estaban Illinois, Indiana y Missouri, aprobaron leyes que permiten a los ludópatas inscribirse en una lista que les impide entrar en los casinos o recoger las ganancias de las apuestas. La idea subyacente es que alguien con problemas de autocontrol es consciente de sus debilidades y quiere dar a su sistema reflexivo el control de su sistema automático. Unas veces los aficionados al juego pueden hacerlo por sí mismos o con el apoyo de sus amigos; otras, las instituciones privadas pueden ayudarles. Pero los ludópatas lo consiguen más fácilmente si cuentan con la ayuda del Estado. Nosotros creemos que las autoprohibiciones son una gran idea y sugieren que hay que investigar formas de aplicar este concepto a otros ámbitos.

8. *Plan de Salud Destiny*. A las compañías de seguros no les gusta pagar cuantiosas facturas médicas más que a los pacientes. Éste es un terreno en el que esas compañías pueden buscar formas creativas de trabajar con sus clientes para mejorar la salud de las personas al tiempo que reducen las facturas médicas para todos. Vamos a considerar el Plan de Salud Destiny, que actualmente se ofrece en cuatro estados (Illinois, Wisconsin, Michigan y Colorado). El plan incluye un Programa de Vitalidad y Salud que está diseñado explícitamente para incentivar las decisiones saludables. Los participantes pueden ganar «dólares de vitalidad» si van a un gimnasio una semana determinada, apuntan a su hijo a un equipo de fútbol o si se les toma la tensión y los valores son normales. Los dólares de vitalidad pueden utilizarse para obtener billetes de avión, habitaciones en hoteles, suscripciones a revistas y aparatos electrónicos. El Plan de Salud Destiny es un esfuerzo inteligente para combinar el seguro de salud con nudges diseñados para que la gente viva de forma más saludable.

9. *Un dólar diario*. El embarazo de adolescentes es un problema grave para muchas jóvenes, y las que tienen un hijo a los dieciocho años,

por ejemplo, con frecuencia se quedan embarazadas de nuevo al cabo de un año o dos. Varias ciudades, entre las que está Greensboro, en Carolina del Norte, han probado el programa de «Un dólar diario» gracias al cual las madres adolescentes reciben un dólar cada día que no están embarazadas. Hasta el momento los resultados han sido extremadamente prometedores. Un dólar diario es un gasto insignificante para la ciudad, incluso durante un año o dos, de manera que el coste total del plan es muy bajo, pero este pequeño ingreso continuado es lo suficientemente importante para las madres adolescentes como para que tomen medidas a fin de no quedarse embarazadas otra vez. Y como los contribuyentes acaban pagando una cantidad significativa si hay muchas adolescentes que tienen hijos, el coste parece ser mucho menor que los beneficios. El programa «Un dólar diario» se está copiando en muchos sitios como modelo para reducir los embarazos adolescentes. (Desde luego, se pueden pensar muchos más programas. Considere esto un nudge para imaginar alguno).

10. *Filtros para aparatos de aire acondicionado: la útil luz roja.* Cuando hace calor, la gente pone el aire acondicionado, y en muchos sistemas centralizados hay que cambiar los filtros regularmente. No cambiar los filtros puede tener malas consecuencias, por ejemplo, que el sistema se estropee. Por desgracia no es fácil recordar cuándo hay que cambiar el filtro, y no es extraño que mucha gente acabe pagando enormes sumas en reparaciones. La solución es fácil: avisar con una luz roja en un sitio visible que hay que cambiar el filtro. Actualmente muchos coches indican cuándo hay que cambiar el aceite, y muchas neveras nuevas tienen una luz de aviso para sus filtros de agua incorporados. Lo mismo puede hacerse con los aparatos de aire acondicionado.

11. *Esmalte para no morderse las uñas y Disulfiram.* A las personas que tratan de abandonar ciertas malas costumbres les pueden ayudar productos que hagan desagradable o doloroso mantener ese hábito. De esta forma, si el sistema reflexivo quiere, puede disciplinar al sistema automático mediante productos que le dicen: «¡No!».

Hay varios artículos que cumplen precisamente esta misión. Para dejar de morderse las uñas se puede comprar un esmalte de uñas amargo especial como Mavala y Orly No Bite. Una versión más extrema de este concepto es el Disulfiram (Antabuse), que se les da a algunos alcohólicos. El Disulfiram hace que los bebedores vomiten y tengan resaca en cuanto prueban el alcohol. Para algunas personas que sufren alcoholismo crónico, el Disulfiram ha tenido un efecto positivo como parte de un programa de tratamiento.

12. *Comprobación de la cortesía.* Hemos reservado nuestra propuesta favorita para el final. El mundo moderno adolece de falta de cortesía. Constantemente la gente envía mensajes airados, que luego lamenta, en los que insulta a personas a que apenas conoce (o, peor aún, a sus amigos y seres queridos). Algunos hemos aprendido una norma muy sencilla: no se debe enviar un mensaje en el calor del momento. Lo mejor es guardarlo y esperar un día antes de enviarlo. (De hecho, al día siguiente es posible que uno se haya calmado tanto que hasta se olvide de mirarlo. Pues mejor todavía). Pero mucha gente no ha aprendido esa regla o no siempre la sigue. La tecnología podría venir fácilmente en su ayuda. En realidad, no nos cabe duda de que los genios de la informática podrían diseñar un programa adecuado en unas semanas.

Nosotros proponemos una comprobación de la cortesía capaz de distinguir si el mensaje que se está a punto de enviar es desconsiderado y que advierta: «Aviso: este mensaje parece descortés. ¿Está usted realmente seguro de que quiere enviarlo?». (Ya existen programas para detectar el lenguaje obsceno. Lo que estamos proponiendo es más sutil, porque es fácil enviar un mensaje realmente desagradable sin ninguna palabra malsonante). Una versión más drástica, que se podría elegir o que incluso podría ser la preseleccionada, diría: «Aviso: este mensaje parece descortés. No se enviará a no ser que lo vuelva a pedir en veinticuatro horas». En esta versión, el usuario podría soslayar el aplazamiento con alguna clave (por ejemplo, su número de la Seguridad Social y la fecha de nacimiento de su abuelo, o la solución de algún irritante problema matemático)*.

El sistema reflexivo puede ser más agradable e inteligente que el automático. A veces incluso es inteligente ser agradable. Nosotros pensamos que a los humanos nos iría mejor si ayudáramos a lo que Abraham Lincoln denominó «los mejores ángeles de nuestra naturaleza».

---

* Mientras esperamos a que se invente este programa, nosotros hemos adoptado nuestro propio mecanismo de autocontrol. Cuando uno de nosotros está realmente muy enojado, hace un borrador del mensaje que querría mandar y se lo envía al otro para que lo revise. Por supuesto, esto no funcionaría si nos enfadásemos el uno con el otro, por lo que esperamos que se invente pronto el programa.

15

OBJECIONES

¿Quién puede oponerse a los nudges? Somos conscientes de que los antipaternalistas acérrimos, y posiblemente otros críticos, plantearán serias objeciones[1]. Consideremos los posibles contraargumentos en orden. Empezaremos con los que nos parecen más débiles y después centraremos nuestra atención en los que suscitan cuestiones más complicadas.

UNA PENDIENTE RESBALADIZA

Es tentador sospechar que los partidarios del paternalismo libertario están empezando a deslizarse por una pendiente peligrosamente resbaladiza. Los escépticos podrían temer que, una vez que aceptamos un poco de paternalismo para los ahorros o los comedores o la protección medioambiental, seguirán intervenciones mucho más drásticas. Podrían objetar que si permitimos campañas de información que animen a la gente a ahorrar energía, la maquinaria gubernamental pasará rápidamente de la educación a la manipulación descarada y a la coacción y las prohibiciones.

Los críticos podrían vislumbrar fácilmente un asalto de lo que, en su opinión, serían intromisiones inaceptables del paternalismo. Los gobiernos que empiezan con la educación pueden acabar con multas e incluso penas de cárcel. El caso del tabaco puede servir de ejemplo. Algunos países han pasado de las moderadas etiquetas de advertencia a campañas de información mucho más agresivas, a subir los impuestos del tabaco y a la prohibición de fumar en lugares públicos, y un fumador no tiene que ser un paranoico para pensar que llegará el día en que algún país regulará estrictamente el tabaco o lo prohibirá por completo. De hecho, a mucha gente le gustaría que se prohibiera el tabaco, aunque no el alcohol. ¿Dónde hay que detenerse? Desde luego, es improbable que se llegue a resbalar por toda la pendiente, pero ante el riesgo de una intervención excesiva, los críticos podrían pensar que es mejor evitar la pendiente desde el principio.

Para este tipo de ataque tenemos tres respuestas. La primera es que emplear el argumento de la pendiente resbaladiza soslaya la cuestión de si nuestras propuestas tienen algún valor en y por sí mismas. Sin embargo, merece la pena examinar esta cuestión. Si nuestras propuestas ayudan a ahorrar más, a comer mejor, a invertir sabiendo mejor lo que se hace y a elegir mejores planes de seguros y tarjetas de crédito —siempre que los interesados lo deseen—, ¿no son valiosas? Si nuestras políticas son imprudentes, lo constructivo sería criticarlas directamente en vez de explotar el temor a una hipotética pendiente resbaladiza. Y si merecen la pena, hagámoslas progresar y tomemos las medidas que sean necesarias para echar arena a la pendiente (suponiendo que realmente nos preocupe lo resbaladiza que pueda ser).

La segunda respuesta es que nuestra condición libertaria, que exige el derecho a desvincularse con bajo coste, reduce la inclinación de la ostensiblemente resbaladiza pendiente. Nuestras propuestas están enfáticamente diseñadas para mantener la libertad de elección. En muchos ámbitos, del educativo a la protección medioambiental y a la negligencia médica o al matrimonio, crearíamos esa libertad donde ahora no existe. Mientras las intervenciones paternalistas puedan ser evitadas con facilidad por aquellos que prefieren seguir su propio camino, los riesgos que denuncian los antipaternalistas son pequeños. Los argumentos de la pendiente resbaladiza son más convincentes cuando la línea de acción propuesta es indistinguible de otras que resultan odiosas, inaceptables o preocupantes. Gracias a que los paternalistas libertarios mantenemos la libertad de elección, podemos afirmar con convencimiento que nuestro enfoque se opone a las formas más reprensibles de intervención gubernamental.

El tercer punto se refiere a algo que hemos puesto de relieve constantemente: en muchos casos es inevitable algún tipo de nudge, por lo que no tiene sentido pedir al Gobierno que se mantenga al margen. Lo mismo que no existe ningún edificio sin arquitectura, ninguna elección carece de contexto. Los arquitectos de las decisiones, tanto los privados como los públicos, deben hacer *algo*. Respecto a la contaminación es necesario establecer reglas, aunque sólo sea para decir que los contaminadores no son responsables y pueden contaminar con tranquilidad. Incluso si los estados ya no fueran responsables de los matrimonios ni de las uniones civiles, sería necesario el derecho contractual para determinar qué se deben (si se deben algo) los cónyuges que se separan. Si el Gobierno va a adoptar un plan de medicación, deberá establecer primero algún tipo de arquitectura.

Con frecuencia la vida presenta problemas imprevistos —en las inversiones, en los contratos de alquiler de automóviles y de tarjetas de crédito, en las hipotecas y en los usos de la energía—. Tanto las instituciones privadas como las públicas necesitan normas para determinar cómo se han de resolver esas situaciones. Cuando esas normas parecen invisibles es porque resultan tan obvias y tan razonables que no parecen normas. Pero están ahí, y a veces no son tan razonables.

Quienes se oponen a los nudges podrían aceptar este argumento para el sector privado. Quizá piensen que las presiones de la competencia pueden combatir los peores tipos de nudges. Los bancos o las operadoras de telefonía móvil que empujasen a la gente en direcciones no deseables podrían encontrarse perdiendo clientes. Nosotros ya hemos planteado interrogantes sobre esta opinión, y plantearemos algunos más, pero dejémoslos de lado por el momento y centrémonos en el argumento de la pendiente resbaladiza para el Gobierno únicamente. Quienes defienden este argumento a veces hablan como si el Gobierno pudiera volatilizarse, como si los términos preestablecidos que definen el contexto vinieran del cielo o de la naturaleza. Esto es un gran error. Desde luego, los términos preestablecidos que ahora se aplican en un contexto concreto podrían ser los mejores, en el sentido de que promueven los intereses de las personas en conjunto o de forma relativa. Pero esa opinión debe ser defendida y no sobreentendida. Y sería extraño que aquellos que suelen tener al Gobierno en tan baja estima pensaran que, en todos los ámbitos, los gobiernos pasados han dado de alguna forma con los arreglos ideales[*].

---

[*] Una respuesta posible sería recordar al gran tradicionalista británico Edmund Burke, y en particular sus argumentos en favor de la probable sabiduría de las prácticas sociales arraigadas; véase Burke (1993). Burke pensaba que esas prácticas no reflejaban una acción del Gobierno, sino los juicios de muchas personas a lo largo de mucho tiempo, y que la ley con frecuencia encarna esos juicios. Muchos tradicionalistas invocan los argumentos de Burke en contra de cualquier tipo de ingeniería social. Nosotros estamos

Los arquitectos de las decisiones pueden tener sus propias agendas al ofrecer nudges supuestamente útiles. Los que prefieren una norma por defecto a otra quizá lo hagan porque están en juego sus propios intereses económicos. Cuando las empresas ofrecen una cuota especial para el primer mes, y después del periodo introductorio te vuelven a suscribir automáticamente en el programa con una cuota más alta, su principal motivación no es ahorrarte la molestia de suscribirte. Así que podemos decir que, en todos los ámbitos de la vida, los arquitectos de las decisiones tienen incentivos para orientar a la gente en direcciones que les benefician a ellos (o a quienes les emplean) más que a los usuarios. Pero ¿qué conclusión hemos de extraer de esta observación? Los arquitectos de edificios también pueden tener conflictos de intereses con sus clientes, pero no por ello pensamos que deberían dejar de diseñar edificios. Por el contrario, tratamos de incentivarlos cuando podemos y, cuando no es posible, recurrimos al control y la transparencia.

Una cuestión es si los arquitectos de las decisiones públicos deberían preocuparnos aún más que los privados. Quizá, pero nos preocupan los dos. Las instituciones privadas a veces son egoístas, codiciosas e incompetentes, y explotan a la gente. En apariencia, resulta extraño decir que los arquitectos públicos siempre son más peligrosos que los privados. Después de todo, los gestores del sector público tienen que responder ante sus votantes, mientras que los del sector privado tienen como misión maximizar los beneficios y el precio de las acciones, no promover el bienestar del consumidor. De he-

---

de acuerdo en que las tradiciones arraigadas pueden ser muy sensatas, pero no creemos que los tradicionalistas tengan una buena objeción al paternalismo libertario. Las prácticas sociales, y las leyes que las reflejan, con frecuencia persisten no porque sean sabias, sino porque los humanos, que suelen tener problemas de autocontrol, simplemente siguen a otros humanos. La inercia, la postergación y la imitación muchas veces guían nuestra conducta. Una vez que nuestras tradiciones son sometidas a examen, los argumentos en su favor parecen más fuertes o más débiles dependiendo del contexto. No pretendemos aquí cuestionar la idea de que las leyes que realmente encarnan los juicios de muchas personas con frecuencia merecen ser apoyadas por esa razón.

cho, algunos de los que más desconfían del Gobierno piensan que la única responsabilidad de los gestores privados es maximizar el precio de las acciones. Como ya hemos subrayado, en algunas circunstancias, la mano invisible conduce a quienes buscan maximizar los beneficios a maximizar el bienestar del consumidor al mismo tiempo. Pero cuando los consumidores desconocen las características de los productos que compran, explotar su confusión puede maximizar los beneficios, en especial a corto plazo, pero quizá también a largo plazo. La crisis financiera de 2008 se produjo, en parte, porque mucha gente no tenía una idea precisa de los compromisos que estaba adquiriendo y su ignorancia fue explotada.

La mano invisible funciona mejor cuando los productos son sencillos y se compran con frecuencia. No nos preocupa que a los consumidores les estafen sus lavanderías. Un establecimiento que estropea la ropa o que dobla su precio no estará mucho tiempo en el mercado, pero un agente de hipotecas que oculta que la tasa de promoción dura muy poco hace mucho que ha desaparecido cuando el cliente recibe la mala noticia.

Los directores de *The Economist,* en un artículo en gran medida positivo sobre el paternalismo libertario, acababan con esta advertencia: «Desde el punto de vista de la libertad, existe un serio peligro de extralimitarse y, por lo tanto, razones para tener precaución. Después de todo, los políticos no ignoran precisamente el arte de enmarcar las opciones y de manipular las decisiones del público con fines interesados. ¿Y qué va a impedir que los *lobbies,* los resentidos y los entrometidos se apropien de este esfuerzo?»[2].

Estamos de acuerdo en que los funcionarios del Gobierno, elegidos o no, con frecuencia son captados por los intereses del sector privado, cuyos representantes tratan de orientar a las personas en direcciones que específicamente promuevan sus objetivos egoístas. Ésa es una de las razones por las que queremos conservar la libertad de elección. Pero cuando los intereses del sector privado sólo siguen la mano invisible para promover los intereses de sus clientes, ¿dónde está el problema[3]? El argumento más serio es que nos deberían preocupar por igual todos los arquitectos, públicos y privados. Deberíamos establecer una serie de normas que redujeran el fraude y otros abusos, que promovieran una saludable competencia, que restringieran el poder de los grupos de interés y que crearan incentivos para propiciar que los arquitectos sirvan al interés público. Tanto en el sector público como en el privado, uno de los principales objetivos debería ser aumentar la transparencia. Nuestras propuestas RECAP están específicamente diseñadas para que a los consumidores les resulte fácil ver cuánto están utilizando un servicio y lo que pagan por ello. En el ámbito medioambiental hemos sugerido que la transparencia informativa puede ser un mecanismo de control eficaz y de bajo coste.

Nos gustaría que se utilizaran principios parecidos para controlar a los gobiernos. Exigir a los representantes elegidos que pongan en sus páginas web cuál es su postura en cada votación, qué asignaciones de fondos proponen y aportaciones reciben de los *lobbies*. Exigir que quienes van a decidir el futuro de la política energética (por citar un ejemplo al azar) revelen qué empresas maximizadoras de beneficios han sido invitadas a echar una mano muy visible en el proceso de elaboración de las normativas. Exigir que quienes van a decidir el futuro de la política educativa revelen qué grupos de interés, y qué sindicatos, les donaron fondos en la campaña más reciente. Exigir que las agencias gubernamentales, no sólo el sector privado, revelen sus aportaciones a la contaminación del aire y del agua y sus emisiones de gases de efecto invernadero. El juez del Tribunal Supremo de Estados Unidos Louis Brandeis declaró que «la luz solar es el mejor de los desinfectantes». A los gobiernos democráticos, no sólo a los autoritarios, les vendría bien más luz solar.

Al poner de relieve los efectos del diseño de un plan sobre las decisiones que se toman, esperamos animar a los diseñadores a que se informen mejor. Y al propugnar un control libertario de los planes malos, esperamos crear una fuerte salvaguarda contra los planes de dudosa motivación o mal concebidos. En la medida en que el egoísmo individual es un saludable control de los planificadores, la libertad de elección es un importante correctivo.

El derecho a equivocarse

Los escépticos podrían afirmar que, en una sociedad libre, las personas tienen derecho a equivocarse y que a veces es útil cometer errores, pues así es como aprendemos. No podemos estar más de acuerdo con el primer punto, y por esa razón insistimos en el derecho de cada uno a seguir su propio camino. Si alguien realmente quiere invertir toda su cartera de jubilación en acciones de alta tecnología rumanas, nosotros decimos: adelante. Pero a los usuarios menos sofisticados no les perjudican algunas señales en el camino. Normalmente nos parece bien que en las pistas de esquí haya señales de advertencia para los esquiadores novatos e intermedios: «Ni se le ocurra bajar por esta pista si no es un experto».

La pobre gente que fue embaucada para contratar una hipoteca que pronto no podría permitirse nos preocupa más que las compañías inversoras que compraron carteras de esas hipotecas. Este último grupo debería haber conocido los riesgos (aunque también en este caso habría ayudado disponer de información más transparente), y es probable que él mismo diseñe mejores métodos para evaluar los riesgos de préstamos. Pero ¿cuánto aprendizaje es bueno para la gente? No pensamos que los niños deban aprender los peligros de las piscinas cayéndose y esperando que con suerte no se ahoguen. ¿Es necesario que a los peatones les atropelle un autobús en Londres para que aprendan que hay que «mirar a la derecha»? ¿No es mejor una señal en la acera?

De castigo, redistribución y elección

Algunos de nuestros críticos más radicales presentan una objeción que a muchos lectores les resultará extraña. Se oponen a *cualquier* intercambio forzado. No quieren tomar nada de Peter para dárselo a Paul, incluso si Peter es muy rico y Paul muy pobre. Obviamente se oponen a los impuestos progresivos. (Bueno, en realidad, a la mayoría de los impuestos). En los ámbitos que nos ocupan, estos críticos rechazarían las políticas que explícitamente benefician a las personas débiles, pobres y poco educadas o informadas. Se opondrían a estas políticas no porque no sientan simpatías por esos sectores, sino porque piensan que toda ayuda debe venir voluntariamente del sector privado, como las organizaciones benéficas, y que las políticas gubernamentales suelen ser a expensas de otros grupos (con frecuencia, ricos, educados e informados). No les gusta ninguna política gubernamental que les prive de recursos para ayudar a otros.

Por nuestra parte, tenemos que confesar que no compartimos esa opinión de que toda redistribución es ilegítima. Pensamos que una buena sociedad hace compromisos entre proteger a los desafortunados y fomentar la iniciativa y la autoayuda, entre dar a cada uno una parte decente del pastel e incrementar el tamaño del pastel. Nosotros no creemos que la tasa óptima de redistribución sea cero. Pero incluso a aquellos que odian la redistribución más que nosotros no les deberían preocupar nuestras políticas. En la mayoría de los casos, los nudges ayudan a quienes necesitan ayuda al tiempo que imponen unos costes mínimos a quienes no la necesitan. Si todos estamos ahorrando lo suficiente para la jubilación, ofrecer el programa Ahorre Más Mañana no nos perjudicará. Si ya no hay nadie que fume ni con sobrepeso, las campañas para ayudar a los fumadores y a los obesos no nos harán daño.

Los escépticos podrían objetar que algunas de nuestras propuestas exigirían que los econs pagaran algo (no mucho) por programas que no necesitan y de los que no se benefician. Pero si las personas que necesitan ayuda también están imponiendo costes a la sociedad —por ejemplo, costes sanitarios más altos—, entonces, que los econs compartan los costes de ayudar a los humanos parece un precio modesto. Desde luego, algunos individuos antirredistributivos se opondrán a un sistema de salud que nos obliga al resto a pagar por quienes necesitan atención sanitaria. Y es cierto que, en términos relativos, los econs quizá salgan perdiendo con nuestras políticas de ayuda a los humanos. Si la felicidad de Peter depende, en parte, de ser más rico que Paul, todo lo que ayude a Paul a mejorar su situación perjudicará a Peter. Pero nosotros pensamos, aunque reconocemos que no tenemos pruebas que apoyen nuestra opinión, que la mayoría de los Peters en realidad disfrutan ayudando a los miembros peor parados de la sociedad (incluso si los Pauls reciben más ayuda del gobierno que de organizaciones privadas). En cuanto a quienes se sienten desgraciados si sus vecinos más pobres acortan la distancia que les separa, tienen nuestra simpatía, pero no nuestra empatía.

Los libertarios más ardientes guardan otra flecha en el carcaj. Les preocupa más la libertad y la libre elección que el bienestar. Por esta razón prefieren la elección requerida a los nudges. Como mucho, les gustaría proporcionar a la gente los datos necesarios para hacer una elección informada, y después dejar que escogiera por sí sola ¡sin nudges! Esta opinión está reflejada en la campaña del Gobierno sueco para que los ciudadanos eligieran sus carteras de inversión y en la idea de que, en el caso de las donaciones de órganos, habría que pedir a cada persona que expresara claramente su voluntad, sin normas por defecto. Ambas políticas representan una decisión deliberada de abstenerse de ofrecer nudges.

Aunque con frecuencia los nudges son inevitables, estamos completamente de acuerdo en que la elección activa requerida (o incluso fomentada) a veces es el camino adecuado, y no tenemos problema en que se organicen campañas de información y educación (después de todo, somos profesores). Pero obligar a elegir no es siempre lo mejor. Cuando las opciones son complejas y numerosas, exigir a la gente a que elija por sí misma podría no conducir a las mejores decisiones. Dado que con frecuencia la gente elige no elegir, resulta difícil comprender por qué los amantes de la libertad habrían de imponer la elección incluso cuando las personas (libre y voluntariamente) no lo desean. Si pedimos al camarero que elija una botella de buen vino para nuestra cena, ¡no nos gustará que nos diga que la elijamos nosotros mismos!

En cuanto a las campañas de información y educación, una de las principales lecciones de la psicología es que es imposible que esos programas sean «neutrales», por mucho que sus diseñadores intenten serlo. Así que, dicho simplemente, obligar a la gente a elegir no es siempre lo mejor y ser neutral no es siempre posible.

DÓNDE TRAZAR LOS LÍMITES Y EL PRINCIPIO DE PUBLICIDAD

Hace algún tiempo Sunstein llevó a su hija adolescente a Lollapalooza, el festival de rock de tres días que se celebra cada año en Chicago, Illinois. El viernes por la noche, un gran panel electrónico anunciaba el orden de las actuaciones, pero intercalaba el siguiente mensaje en letras muy grandes: «Beba más agua», acompañado de éste: «Con el calor se suda: está perdiendo agua».

¿Qué sentido tenía este anuncio? Chicago había pasado por una ola de calor terrible y los organizadores de Lollapalooza intentaban evitar los problemas de salud asociados con la deshidratación. El mensaje era un nudge. No se obligaba a beber a nadie, pero quienes lo diseñaron eran sensibles a la forma en que piensa la gente. En particular, la elección de las palabras «más agua» es excelente. Esas palabras seguramente son más eficaces que las alternativas más suaves «beba suficiente agua» o «beba agua». La indicación de que «está perdiendo agua» claramente utiliza la aversión a la pérdida para que quienes lo leen procuren permanecer hidratados. (Y la verdad es que Sunstein deseó haber visto antes el panel; le entró mucha sed durante la actuación del grupo Death Cab for Cutie, pero en medio de la multitud era imposible salir a buscar agua).

Ahora comparemos una alternativa posible. Supongamos que en vez de un visible «Beba más agua», la información sobre las actuaciones del día hubiera sido interrumpida brevemente de manera invisible por anuncios subliminales. Éstos podrían decir «Beba más agua», «¿No tiene sed?» o «Si bebe, no conduzca», «La droga mata», «Apoye al presidente», «El aborto es un crimen» o «Compre diez ejemplares de *Un pequeño empujón*». ¿Puede considerarse la publicidad subliminal una forma de paternalismo libertario? Después de todo, orienta las opciones de las personas, pero no decide por ellas.

De manera que ¿adoptamos la publicidad subliminal —siempre que sea para promover fines deseables—? ¿Qué límites se debe poner a la manipulación privada o pública como tal? Una objeción general al paternalismo libertario, y a ciertos tipos de nudges, podría ser que son insidiosos, que permiten al Gobierno manipular a la gente en la dirección que prefiera, al tiempo que le proporcionan unas herramientas excelentes para lograrlo. Comparemos la publicidad subliminal con algo igual de astuto. Si queremos que las personas pierdan peso, una estrategia eficaz es poner espejos en las cafeterías. Cuando se miran en el espejo, quizá coman menos si se ven gordas. ¿Es esto correcto? Y si los espejos son aceptables, ¿lo son también los espejos que son intencionadamente poco halagadores? (Parece que cada vez hay más de éstos). ¿Son una estrategia aceptable para nuestra amiga Carolyn en el comedor? Si lo son, ¿qué cabe pensar de los espejos halagadores en un restaurante de comida rápida?

Para abordar estos problemas de nuevo tenemos que guiarnos por uno de nuestros principios orientadores: la transparencia. En este contexto suscribimos lo que el filósofo John Rawls (1971) denominó el principio de publicidad. En su forma más simple el principio de publicidad prohíbe al Gobierno que elija una política que no podría ni querría defender públicamente ante sus ciudadanos. Este principio nos gusta por dos razones. La primera es práctica. Si un Gobierno adopta una política que no podría defender públicamente, se verá en un aprieto considerable, y quizá mucho más, si se llegan a conocer la política y sus motivos. (A los que participaron en los actos crueles y degradantes en la prisión de Abu Ghraib, o los aprobaron, les habría convenido seguir este principio). La segunda, y más importante, se refiere a la idea de respeto. El Gobierno debe respetar a los ciudadanos a los que gobierna, y si adopta políticas que no podría defender en público, no está manifestando ese respeto. Por el contrario, los trata como herramientas para manipularlos a su gusto. En este sentido, el principio de publicidad está relacionado con la prohibición de mentir. Alguien que miente trata a las personas como medios, no como fines.

Nosotros pensamos que el principio de publicidad es una buena pauta para restringir y aplicar nudges, tanto en el sector público como en el privado. Consideremos Ahorre Más Mañana: a los interesados se les informa explícitamente de la naturaleza de la propuesta, y se les pregunta en concreto si estarían dispuestos a aceptarla. De la misma forma, cuando las empresas adoptan la suscripción automática, no lo hacen en secreto y pueden decir honestamente que lo han decidido así porque piensan que la mayoría de los trabajadores saldrán beneficiados si participan en el plan. ¿Pueden decir lo mismo sobre obligar a los empleados a comprar acciones de la empresa?

Esta conclusión también es válida para las normas por defecto legales. Si el Gobierno modifica esas normas —para fomentar la donación de órganos o para reducir la discriminación por la edad— no debería ocultarlo. Lo mismo puede decirse de las campañas de formación que recurren a hallazgos en el comportamiento para proporcionar un beneficioso nudge. Si las autoridades emplean señales diseñadas con inteligencia para reducir la basura, impedir el robo del bosque petrificado o animar a los individuos a que se registren como donantes de órganos, deberían estar muy orgullosas de revelar sus métodos y sus motivos. Consideremos un anuncio estadounidense de hace unos años en el que se veía un huevo friéndose en una sartén mientras una voz decía: «Éste es tu cerebro cuando te drogas». Esa impactante imagen pretendía activar el temor a las drogas. Podría considerarse que el anuncio es manipulador, pero no violaba el principio de publicidad.

Estamos de acuerdo en que cabe imaginar casos complicados. En abstracto, los anuncios subliminales parecen chocar con el principio de publicidad. A la gente le indigna este tipo de anuncios porque influyen en ella sin que se le haya informado. Pero ¿y si se comunica por anticipado el uso de anuncios subliminales? ¿Y si el Gobierno declara abiertamente que va a utilizar anuncios subliminales para, por ejemplo, combatir los delitos violentos, el abuso del alcohol y la evasión fiscal? ¿Bastaría con saberlo? Nos inclinamos a pensar que no, que esta clase de manipulación es censurable precisamente porque es invisible y por tanto imposible de controlar.

NEUTRALIDAD

Hemos puesto de relieve que en muchas circunstancias el Gobierno no puede ser estrictamente neutral, pero hay un tipo de neutralidad que a veces es tanto factible como importante. Veamos el caso de las votaciones. Las papeletas tienen que enumerar a los candidatos en algún orden. Se sabe que los candidatos que ocupan los primeros lugares salen beneficiados. Según un estudio, un candidato cuyo nombre aparece primero gana 3,5 puntos porcentuales en la votación[*]. A nadie debería gustarle una situación en la que los gobiernos —es decir, los titulares de los cargos— pueden elegir el orden en que aparecen los nombres de los candidatos. Respecto al diseño de las papeletas, parece necesario un principio de neutralidad y, en ese contexto, se suele pensar que la neutralidad exige aleatoriedad.

Entonces, ¿por qué pensamos que los Gobiernos sí son dignos de confianza cuando emplean nudges para que los participantes en Medicare escojan el plan que más les convenga, o cuando pagan anuncios que dicen a la gente «Cuidado con Texas»? ¿Por qué son buenas las papeletas aleatorias y no lo son las asignaciones de las pólizas de seguros?[4] Parte de la respuesta es que a veces los ciudadanos tienen derecho, incluso derecho constitucional, a cierto tipo de neutralidad gubernamental. Respecto al derecho a voto, el Gobierno debe evitar nudges deliberados en el sentido de que su arquitectura no puede favorecer a ningún candidato en particular. Algo parecido

---

[*] Véase Koppell y Steen (2004). El efecto es menor cuando los candidatos son muy conocidos, como en las elecciones presidenciales, pero cuando su nombre es menos conocido o reciben menos atención por parte de los medios de comunicación (como en muchas elecciones locales, si no en la mayoría de ellas), el efecto puede ser incluso mayor.

cabe decir del derecho a la libertad de expresión y religiosa. El Gobierno no puede animar a la gente a que participe en un plan de «Rece Más Mañana» o «Disienta Menos Mañana».

Fuera del contexto de los derechos constitucionales, hay un interrogante más general sobre la neutralidad, que alcanza tanto al sector público como al privado. Hemos criticado a las empresas que fomentan que sus empleados compren cantidades excesivas de acciones propias, pero nos parece muy positivo que animen a algunos de sus trabajadores a ahorrar más. Nuestra conclusión básica es que la evaluación de los nudges depende de sus efectos, de si perjudican o ayudan a la gente. Los escépticos podrían sostener que, en algunos ámbitos, es mejor evitar los nudges por completo. Pero ¿cómo pueden evitarlos las empresas? La arquitectura de las decisiones es insoslayable y, en ese sentido, resulta imposible no influir sobre las personas. Estamos de acuerdo en que, en algunos casos, lo mejor es la elección obligada. Pero con frecuencia no es factible y a veces no merecen la pena los quebraderos de cabeza que causa.

Es cierto que algunos tipos de nudge no son inevitables. Las campañas de información y publicitarias son opcionales y pueden evitarse. ¿Deben informar los Gobiernos a los ciudadanos sobre los peligros de fumar y beber, el sexo sin precauciones, las grasas trans, los tacones de aguja? ¿Deben organizar las empresas campañas de información sobre temas parecidos? Para responder a estas preguntas tenemos que saber algo sobre los que facilitan los nudges y sobre aquellos a quienes van dirigidos. Una pregunta es si un agente exterior (el que facilita el nudge) tiene probabilidades de ayudar a un individuo (quien lo recibe) a tomar una decisión mejor. En parte depende de lo difícil que sea la decisión. Como hemos visto, se suelen necesitar más los nudges para decisiones que son arduas, complejas e infrecuentes, y cuando proporcionan escaso *feedback* y apenas hay oportunidades de aprender.

Pero el potencial para nudges beneficiosos también depende de la capacidad de quienes los ofrecen para saber qué es mejor para quienes los reciben. En general, son más eficaces cuando disponen de mucha más información relevante y cuando las diferencias entre los gustos y preferencias de los individuos no son muy grandes (a casi todo el mundo le gusta más el helado de chocolate que el de regaliz) o cuando las diferencias en gustos y necesidades pueden detectarse fácilmente (como cuando el Gobierno deduce que lo más probable es que una persona prefiera un plan de medicamentos que ofrezca precios bajos para los medicamentos que tome regularmente). Por todas las razones que hemos visto, los nudges son más útiles para las hipotecas que para los refrescos. Las hipotecas son complicadas y las ayudas externas pueden ser muy útiles. Por el contrario, ninguna aportación de un experto vale más que tomar un sorbo cuando alguien decide entre Coca-Cola y Pepsi. Para resumir, cuando las decisiones son arduas, cuando quienes facilitan los nudges disponen de buena información y cuando las diferencias en las preferencias individuales no son importantes o pueden evaluarse fácilmente, el potencial para nudges útiles es alto.

Por supuesto, la incompetencia y la corrupción por parte de quienes ofrecen los nudges son preocupantes. Si son incompetentes, es muy posible que hagan más mal que bien orientando las decisiones de la gente. Y si su probabilidad de corrupción es alta, lo correcto es desconfiar de sus intentos de nudge. Hay quienes creen que cualquier decisión que tome un funcionario gubernamental tiene muchas probabilidades de ser incompetente y corrupta. A los que piensan así les gustaría mantener al mínimo los nudges patrocinados por el Gobierno —es decir, limitados a los casos en que sean inevitables, tales como las opciones por defecto—. Pero los que somos menos pesimistas sobre el Gobierno y pensamos que los políticos y los burócratas no son más que humanos, con las mismas probabilidades de ser estúpidos o deshonestos que (por ejemplo) los ejecutivos, los abogados o los economistas, podemos preguntar si una situación contiene riesgos especiales de corrupción. Eso explica por qué dejar el diseño de las papeletas de voto a los políticos no es una buena idea, mientras que permitirles que contraten a expertos cuando se trata de escoger opciones por defecto sensatas para los participantes en Medicare probablemente sea una buena idea (en especial si los políticos reciben donaciones de empresas de seguros).

¿Por qué detenernos en el paternalismo *libertario*?

Esperamos que quienes se identifican como libertarios, conservadores, moderados, liberales y muchos otros puedan suscribir el paternalismo libertario. Hasta ahora hemos señalado las críticas de ciertos conservadores y de los libertarios más ardientes. De la dirección opuesta cabe esperar objeciones distintas. Los paternalistas entusiastas pueden sentirse justificados por la evidencia de las flaquezas humanas. Entonces quizá les parezca que en muchos ámbitos los nudges y el paternalismo libertario son demasiado modestos y cautelosos. Si queremos proteger a la gente, ¿por qué no ir más allá? En algunas circunstancias ¿no sería mejor la vida de las personas si elimináramos la libertad de elección? ¿No hay un lugar legítimo para los decretos y las prohibiciones? Si los humanos realmente cometen errores, ¿por qué no protegerlos con la prohibición de equivocarse?

La cierto es, claro está, que en esto no hay unos límites invariables. Hemos definido un paternalismo libertario que incluya acciones, normas y otros nudges que pueden evitarse fácilmente con opciones para rechazarlos. No tenemos una definición clara de «evitarse fácilmente», pero pensamos que el paternalismo de un «clic» es lo más parecido con la tecnología existente. (Esperamos que en un futuro próximo podamos disponer de una tecnología de «un pensamiento» o «un parpadeo»). Nuestro objetivo es permitir que la gente siga su propio camino con el menor coste posible. Desde luego, algunas de las políticas que hemos propuesto imponen costes más altos que un clic. Para borrarse de un plan de suscripción automática, un empleado normalmente tiene que rellenar y entregar un impreso —no es un coste grande, pero es más que un clic—. Sería arbitrario y un tanto ridículo ofrecer una norma inflexible que especificara cuándo los costes son lo suficientemente altos como para que la política ya no pueda calificarse de libertaria, pero la cuestión del grado no es realmente importante. Digamos simplemente que queremos que los costes sean pequeños. La verdadera cuestión es cuándo deberíamos estar dispuestos a imponer costes que no fueran triviales para aumentar el bienestar.

Un grupo de economistas del comportamiento y abogados ha propuesto un buen enfoque a estos problemas bajo la rúbrica de «paternalismo asimétrico»[5]. Su principio es que deberíamos diseñar políticas que ayudaran a los sectores menos formados de la sociedad al tiempo que impusieran los menores costes posibles a los más formados. (El paternalismo libertario es una forma de paternalismo asimétrico en la que los costes impuestos a las personas más formadas se mantienen próximos a cero). Las lámparas de rayos ultravioleta proporcionan un buen ejemplo de paternalismo asimétrico. Estas lámparas permiten a una persona ponerse morena sin ir a la playa. El usuario se tumba bajo la lámpara, cierra los ojos y permanece así durante unos minutos. Es peligroso quedarse bajo la lámpara más tiempo porque puede producir graves quemaduras. (Desde luego, el uso de la lámpara en general puede aumentar las probabilidades de sufrir cáncer de piel, pero aquí vamos a seguir el ejemplo de los usuarios e ignoraremos esa cuestión). Está en la naturaleza de este tipo de lámparas desprender calor. Así que un arquitecto de las decisiones que espere el error se dará cuenta de que eso entraña un grave peligro: algunos usuarios que estén tumbados con los ojos cerrados bajo una lámpara caliente se quedarán dormidos y se despertarán con quemaduras de tercer grado.

Ahora supongamos que, con un módico coste, sea posible dotar a la lámpara de un temporizador para que sólo pueda permanecer encendida durante breves periodos de tiempo, después de lo cual se apaga automáticamente: un diseño habitual en las lámparas de calor que hay en los cuartos de baño de algunos hoteles. ¿Debe exigir el gobierno que todas las lámparas de rayos ultravioleta se vendan con temporizador? Los paternalistas asimétricos creen que la respuesta depende de un análisis de coste-beneficio. Si el coste del temporizador es lo suficientemente bajo y el riesgo de quemarse es suficientemente alto, la respuesta es que sí.

Los paternalistas asimétricos también suscriben un tipo de regulaciones que requieren «periodos de enfriamiento». Su lógica es que, en el calor del momento, los consumidores podrían tomar decisiones irreflexivas o negligentes. La preocupación subyacente son los problemas de autocontrol. Un ejemplo lo constituye un periodo de enfriamiento obligatorio para las ventas a domicilio, como el que impuso la Comisión de Comercio Federal de Estados Unidos en 1972[6]. De acuerdo con la norma de la Comisión, cualquier venta a domicilio debe ir acompañada de una declaración escrita en la que se informe al comprador de su derecho a rescindir la compra durante los tres días siguientes a la transacción. Esta ley se aprobó debido a las quejas presentadas sobre las técnicas agresivas de ventas y los contratos en letra pequeña. De nuevo, se podría realizar una prueba de coste-beneficio, con atención a los beneficios para quienes reciben la ayuda y los costes para quienes no la reciben, a fin de decidir cuándo hay que imponer leyes parecidas. Con esta prueba, los reguladores tendrían que considerar el alcance de la imposición sobre aquellos que tienen que esperar unos días para recibir el producto y con qué frecuencia cambian de opinión los compradores. Si los costes son bajos (¿realmente necesita alguien comprar una enciclopedia de inmediato, incluso antes de que existiera Wikipedia en Internet?) y hay frecuentes cambios de opinión, a nosotros nos parece razonable una regulación de este tipo.

Para ciertas decisiones fundamentales, que con frecuencia se toman de manera impulsiva, lo mejor podría ser una estrategia parecida. Algunos estados imponen un periodo de espera obligatorio antes de que una pareja obtenga el divorcio[7]. Pedir a la gente que se pare a pensar antes de tomar una decisión de esa magnitud parece una idea sensata, y nos resulta difícil imaginar por qué alguien va a necesitar el divorcio inmediatamente. (Es cierto que a veces los cónyuges no se pueden ver, pero ¿es tan terrible tener que esperar un poco?). Se nos ocurren restricciones similares respecto a la decisión de casarse, y algunos estados también han avanzado en esa dirección[8]. Conscientes de que las personas pueden actuar de una manera que después lamenten, los reguladores no bloquean sus opciones, pero fijan un periodo de tiempo para una reflexión serena. Señalemos en este sentido que los periodos de enfriamiento obligatorios tienden a imponerse, y son más útiles, cuando se reúnen dos condiciones: a) la gente toma la decisión correspondiente con poca frecuencia y, por tanto, no tiene mucha experiencia, y b) las situaciones son muy emocionales. Éstas son circunstancias en que las personas son particularmente propensas a tomar decisiones que después lamentan.

Las leyes de seguridad y salud laboral van más allá del paternalismo asimétrico; imponen prohibiciones y no cabe duda de que perjudican a algunas personas[9]. Estas leyes no permiten que los trabajadores individuales utilicen su derecho a un entorno laboral (que el gobierno considera) seguro como moneda de cambio para conseguir un sueldo más alto, incluso si a individuos formados y entendidos les gustaría hacerlo. En todo el mundo los programas de pensiones y de Seguridad Social no sólo fomentan el ahorro; lo exigen. El derecho a no sufrir discriminación por causa de la raza, el sexo y la religión es irrenunciable. Nadie puede cambiar su derecho a no sufrir acoso sexual en el trabajo a cambio de un aumento de sueldo. Estas prohibiciones no son libertarias en ningún sentido, pero algunas de ellas pueden defenderse con referencia a los tipos de errores humanos que hemos explorado aquí. A los paternalistas no liberta-

271

rios les gustaría apoyarse en tales iniciativas para hacer mucho más, quizá en los ámbitos de la salud y la protección del consumidor.

Muchos de estos argumentos tienen un atractivo real; sin embargo, nosotros normalmente nos resistimos a avanzar más por el camino del paternalismo. ¿Por qué? Después de todo, ya hemos admitido que los costes impuestos por el paternalismo libertario quizá no sean cero, así que no seríamos sinceros si dijéramos que siempre nos oponemos rotundamente a toda regulación que incremente de insignificantes a pequeños los costes impuestos. Tampoco nos oponemos personalmente a todos los decretos. Pero no es fácil decidir dónde detenerse, y cuándo llamar «empujón» a un nudge. Cuando hay decretos en juego y no existe posibilidad de desvincularse, el argumento de la pendiente resbaladiza puede empezar a tener algún valor, en especial si los reguladores son opresores. Estamos de acuerdo en que las prohibiciones están justificadas en ciertos contextos, pero suscitan inquietud y, en general, preferimos intervenciones que sean más libertarias y menos avasalladoras.

Respecto a los periodos de enfriamiento somos mucho menos fríos. En las circunstancias adecuadas, las ventajas de esas normas pueden bastar para hacer que merezca la pena dar unos cautelosos pasos por la que posiblemente sea una pendiente resbaladiza.

16

LA VERDADERA TERCERA VÍA

En este libro hemos propuesto dos principales ideas. La primera es que características en apariencia insignificantes de las situaciones sociales pueden tener un efecto decisivo sobre la conducta de las personas. Por todas partes hay nudges, aunque no los veamos. La arquitectura de las decisiones, tanto la buena como la mala, es ubicua e inevitable, y afecta en gran medida nuestras decisiones. La segunda idea es que «paternalismo libertario» no es un oxímoron. Los arquitectos de las decisiones pueden mantener la libertad de elección al tiempo que encaminan a las personas en direcciones que mejorarán sus vidas.

Hemos cubierto un vasto terreno en el que se encuentran los ahorros, la Seguridad Social, los mercados de crédito, la política medioambiental, la salud, el matrimonio y mucho más. Pero el rango de aplicaciones potenciales es mucho más amplio que los temas que hemos tratado. Una de nuestras mayores esperanzas es que, al comprender la arquitectura de las decisiones y el poder de los nudges, otros imaginarán formas creativas de mejorar la vida humana en más ámbitos. Muchos de esos ámbitos implican la acción puramente privada. Los centros de trabajo, los consejos de administración de las empresas, las universidades, las organizaciones religiosas, los clubes e incluso las familias podrían llevar a cabo pequeños ejercicios de paternalismo libertario que les beneficiarían.

Respecto al gobierno, esperamos que este enfoque general pueda constituirse como un terreno intermedio viable en nuestra innecesariamente polarizada sociedad. El siglo XX fue testigo de eternas discusiones artificiales sobre la posibilidad de una «tercera vía».

Esperamos que el paternalismo libertario ofrezca una verdadera tercera vía que sea capaz de superar algunos de los debates más intratables de las democracias contemporáneas.

Desde el *New Deal* de Franklin Delano Roosevelt, el Partido Demócrata ha mostrado gran entusiasmo por las exigencias rígidas y las regulaciones de mandato y control. Tras identificar graves problemas en el mercado privado, los demócratas con frecuencia han propugnado mandatos firmes que suelen eliminar o, al menos, reducir la libertad de elección. Los republicanos han respondido que esos mandatos muchas veces revelan un desconocimiento de la situación y son contraproducentes —y que ante la enorme diversidad de los estadounidenses la talla única no puede venir bien a todos—. En general argumentan a favor del *laissez-faire* y contra la intervención gubernamental. Al menos respecto a la economía, la libertad de elección ha sido su principio definitorio.

A muchísima gente corriente estos debates cada vez le resultan más aburridos, abstractos e inútiles: meras letanías de eslóganes. Muchos demócratas razonables son conscientes de que los mandatos pueden ser ineficaces e incluso contraproducentes y que la misma talla no vale para todo el mundo. La sociedad estadounidense es simplemente demasiado diversa, los individuos demasiado creativos, las circunstancias cambian demasiado rápidamente y el Gobierno es demasiado falible. Muchos republicanos razonables saben que incluso con mercados libres la intervención gubernamental es inevitable. Los mercados libres se apoyan en el Gobierno, que debe proteger la propiedad privada y garantizar que los contratos se cumplen. No hay duda de que es necesario contar con la participación de los mercados en ámbitos que van desde la protección medioambiental hasta los planes de jubilación o la ayuda a los necesitados. De hecho, algunos de los mejores nudges hacen uso de los mercados. Una buena arquitectura de las decisiones está muy atenta a los incentivos. Pero hay una diferencia abismal entre la oposición absurda a toda «intervención gubernamental» en sí misma y una propuesta tan sensata como que, cuando los gobiernos intervienen, normalmente deban hacerlo de manera que promuevan la libertad de elección.

Pese a todos sus desacuerdos, tanto los liberales como los conservadores están empezando a reconocer estos puntos fundamentales. Lo mismo que el sector privado, los funcionarios públicos pueden orientar a las personas en direcciones que mejoren sus vidas, aun-

que poniendo siempre la decisión última en manos de los individuos, no del Estado. La absoluta complejidad de la vida moderna y
el asombroso ritmo del cambio tecnológico y global desvirtúan cualquier defensa de mandatos rígidos o dogmáticos del *laissez-faire*. Las
transformaciones que se están produciendo deberían servir para reforzar al mismo tiempo el compromiso moral con la libertad de la
elección y los argumentos en favor de amables nudges.

EPÍLOGO: LA CRISIS FINANCIERA DE 2008

La primera edición de este libro se terminó de escribir en el verano de 2007 y se publicó en febrero de 2008. Esta edición se preparó durante el verano de 2008, pero estamos escribiendo este epílogo a finales de noviembre, en un momento de marcadas contradicciones. Estados Unidos acaba de elegir presidente a Barack Obama, un hombre de gran talento, y gran parte del mundo lo está celebrando. Sin embargo, Obama, como otros líderes, se enfrenta a desafíos extremadamente difíciles, y no sólo en la forma de unas expectativas desmesuradas.

El mundo afronta la crisis financiera más grave desde la Gran Depresión. Es justo decir que muy pocos reguladores y economistas la vieron venir. En Estados Unidos, Alan Greenspan, ex presidente de la Reserva Federal, reconoció que se había equivocado al no haberla anticipado y que se encontraba en un estado de «estupefacta incredulidad». Es razonable preguntarse si comprender el comportamiento humano puede ayudar a explicar lo ocurrido, y si unos nudges podrían contribuir a evitar un desastre parecido en el futuro.

Para simplificar una historia larga y compleja, los orígenes de esta crisis se hallan en las inversiones en hipotecas *subprime* —préstamos a personas que no pueden acceder a los tipos de interés del mercado—. El espectacular incremento de los precios de la vivienda se fue deteniendo gradualmente en 2004. Para principios de 2008 muchos prestatarios eran morosos y sus hipotecas estaban pendientes de ejecución. Como consecuencia, las inversiones en hipotecas *subprime* resultó desastrosa. La quiebra de las entidades de inversión e hipotecarias condujo a una reducción masiva de la liquidez en los mercados de crédito, primero en Estados Unidos y después globalmente. A su vez, esta reducción produjo una disminución significativa del valor de las acciones y una serie de perjuicios económicos, que incluyeron la quiebra de muchas empresas, y la necesidad de que los gobiernos lanzaran planes de rescate en todo el planeta.

La primera cuestión es que, a pesar de la estupefacción de la profesión económica, algunos economistas del comportamiento, sobre todo Robert Shiller, habían anticipado el problema mucho antes de que se produjera[1]. Incluso en sus primeras fases, para algunos observadores atentos era evidente que los precios de la propiedad inmobiliaria estaban hinchados (a juzgar por el ratio de los precios de compra/alquiler, por ejemplo), que el incremento en los precios de la vivienda entre 1997 y 2006 era completamente incongruente con las tendencias históricas y que Estados Unidos se hallaba inmerso en una burbuja especulativa que estaba abocada a explotar. Tres características de los humanos, que ya hemos examinado en este libro, ayudan a explicar cómo ocurrió: la racionalidad limitada, la falta de autocontrol y las influencias sociales.

INVERSORES HUMANOS Y CRISIS ECONÓMICA

Racionalidad limitada. Ya hemos señalado que, cuando las cosas se complican, los humanos pueden empezar a hacer tonterías, lo que nos lleva a un aspecto de la crisis financiera que no ha recibido la atención que merece: el mundo financiero se ha hecho mucho más complejo en las últimas dos décadas. No hace tanto tiempo la mayoría de las hipotecas eran muy simples: tipo fijo a treinta años. Comparar era fácil: sólo había que buscar la mensualidad más baja.

Ahora hay incontables variedades de hipotecas. Incluso a los expertos les resulta complicado comparar los pros y los contras de distintos préstamos y una mensualidad inicial baja puede ser engañosa como indicador de los costes (y riesgos) totales de un préstamo.

Una causa clave del desastre de las hipotecas *subprime* es que muchos prestatarios no comprendían las condiciones de sus préstamos. Incluso los que intentaban leer las páginas en letra pequeña se sentían flaquear, especialmente cuando su agente hipotecario les aseguraba que habían conseguido unos términos excelentes.

Sin embargo, la creciente complejidad por el lado de los prestatarios era una trivialidad en comparación con lo que les estaba ocurriendo a los inversores que ponían el dinero. Hubo un tiempo en que las hipotecas eran propiedad de los bancos que iniciaban los préstamos. Ahora están subdivididas en intrincados fragmentos denominados «valores con respaldo hipotecario», que incluyen misteriosos nuevos productos como los *credit default swaps* (CDS) y los *liquidity puts* o reembolso asegurado.

Usted probablemente no sabe qué son los *liquidity puts,* y no pasa nada por eso, pero los altos directivos del Citigroup tampoco lo sabían y, como resultado, la empresa acabó con unas pérdidas masivas y tuvo que ser rescatada con cientos de miles de millones de los contribuyentes.

El fiasco del Citigroup comenzó en 2007 y debería haber sido una llamada de atención a Wall Street en particular y a las instituciones internacionales en general. Pero no fue así. Es justo decir que los directivos de muchas de las compañías financieras más grandes del mundo que ahora están en dificultades o han cerrado no comprendían los riesgos que sus empleados estaban asumiendo cuando se emitía este nuevo tipo de complejos valores.

Autocontrol. Los econs no sufren problemas de autocontrol, por lo que «tentación» no es una palabra que figure en el léxico de los economistas. Por eso, la mayoría de los reguladores del mundo no ha pensado mucho en el problema. Pero cuando llega el carrito de los postres, los humanos solemos ceder a la tentación. Y engordamos. La crisis actual se vio impulsada por la aparentemente irresistible tentación de refinanciar la hipoteca en vez de cancelarla.

No hace mucho tiempo los hogares contrataban una de esas anticuadas hipotecas y se proponían acabar de pagarlas antes de llegar a la jubilación. Incluso si podían refinanciarla, muchas personas no se decidían a ello, aunque sólo fuera porque era una molestia.

Entonces llegó el servicial agente hipotecario, que hacía que todo resultara fácil. A comienzos de este siglo, la combinación de unos tipos de interés cada vez más bajos, el precio disparado de la vivienda, mensualidades iniciales bajas («tasas de promoción») y unos agentes hipotecarios agresivos hacían que la refinanciación (y las segundas hipotecas) pareciera la manzana del Paraíso. Pero cuando los precios de la vivienda cayeron y los tipos de interés subieron, la fiesta terminó.

Influencias sociales. ¿Por qué tanta gente creía que el precio de la propiedad inmobiliaria no dejaría de subir? Considerado en perspectiva histórica, el precio de la vivienda se disparó espectacularmente de 1997 a 2004. Durante esos años muchas personas pensaban, y decían, que está en la naturaleza del precio de la vivienda no dejar de subir, y actuaron de acuerdo con ello. Pero esta idea era falsa a todas luces. De 1960 a 1997 el precio de la vivienda se mantuvo relativamente estable, hasta que el *boom* sin precedentes empezó en 1997.

Como Shiller ha mostrado, la mejor explicación de la burbuja inmobiliaria coincide en gran medida con la mejor explicación de la burbuja del mercado de acciones a finales de los noventa. En ambos casos, la gente se dejó influir por un proceso de contagio social. Esta creencia dio lugar a proyecciones carentes de todo realismo, lo que tuvo unas consecuencias palpables en las decisiones de adquisición de vivienda y de hipoteca.

En 2005 Shiller y Karl Case realizaron una encuesta entre los compradores de vivienda en San Francisco. El incremento medio esperado del precio, para la década siguiente, ¡era del 9 por ciento anual! De hecho, un tercio de los encuestados pensaba que el incremento anual sería mucho mayor aún. Este optimismo sin fundamento se debía a dos factores: un incremento muy marcado en el pasado reciente y el optimismo contagioso de otras personas.

Desde luego, la opinión pública no depende sólo del boca-oreja y de las ventas visibles, sino también de los medios de comunicación. A finales de la década de 1990 y comienzos de la de 2000 éstos informaban de que el precio de la vivienda estaba subiendo rápidamente (lo que era cierto) y de que seguiría subiendo de manera indefinida (lo que no lo era). Si los presuntos expertos confirman «lo que todo el mundo sabe», entonces será más difícil resistirse a unas operaciones ostensiblemente arriesgadas, como las que han conducido a tanta gente al desastre.

NUDGES

Sería absurdo sugerir que la respuesta adecuada a la crisis económica consiste únicamente en una serie de nudges. Debido a los costes que las entidades financieras han impuesto a la economía global y al riesgo que han corrido tantos propietarios de casas y trabajadores vulnerables, habrá llamamientos justificados a un mayor escrutinio, así como a la regulación directa. Pero, para el futuro, las respuestas de tipo nudge también deberían ser una parte importante en el conjunto de políticas. En concreto, los reguladores deberían tomar medidas para ayudar a la gente a afrontar la complejidad, resistir la tentación y evitar verse engañada por las influencias sociales.

Una posible respuesta a la complejidad sería exigir simplicidad —por ejemplo, permitiendo sólo las hipotecas de interés fijo a treinta años—. Esto sería un gran error. Eliminar la complejidad es ahogar la innovación. Un enfoque más positivo es aumentar la transparencia y la información. Es posible reducir la probabilidad de un desastre en el futuro obligando a todas las partes a facilitar la comprensión de los riesgos que entrañan sus complicados productos.

Recordemos nuestra propuesta de RECAP: para las hipotecas, los documentos en letra pequeña se complementarían con archivos en formato digital que permitirían a sitios web de terceras partes traducir y resumir los pormenores ocultos de las condiciones. También sería de ayuda la transparencia obligatoria en el mundo de los fondos de cobertura o del *investment banking*. Incluso si el director general no entendiera los riesgos que la empresa estaba asumiendo, los inversores tendrían más posibilidades de diagnosticar el problema.

Tanto el Gobierno como el mercado deben colaborar en las formas de enfrentarse a la tentación. Esperamos que las entidades de crédito vuelvan a exigir a las familias que tengan algún dinero ahorrado para comprarse una casa. Las entidades serias podrían utilizar nudges para ayudar a los prestatarios a bajarse del carrusel de la refinanciación sugiriéndoles, por ejemplo, que la duración del crédito se acortará si se refinancia. De forma más ambiciosa, las instituciones públicas y privadas podrían intentar reintroducir una antigua norma social que en sí misma constituye un nudge: tratar de cancelar la hipoteca más pronto que tarde y, en todo caso, para la fecha de jubilación.

Una mejor información también es una buena línea de defensa contra los efectos potencialmente destructivos de las influencias sociales. Incluso si todas las personas que conoce le dicen que un determinado restaurante es fantástico, su propio conocimiento podría evitarle una mala comida. (Y si, en 2003, todo el mundo le dijo que debía invertir en propiedades inmobiliarias, usted podría haber declinado el ofrecimiento si hubiera consultado las estadísticas). Los reguladores deberían hacer mucho más para ayudar a los consumidores a comprender los riesgos asociados con algunas inversiones.

La profesora de Derecho Elizabeth Warren sostiene que en Estados Unidos se debería crear una Comisión de Seguridad de los Productos Financieros, uno de cuyos objetivos sería proteger a los consumidores creando completas bases de datos estadísticos y difundiendo oportunamente sobre los riesgos y tendencias[2]. No está claro que el Gobierno estadounidense, o cualquier otro, deba crear una nueva burocracia. Pero las instituciones existentes deberían hacer mucho más para exigir la transparencia. Podrían servir de modelo las regulaciones sobre la información nutricional que deben contener los envases de los alimentos que se venden en los supermercados. La mayoría de la gente la ignora, pero algunas personas sí la lee, y la existencia misma de esas etiquetas es suficiente para que el mercado funcione mejor.

Para combatir la racionalidad limitada, la tentación y las influencias sociales, incluso se podría considerar la creación de provisiones simples por defecto que gobernasen las hipotecas y otros instrumentos a no ser que los consumidores escogiesen de manera explícita alguna opción alternativa. El enfoque que preferimos sería privado y voluntario —un nudge privado—. Al menos para la mayoría de los prestatarios se desarrollaría una norma de «la mejor práctica» que consistiría en algo así: «Éste es el paquete que recomendamos para las personas como usted». A los que prefieren desviarse de la norma por defecto, e incurrir en riesgos mayores, se les facilitaría la información necesaria y se les pediría que meditaran su decisión. También podría considerarse una intervención reguladora de tipo nudge; quizá establecer los términos por defecto y las provisiones para desvincularse. Una intervención así sería mucho mejor que inflexibles mandatos y prohibiciones.

La codicia y la corrupción contribuyeron a crear la crisis, pero las simples flaquezas humanas desempeñaron un papel clave. No podremos protegernos de futuras crisis si denunciamos la codicia, la corrupción y la injusticia sin mirarnos en el espejo y comprender los efectos potencialmente devastadores de la racionalidad limitada, la falta de autocontrol y las influencias sociales.

NOTAS

[1] Véase http://www.coathanger.com.au/archive/dibblys/loo.htm. Este ejemplo también se trata en Vicente (2006).

[2] Friedman y Friedman (1980).

[3] Véase una definición similar en Van de Veer (1986).

1. SESGOS Y ERRORES

A quien esté interesado en profundizar en la investigación analizada en este capítulo, recomendamos dos recopilaciones: Kahneman y Tversky (2000) y Gilovich, Griffin y Kahneman (2002).

[1] En Chaiken y Trope (1999) se ofrece una buena exposición de la investigación sobre las teorías del doble proceso en psicología.

[2] Lieberman *et al.* (2002); Ledoux (1998).

[3] Véase Westen (2007).

[4] Una razón de que el ajuste sea insuficiente con tanta frecuencia es que el sistema reflexivo se ve interceptado fácilmente: requiere importantes recursos cognitivos, y cuando éstos son escasos (si el sujeto está distraído o cansado, por ejemplo), no puede ajustar el ancla. Véase Gilbert (2002).

[5] Strack, Martin y Schwarz (1988).

[6] Slovic, Kunreuther y White (1974).

[7] Puede consultar más de lo que siempre quiso saber sobre el tema en http://thehothand.blogspot.com/ que también incluye instrucciones para realizar su propia prueba si lo desea.

[8] Véase http://www.cdc.gov/nceh/clusters.

[9] Paul Price, «Are You as Good a Teacher as You Think?» (2006). Se puede consultar en http://www2.nea.org/he/hetao6/images/2006pg7.pdf

[10] Mahar (2003).

[11] Cooper, Woo y Dunkelberg (1988).

[12] Pueden consultarse referencias de los principales hallazgos expuestos en este párrafo en Sunstein (1998).

[13] Kahneman, Knetsch y Thaler (1991).

[14] Tversky y Kahneman (1981).

2. RESISTIR LA TENTACIÓN

El modelo Planificador/Impulsivo se desarrolla en Thaler y Shefrin (1981). Para una revisión de las investigaciones recientes sobre el autocontrol y la elección intertemporal, véase Frederick, Loewenstein y O'Donoghue (2002). Entre los enfoques de la moderna economía del comportamiento están Laibson (1997) y O'Donoghue y Rabin (1999).

[1] Véanse Camerer (2007) y McClure *et al.* (2004).

[2] Véase un resumen en Wansink (2006).

[3] Véase Gruber (2002).

[4] Thaler y Johnson (1990).

3. SEGUIR AL REBAÑO

Para parte de este capítulo nos hemos basado en Sunstein (2003). Hay abundante literatura sobre las normas sociales y su impacto. Dos obras generales especialmente buenas son Ross y Nisbet (1991) y Cialdini (2000).

[1] Véanse Layton (1999) y Stephenson (2005).

[2] Véanse Akerlof, Yellen y Katz (1996) (embarazos adolescentes); Chritakis y Fowler (2007) (obesidad); Sacerdote (2001) (asignación del compañero de habitación); Sunstein *et al.* (2006) (pautas de votación judicial).

[3] Véase Berns *et al.* (2005). Las respuestas de conformidad están relacionadas con cambios en las características perceptuales del cerebro más que con cambios en el córtex prefrontal, que está asociado con la toma consciente de decisiones. Parece que no sólo decimos que vemos las cosas como los otros. Si todos los demás ven las cosas de una determinada manera, podemos llegar a *verlas* realmente de esa manera.

[4] Ross y Nisbett (1991), 29-30.

[5] Jacobs y Campbell (1961).

[6] Kuran (1998).

[7] Véase Crutchfield (1955).

[8] Véase un buen relato en http://www.dontmesswithtexas.org/history.php

[9] Gilovich, Medvec y Savitsky (2000).

[10] Puede consultarse un breve relato en http://www.historylink.org/essays/output.cfm?file_id=5136

[11] Wansink (2006).

[12] Coleman (1996).

[13] Véase, por ejemplo, Cialdini (1993).

[14] Véase Cialdini, Reno y Kallgren (2006).

[15] Véase en general Perkins (2003), 7-8.

[16] Wechsler *et al.* (2002).

[17] Véase Perkins (2003), 8-9.

[18] Véase Linkenbach (2003).

[19] Linkenbach y Perkins (2003).

[20] Véase Schultz *et al.* (2007).

[21] Véase Sherman (1980).

[22] Véase Greenwald *et al.* (1987).

[23] Véase Morwitz y Johnson (1993).

[24] Véase Levav y Fitzsimons (2006).

[25] Véase Kay *et al.* (2004).

[26] Véase Holland, Hendriks y Aarts (2005).

[27] Véase Bargh (1997).

5. LA ARQUITECTURA DE LAS DECISIONES

[1] Byrne y Bovair (1997).

[2] Vicente (2006), 152.

[3] Véase Zeliadt *et al.* (2006), 1869.

[4] Sunstein (2007) explora esta cuestión en detalle.

6. AHORRE MÁS MAÑANA

Este capítulo se basa en buena medida en la investigación realizada con Shlomo Benartzi, especialmente Benartzi y Thaler (2007).

[1] Beland (2005), 40-41.

[2] Investment Company Institute (2006).

[3] Agradecemos a David Blake y al Ministerio de Trabajo y Pensiones del Reino Unido que nos proporcionaran estos datos.

[4] Choi, Laibson y Madrian (2004); Duflo *et al.* (2005) encuentran una oportunidad de arbitraje igualmente desaprovechada en el contexto de los contribuyentes con derecho a desgravaciones fiscales por ahorrar en un plan de pensiones.

[5] Madrian y Shea (2001); Choi *et al.* (2004; 2002).

[6] Choi *et al.* (2006).

[7] Carroll *et al.* (2005).

[8] Carroll *et al.* (2005).

[9] Iyengar, Huberman y Jiang (2004).

[10] Benartzi y Thaler (2007).

[11] Benartzi y Thaler (2007).

[12] Choi *et al.* (2002).

[13] Duflo y Saez (2002).

[14] Según la Ley de Protección de las Pensiones, si las empresas ofrecen un plan 401(k) en el que las aportaciones de los trabajadores son igualadas por la empresa, los trabajadores pueden hacer efectivas dichas aportaciones en el plazo de dos años, la inscripción automática se realiza con una tasa de ahorro de al menos el 3 por ciento de la renta y los incrementos automáticos son como mínimo del 1 por ciento anual durante tres años o más, se entiende que la empresa satisface la denominada norma de no discriminación. (Más en concreto, la empresa debe igualar las aportaciones al 100 por cien para el primer 1 por ciento del sueldo que ahorre el trabajador y después a una tasa de al menos el 50 por ciento hasta el 6 por ciento de ahorro, hasta alcanzar un 3,5 por ciento si el trabajador ahorra un 6 por ciento). Las normas de no discriminación limitan la proporción que se puede pagar a los trabajadores con sueldo más alto de la empresa. Como los planes 401(k) ya tienen topes para cada trabajador, se suponía que esta combinación de características atraería suficientes inscripciones de los trabajadores de sueldos más bajos que reunieran las condiciones.

[15] Ministerio de Desarrollo Económico de Nueva Zelanda (2008).

7. INVERTIR INGENUAMENTE

Este capítulo se basa en gran medida en la investigación conjunta con Shlomo Benartzi, especialmente Benartzi y Thaler (2007).

[1] Véase Benartzi y Thaler (1999).

[2] Citado en Zweig (1998).

[3] Véase Benartzi y Thaler (2001).

[4] Read y Loewenstein (1995). Véase también Simonson (1990), a quien se le ocurrió la idea.

[5] Benartzi y Thaler (2001).

[6] Benartzi y Thaler (2007).

8. LOS MERCADOS DE CRÉDITO

[1] Gracias a Phil Maymin por sugerírmelo.

[2] Karlan y Zinman (2007).

[3] Simon y Haggerty (2007).

[4] Morton, Zettelmeyer y Silva-Risso (2003).

[5] Draut y Silva (2003).

9. PRIVATIZAR LA SEGURIDAD SOCIAL: EL ESTILO *SMORGASBORD*

Este capítulo se basa en gran parte en Cronqvist y Thaler (2004). Agradecemos a Cronqvist que nos calculara algunos datos actualizados.

[1] Véase un análisis de la elección activa en Carroll *et al.* (2005).

[2] French y Poterba (1991).

[3] Véase Samuelson y Zeckhauser (1988); Ameriks y Zeldes (2001).

[4] Véase Kuran y Sunstein (1999).

10. MEDICAMENTOS DE PRESCRIPCIÓN: PARTE D (DE DESANIMAR)

«D de disuadir» fue un titular de la sección especial de la *Post-Gazette* de Pittsburgh sobre la elección de planes en 2005. Muchas gracias a Katie Merril y a Marion Wrobel por su ayuda para orientarnos en este laberinto.

[1] Casa Blanca (2006).

[2] Medicare Prescription Drug Plan (s. f.)

[3] McFadden (2007).

[4] Citado en Pear (2006).

[5] Cubanski y Neuman (2007).

[6] Henry J. Kaiser Family Foundation (2007).

[7] Winter *et al.* (2006).

[8] Henry J. Kaiser Family Foundation (2006).

[9] Nemore (2005).

[10] West *et al.* (2007).

[11] Kling *et al.* (2007) obtiene cifras igualmente bajas en su propia investigación de los elegibles duales: entre el 6 y el 7 por ciento de los encuestados suscritos a Medicaid eligieron activamente en 2007 un plan diferente del que tenían en el año anterior.

[12] Hoadley *et al.* (2007).

[13] Citado en Lipman (2005).

[14] El equipo de Kling *et al.* (2007) realizó una auditoría a pequeña escala del servicio 1-800-Medicare. Descubrieron que el plan de menor coste se identificó en ocho de las doce llamadas que hicieron.

[15] Vaughan y Gunawardena (2006).

[16] Dependiendo del estado en el que viva, tendrá que tratar con distintos promotores de los planes: compañías de seguros nacionales y regionales y compañías gestoras de servicios de salud, además de cadenas de farmacias, vendedores al por menor y la AARP. Las primas mensuales van desde menos de 20 dólares a más de 100. Los gastos a cargo del asegurado están entre cero y 265 dólares (datos de 2007). Algunos planes básicos cubren el 75 por ciento de las recetas, mientras que la mayoría tienen una cobertura de varios niveles. Si se utiliza algún tipo de coaseguro, o si compra los medicamentos en cantidades para tres meses, como hacen algunos jubilados, variará la parte que le corresponda de los costes. Los copagos para medicamentos genéricos van de cero a 10 dólares por receta; para los medicamentos de marca van de 15 dólares a más de 60. Es necesario vigilar todas estas cifras porque las modificaciones mensuales de los precios pueden dejarse sentir en la factura general. Los planes cubren entre el 73 y el 96 por ciento de los doscientos medicamentos más utilizados, por lo que conviene examinar la relación de medicamentos cubiertos por el plan. Las tasas de cobertura para los medicamentos menos utilizados tienen variaciones. Generalmente una compañía no puede dejar de cubrir determinados medicamentos a mitad de año, pero puede pasar a medicamentos genéricos, si existen, y dejarlos de cubrir por completo al finalizar el año. Cada red de farmacias es diferente. Hay distintas normas para tramitar una receta de emergencia y para utilizar una red de farmacias distinta. Las restricciones en la cobertura aplicables a las autorizaciones previas para los medicamentos, terapias escalonadas y límites a las cantidades se especifican en notas a pie de página que requieren muy buena vista. Por último,

cada consumidor debe predecir si va a gastar entre 2.510 y 5.726 dólares —el llamado agujero del donut, un vacío en el que el gobierno no subvenciona sus gastos— y averiguar si su plan es uno de los pocos que proporcionan alguna cobertura en ese caso. Además de ser absurdo desde la perspectiva del aseguramiento (sería mucho mejor dejar a cargo del asegurado una parte de los gastos que variase con la renta, posiblemente de cero para los pobres), la existencia del agujero del donut ha complicado todavía más el proceso de toma de decisiones.

[17] McFadden (2006).

[18] Otros seis estados utilizan la asignación inteligente para un pequeño grupo de personas que son pobres pero no tienen derecho a Medicaid.

[19] Government Accountability Office (2007).

[20] Medicare Rights Center (2006).

[21] Kling *et al.* (2007).

11. CÓMO AUMENTAR LAS DONACIONES DE ÓRGANOS

[1] Para un tratamiento exhaustivo de esta cuestión recomendamos el excelente informe encargado por el Instituto de Medicina, Childress y Liverman (2006).

[2] Kurtz y Saks (1996), 802.

[3] Childress y Liverman (2006), 241.

[4] Childress y Liverman (2006), 253.

[5] Childress y Liverman (2006), 217.

12. SALVAR EL PLANETA

[1] Un enfoque alternativo implicaría subsidios gubernamentales a quienes tratan de reducir los riesgos. En muchos sentidos, el análisis de los subsidios debería ser similar al análisis de las multas.

[2] Véase Nordhaus y Boyer (2000).

[3] Véase Pew Center on Global Climate Change (s. f.), 2, 7.

[4] *Id.,* 7.

[5] Véase Unión Europea (2005).

[6] Véase Ellerman y Buchner (2007), 66, 72, n9.

[7] Véase Unión Europea (2007).

[8] Véase, en general, Ellerman *et al.* (2000).

[9] Véase Stewart y Wiener (2003). No pretendemos tomar posición entre un impuesto sobre los gases de efecto invernadero y un programa de límites e intercambio. Stewart y Wiener favorecen este último, pero hay gente razonable que no está de acuerdo.

[10] 42 U.S.C. párrafos 9601 y ss.

[11] Véase Hamilton (2005).

[12] Véase Fung y O'Rourke (2000).

[13] Véase Hamilton (2005).

[14] Véase Larrick y Soll (2008).

[15] Citado en Agence France-Presse (2008).

[16] Véase Tierney (2008).

[17] Véase Howarth, Haddad y Paton (2000).

[18] Véase EDN Europe (2007).

13. PRIVATIZAR EL MATRIMONIO

Algunas partes de este capítulo se basan en Sunstein (2005). Un tratamiento útil, del que hemos aprendido mucho, es Fineman (2004).

[1] Véase Coleman (s. f.).

[2] Aquí nos basamos en Chambers (1996).

[3] 29 U. S. C. 2601-54.

[4] Véase Polikoff (1993).

[5] Véase Nock (2003).

[6] Véase Fineman (2004), 123: «Deberíamos transferir los privilegios y ayudas sociales y económicas que actualmente recibe el matrimonio a una nueva relación del núcleo familiar: la de cuidador-dependiente».

[7] Véase un detenido y cuidadoso tratamiento en Fineman (2004).

[8] Mahar (2003).

[9] Smock, Manning y Gupta (1999).

[10] Véase Babcock y Lowenstein (1997).

[11] Véase Baker y Emery (1993).

14. UNA DOCENA DE NUDGES

[1] Véase Organización para la Cooperación Económica y el Desarrollo (2008); Norwegian Tax Administration (2005); Gobierno europeo (2006).

² Véase un plan parecido en http://www.poverty-action.org/ourworks/projects_view.php?recordID533.

³ La investigación todavía está en marcha, pero véase http://www.poverty-actionlab.com/projects/project.php?pid565.

15. OBJECIONES

¹ Glaeser (2006) presenta un vigoroso desafío, en el que nos basamos aquí.

² *The Economist* (2006).

³ De hecho, esto ya lo han señalado algunos economistas. Véase Becker (1983).

⁴ Agradecemos a Jesse Shapiro que planteara esta sutil cuestión.

⁵ Camerer *et al.* (2003).

⁶ 16 CFR párrafo 429.1(a) (2003).

⁷ Véanse, por ejemplo, Cal Fam Code párrafo 2339(a) (que exige seis meses de espera para que una sentencia de divorcio sea firme); Conn Gen Stat Ann párrafo 46b-67(a) (que exige un periodo de espera de noventa días antes de que el tribunal trate una demanda de divorcio). Véase una discusión general en Scott (1990).

⁸ En Camerer *et al.* (2003) se citan estatutos de estados que «obligan a los futuros contrayentes a esperar un breve periodo de tiempo para dar el sí después de que se haya emitido su licencia».

⁹ Frank (1985) hace una interesante defensa de este tipo de leyes.

EPÍLOGO: LA CRISIS FINANCIERA DE 2008

¹ Véase Robert Shiller, *Irrational Exhuberance* (2005).

² Véase un valioso análisis en Robert Shiller, *The Subprime Solution* (2008).

BIBLIOGRAFÍA

ABADIE, Alberto, y Sebastien GAY, «The Impact of Presumed Consent Legislation on Cadaveric Organ Donation: A Cross Country Study», National Bureau of Economic Research, documento de trabajo núm. W10604, julio de 2004, http://ssrn.com/abstract=563048.

ACKERMAN, Bruce A., y William T. HASSLER, *Clean Coal/Dirty Air: Or How the Clean Air Became a Multibillion-Dollar Bail-Out for High-Sulfur Coal Producers and What Should Be Done About It,* New Haven: Yale University Press, 1981.

AGENCE FRANCE-PRESSE, «Japan to Label Goods' Carbon Footprints: Official», 19 de agosto de 2008.

AGENCIA TRIBUTARIA DE NORUEGA, Informe Anual de la Agencia Tributaria, presentación en PowerPoint, transparencia 3, 2005.

AKERLOF, George A., Janet L. YELLEN y Michael L. KATZ, «An Analysis of Out-of-Wedlock Childbearing in the United States», *Quarterly Journal of Economics* 111 (1996): 277-317.

ALKAHAMI, Ali Siddig, y Paul SLOVIC, «A Psychological Study of the Inverse Relationship Between Perceived Risk and Perceived Benefit», *Risk Analysis* 14 (1994): 1085-1096.

ALLAIS, Maurice, «Le comportement de l'homme rationnel devant le risque, critique des postulats et axiomes de l'école Américaine», *Econometrica* 21 (1953): 503-546.

AMERIKS, John, y Stephen P. ZELDES, «How Do Household Portfolio Shares Vary with Age?», documento de trabajo, Universidad de Columbia, 2001.

ASCH, Solomon, «Opinions and Social Pressure», en *Readings About the Social Animal,* ed. Elliott Aronson, 13, Nueva York: W. H. Freeman, 1995.

AYRES, Ian, y Robert GERTNER, «Filling Gaps in Incomplete Contracts: An Economic Theory of Default Rules», *Yale Law Journal* 99 (1989): 87-130.

AYRES, Ian, y Barry NALEBUFF, «Skin in the Game», *Forbes,* 13 de noviembre de 2006.

BABCOCK, Linda, y George LOEWENSTEIN, «Explaining Bargaining Impasse: The Role of Self-Serving Biases», *Journal of Economic Perspectives* 11, núm. 1 (1997): 109-126.

BADGER, Gary J., Warren K. BICKEL, Louis A. GIORDANO, Eric A. JACOBS, George LOEWENSTEIN y Lisa MARSCH, 2004, «Altered States: The Impact of Immediate Craving on the Valuation of Current and Future Opioids», *Journal of Health Economics* 26 (2007): 865-876.

BAKER, Lynn A., y Robert E. EMERY, «When Every Relationship Is Above Average: Perceptions and Expectations of Divorce at the Time of Marriage», *Law and Human Behavior* 17 (1993): 439-450.

BARGH, John, «The Automaticity of Everyday Life», en *Advances in Social Cognition,* vol. 10, *The Automaticity of Everyday Life,* ed. Robert Wyer, Jr., 1-61, Mahwah, Nueva Jersey: Lawrence Erlbaum, 1997.

BARON, Robert, Joseph A. VANDELLO y Bethany BRUNSMAN, «The Forgotten Variable in Conformity Research: Impact of Task Importance on Social Influence», *Journal of Personality and Social Psychology* 71 (1996): 915-927.

BATEMAN, Ian J., y Kenneth G. WILLIS, eds., *Valuing Human Preferences,* Oxford: Oxford University Press, 1999.

BAUMEISTER, Roy F., Ellen BRATSLAVSKY, Catrin FINKENAUER y Kathleen VOHS, «Bad Is Stronger Than Good», *Review of General Psychology* (2001): 323-370.

BEATTIE, Jane, Jonathan BARON, John C. HERSHEY y Mark D. SPRANCA, «Psychological Determinants of Decision Attitude», *Journal of Behavioral Decision Making* 7 (1994): 129-144.

BECKER, Gary S., «A Theory of Competition Among Pressure Groups for Political Influence», *Quarterly Journal of Economics* 98 (1983): 371-400.

—, *Accounting for Tastes,* Cambridge: Harvard University Press, 1996.

BECKER, Gary S., y Julio Jorge ELIAS, «Introducing Incentives in the Market for Live and Cadaveric Organ Donations», *Journal of Economic Perspectives* 21, núm. 3 (2007): 3-24.

BELAND, Daniel, *Social Security: History and Politics from the New Deal to the Privatization Debate,* Lawrence: University Press of Kansas, 2005.

BENARTZI, Shlomo, y Richard H. THALER, «Risk Aversion or Myopia? Choices in Repeated Gambles and Retirement Investments», *Management Science* 45 (1999): 364-381.

—, «Naive Diversification Strategies in Defined Contribution Savings Plans», *American Economic Review* 91, núm. 1 (2001): 79-98.

—, «How Much Is Investor Autonomy Worth?», *Journal of Finance* 57 (2002): 1593-1616.

—, «Heuristics and Biases in Retirement Savings Behavior», *Journal of Economic Perspectives* 21, núm. 3 (2007): 81-104.

BENJAMIN, Daniel, y Jesse SHAPIRO, «Thin-Slice Forecasts of Gubernatorial Elections», documento de trabajo, University of Chicago, 2007.

BENTHAM, Jeremy, *An Introduction to the Principles of Moral and Legislation,* Oxford: Blackwell, 1789.

BERGER, Jonah, Marc MEREDITH y S. Christian WHEELER, «Can Where People Vote Influence How They Vote? The Influence of Polling Location on Voting Behavior», Stanford University Graduate School of Business, documento de trabajo núm. 1926, 2006, http://gsbapps.stanford.edu/researchpapers/library/RP1926.pdf.

BERNS, Gregory S., Jonathan CHAPPELOW, Caroline F. ZINK, Giuseppe PAGNONI, Megan E. MARTIN-SKURSKI y Jim RICHARDS, «Neurobiological Correlates of Social Conformity and Independence During Mental Rotation», *Biological Psychiatry* 8 (2005): 245-253.

BIKHCHANDANI, Sushil, David HIRSHLEIFER y Ivo WELCH, «Learning from the Behavior of Others», *Journal of Economic Perspectives* 12, núm. 3 (1998): 151-170.

BOAZ, David, *Libertarianism: A Primer,* Nueva York: Free Press, 1997.

BOND, Rod, y Peter SMITH, «Culture and Conformity: A Meta-Analysis of Studies Using Asch's Line Judgment Task», *Psychological Bulletin* 119 (1996): 111-137.

BOSTON RESEARCH GROUP, *Enron Has Little Effect on 401(k) Participants' View of Company Stock,* 2002.

BREMAN, Anna, «Give More Tomorrow: A Field Experiment on Intertemporal Choice in Charitable Giving», documento de trabajo, Universidad de Estocolmo, 7 de noviembre de 2006, http://www.hhs.se/NR/rdonlyres/A6055DoE-49AE-4BBF-A9FC-ECC965E9DF84/o/GMT-jobmarket.pdf.

BRICKMAN, Philip, Dan COATES y Ronnie J. JANOFF-BULMAN, «Lottery Winners and Accident Victims: Is Happiness Relative?», *Journal of Personal and Social Psychology* 36 (1978): 917-927.

BRODIE, Mollyann, Erin WELTZIEN, Drew ALTMAN, Robert J. BLENDON y John M. BENSON, «Experiences of Hurricane Katrina Evacuees in Houston Shelters: Implications for Future Planning», *American Journal of Public Health* 96 (2006): 1402-1408.

BROWN, Lester R., Christopher FLAVIN y Sandra POSTREL, *Saving the Planet: How to Shape an Environmentally Sustainable Global Economy,* Nueva York: Norton, 1991.

BUEHLER, Roger, Dale GRIFFIN y Michael ROSS, «Inside the Planning Fallacy: The Causes and Consequences of Optimistic Time Predictions», en Gilovich, Griffin y Kahneman (2002), 250-270.

BURKE, Edmund, *Reflections on the Revolution in France,* ed. L. G. Mitchell, Oxford: Oxford University Press, 1993.

BYRNE, Michael D., y Susan BOVAIR, «A Working Memory Model of a Common Procedural Error», *Cognitive Science* 21 (1997): 31-61.

CALABRESI, Guido, y A. Douglas MELAMED, «Property Rules, Liability Rules, AND Inalienability: One View of the Cathedral», *Harvard Law Review* 8 (1972): 1089-1128.

CALLE, Eugenia E., Michael J. THUN, Jennifer M. PETRELLI, Carmen RODRIGUEZ y Clark W. HEATH, «Body-Mass Index and Mortality in a Prospective Cohort of US Adults», *New England Journal of Medicine* 341 (1999): 1097-1105.

CAMERER, Colin F., «Prospect Theory in the Wild: Evidence from the Field», en Kahneman y Tversky (2000), 288-300.

—, *Behavioral Game Theory: Experiments in Strategic Interaction,* Princeton: Princeton University Press, 2003.

—, «Neuroeconomics: Using Neuroscience to Make Economic Predictions», *Economic Journal* 117 (2007): C26-42.

CAMERER, Colin F., y Robin M. HOGARTH, «The Effects of Financial Incentives to Experiments: A Review and Capital-Labor-Production Framework», *Journal of Risk and Uncertainty* 19 (1999): 7-42.

CAMERER, Colin E., Samuel ISSACHAROFF, George LOEWENSTEIN, Ted O'DONO-GHUE y Matthew RABIN, «Regulation for Conservatives: Behavioral Economics and the Case for Asymmetric Paternalism», *University of Pennsylvania Law Review* 151 (2003): 1211-1254.

CAPLIN, Andrew, «Fear as a Policy Instrument», en *Time and Decision: Economic and Psychological Perspectives in Intertemporal Choice,* eds. George Loewenstein, Daniel Read y Roy Baumeister, Nueva York: Russell Sage, 2003, 441-458.

CARROLL, Gabriel D., James J. CHOI, David LAIBSON, Brigitte MADRIAN y Andrew METRICK, «Optimal Defaults and Active Decisions», National Bureau of Economic Research, documento de trabajo núm. 11074, 2005, http://www.nber.org/papers/w11074.pdf.

CHAIKEN, S., y Y. TROPE, *Dual Process Theories in Social Psychology,* Nueva York: Guilford, 1999.

CHAMBERS, David L., «What If? The Legal Consequences of Marriage and the Legal Needs of Lesbian and Gay Male Couples», *Michigan Law Review* 95 (1996): 447-491.

CHILDRESS, James E., y Catharyn T. LIVERMAN, eds., *Organ Donation: Opportunities for Action,* Washington DC: National Academics Press, 2006.

CHOI, James J., David LAIBSON y Brigitte MADRIAN, «$100 Bills on the Sidewalk: Violation of No-Arbitrage in 401(k) Accounts», documento de trabajo, Universidad de Pensilvania, 2004.

CHOI, James J., David LAIBSON, Brigitte MADRIAN y Andrew METRICK, «Defined Contribution Pensions: Plan Rules, Participant Decisions, and the Path of the Least Resistance», en *Tax Policy and the Economy,* vol. 16, ed. James Poterba: 67-113, Cambridge: MIT Press, 2002.

—, «For Better of For Worse: Default Effects and 401(k) Savings Behavior», en *Perspectives in the Economics of Aging,* ed. David Wise: 81-121, Chicago: University of Chicago Press, 2004.

—, «Saving for Retirement on the Path of Least Resistance», en *Behavioral Public Finance,* ed. Edward McCaffery y Joel Slemrod, Nueva York: Russell Sage, 2006.

CHRISTAKIS, Nicholas A., y James H. FOWLER, «The Spread of Obesity in a Large Social Network over 32 Years», *New England Journal of Medicine* 357 (2007): 370-379.

CIALDINI, Robert B., *Influence: The Psychology of Persuasion,* Nueva York: Quill, 1993.

—, *Influence: Science and Practice,* 4.ª ed. Needham Heights, Massachusetts: Allyn and Bacon, 2000.

—, «Crafting Normative Messages to Protect the Environment», *Current Directions in Psychological Science* 12 (2003): 105-109.

CIALDINI, Robert B., Raymond R. RENO y Carl A. KALLGREN, «A Focus Theory of Normative Conduct: Recycling the Concept of Norms to Reduce Littering in Public Places», *Journal of Personality and Social Psychology* 8 (1990): 1015-1026.

—, «Activating and Aligning Social Norms for Persuasive Impact», *Social Influence* 1 (2006): 3-15.

CLARK, Andrew E., Ed DIENER, Yannis GEORGELLIS y Richard E. LUCAS, «Lags and Leads in Life Satisfaction: A Test of the Baseline Hypothesis», documento de trabajo del DELTA (Département et Laboratoire d'Economie Théorique et Appliquée de l'École Normale Supérieure), 2003-14, 2003, http://www.delta.ens.fr/abstracts/wp200314.pdf.

COLEMAN, Stephen, «The Minnesota Income Tax Compliance Experiment State Tax Results», Departamento de Ingresos de Minnesota, 1996, http://www.state.mn.us/legal_policy/research_reports/content/compliance.pdf

COLEMAN, Thomas F., «The High Cost of Being Single in America; or, The Financial Consequences of Marital Status Discrimination», página web de Unmarried America, s. f., http://www.unmarriedamerica.org/cost-discrimination.htm.

COLIN, Michael, Ted O'DONOGHUE y Timothy VOGELSANG, «Projection Bias in Catalogue Orders», documento de trabajo, Departamento de Economía de la Universidad de Cornell, 2004.

COOPER, Arnold C., Carolyn Y. WOO y William C. DUNKELBERG, «Entrepreneurs' Perceived Chances for Success», *Journal of Business Venturing* 3, núm. 2 (1998): 97-108.

CRONQVIST, Henrik, «Advertising and Portfolio Choice», documento de trabajo, Universidad de Ohio, 2007.

CRONQVIST, Henrik, y Richard H. THALER, «Design Choices and Privatized Social Security Systems: Learning from the Swedish Experience», *American Economic Review* 94, núm. 2 (2004): 425-428.

CROPPER, Maureen L., Sema K. AYDEDE y Paul R. PORTNEY, «Rates of Time Preference for Saving Lives», *American Economic Review* 82, núm. 2 (1992): 469-472.

—, «Preferences for Life Saving Programs: How the Public Discounts Time and Age», *Journal of Risk and Uncertainty* 8 (1994): 243-265.

CRUTCHFIELD, Richard S., «Conformity and Character», *American Psychologist* 10 (1955): 191-198.

CUBANSKI, Juliette, y Patricia NEUMAN, «Status Report on Medicare Part D Enrollment in 2006: Analysis of Plan-Specific Market Share and Coverage», *Health Affairs* 26 (2007): W1-12.

DAUGHETY, Andrew, y Jennifer REINGANUM, «Stampede to Judgement», *American Law and Economics Review* 1 (1999): 158-189.

DE BONDT, Werner F. M., y Richard H. THALER, «Do Security Analysts Overreact?», *American Economic Review* 80, núm. 2 (1990): 52-57.

DE ROTHSCHILD, David, *The Global Warming Survival Handbook*, Emmaus, Pensilvania: Rodaje, 2007.

DEPARTAMENTO DE SALUD Y SERVICIOS HUMANOS, «Medicare Drug Plans Strong and Growing», comunicado de prensa, Washington DC, 30 de junio de 2007.

DIAMOND, Peter A., y Jerry A. HAUSMAN, «Contingent Valuation: Is Some Number Better Than No Number?», *Journal of Economic Perspectives* 8, núm. 4 (1994): 45-64.

DRABEK, Thomas E., «Social Processes in Disaster: Family Evacuation», *Social Problems* 16 (1969): 336-349.

DRAUT, Tamara, y Javier SILVA, «Borrowing to Make Ends Meet: The Rise of Credit Card Debt in the '90s», página web de Demos, 2003, http://www. demos.org/pubs/borrowing_to_make_ends_meet.pdf.

DUFLO, Esther, William GALE, Jeffrey LIEBMAN, Peter ORSZAG, y Emmanuel SAEZ, «Saving Incentives for Low-and Middle-Income Families: Evidence from a Field Experiment with H&R Block», National Bureau of Economic Research, documento de trabajo núm. 11680, 2005, http://www.nber. org/papers/w11680.pdf.

DUFLO, Esther, y Emmanuel SAEZ, «The Role of Information and Social Interactions in Retirement Plan Decisions: Evidence from a Randomized Experiment», Massachusetts Institute of Technology, Department of Economics, documento de trabajo núm. 02-23, 2002, http://papers.ssrn. com/sol3/papers.cfm?abstract_id= 315659.

DWORKIN, Gerald, *The Theory and Practice of Autonomy,* Cambridge: Cambridge University Press, 1988.

DYNES, Russell R., «The Importance of Social Capital and Disaster Response», Disaster Research Center de la Universidad de Delaware, documento preliminar núm. 327, 2002, http://www.udel.edu/DRC/Preliminary_Papers/PP327-THE%IMPORTANCE%20OFpdf%20.pdf.

ECONOMIST, The, editorial, «The State Is Looking After You», 8 de abril de 2006.

EDGEWORTH, Francis Ysidro, *Mathematical Psychics,* Londres: C. K. Paul, 1881.

EDN Europe, «Europe Switches to "Smart" Energy Meters», 28 de agosto de 2007, http://www.edneurope.com/europeswitchestosmartelectricitymet ers+article+1713+Europe.html, (se accedió el 27 de septiembre de 2008).

ELLERMAN, A. Denny, Paul L. JOSKOW, Richard SCHMALENSEE, Juan-Pablo MONTERO y Elizabeth M. BAILEY, *Markets for Clean Air,* Cambridge: Cambridge University Press, 2000.

ELLERMAN, A. Denny, y Barbara K. BUCHNER, «The European Union Emissions Trading Scheme: Origins, Allocation, and Early Results», *Review of Environmental Economics and Policy* 1, 66, (2007): 72 n9.

ELLICKSON, Robert C., *Order Without Law: How Neighbors Settle Disputes,* Cambridge: Harvard University Press, 1991.

ELLSBERG, Daniel, «Risk, Ambiguity, and the Savage Axioms», *Quarterly Journal of Economics* (1961): 643-669.

ELSTER, Jon, *Sour Grapes: Studies in the Subversion of Rationality,* Cambridge: Cambridge University Press, 1983.

EPLEY, Nicholas, y Thomas GILOVICH, «Just Going Along: Nonconscious Priming and Conformity to Social Pressure», *Journal of Experimental Social Psychology* 35 (1999): 578-589.

EPSTEIN, Richard A., «In Defense of the Contract at Will», *University of Chicago Law Review* 51 (1984): 974-982.

EUROPEAN EGOVERNMENT NEWS ROUNDUP, «FI: Awarding eGovernment innovation», diciembre de 2006.

FINEMAN, Martha A., *The Autonomy Myth: A Theory of Dependency,* Nueva York: New Press, 2004.

FRANK, Richard G., y Joseph P. NEWHOUSE, «Mending the Medicare Prescription Drug Benefit: Improving Consumer Choices and Restructuring Purchasing», página web del Brookings Institution, abril de 2007, http://www.brookings.edu/views/papers/200704frank_newhouse.htm

FRANK, Robert, *Choosing the Right Pond,* Nueva York: Oxford University Press, 1985.

FREDERICK, Shane, «Measuring Intergenerational Time Preference: Are Future Lives Valued Less?», *Journal of Risk and Uncertainty* 26 (2003): 39-53.

—, «Cognitive Reflection and Decision Making», *Journal of Economic Perspectives* 19 (2005): 24-42.

FREDERICK, Shane, George LOEWENSTEIN y Ted O'DONOGHUE, «Time Discounting and Time Preference: A Critical Review», *Journal of Economic Literature* 40 (2002): 351-401.

FRENCH, Kenneth R., y James M. POTERBA, «Investor Diversification and International Equity Markets», *American Economic Review* 81, núm. 2 (1991): 222-226.

FRIEDMAN, Milton, y Rose FRIEDMAN, *Free to Choose: A Personal Statement,* Nueva York: Harcourt Brace Jovanovich, 1980.

FUNG, Archon, y Dara O'ROURKE, «Reinventing Environmental Regulation from the Grassroots Up: Explaining and Expanding the Success of the Toxic Release Inventory», *Environmental Management* 25 (2000): 115-127.

GALLAGHER, Maggie, «Banned in Boston», *Weekly Standard,* 15 de mayo de 2006.

GERBER, Alan S., y Todd ROGERS, «The Effect of Descriptive Social Norms on Voter Turnout: The Importance of Accentuating the Positive», documento de trabajo, 2007, http://www.iq.harvard.edu/NewsEvents/Seminars-WShops/PPBW/rogers.pdf.

GILBERT, Daniel T., «Inferential Correction», en Gilovich, Griffin y Kahneman (2002), 167-184.

GILBERT, Daniel T., Erin DRIVER-LINN y Timothy D. WILSON, «The Trouble with Vronsky: Impact Bias in the Forecasting of Future Affective States», en *The Wisdom in Feeling: Psychological Processes in Emotional Intelligence,* eds. L. F. Barrett y P. Salovey: 114-143, Nueva York: Guilford, 2002.

GILBERT, Daniel T., M. GILL y Timothy D. WILSON, «How Do We Know What We Will Like? The Informational Basis of Affective Forecasting», manuscrito, Universidad de Harvard, 1998.

GILBERT, Daniel T., Elizabeth C. PINEL, Timothy D. WILSON, Stephen J. BLUMBERG y Thalia P. WHEATLEY, «Immune Neglect: A Source of Durability Bias in Affective Forecasting», *Journal of Personality and Social Psychology* 75 (1998): 617-638.

GILBERT, Daniel T., y Timothy D. WILSON, «Miswanting: Some Problems in the Forecasting of Future Affective States», en *Feeling and Thinking: The Role of Affect in Social Cognition,* ed. Joseph P. Forgas: 178-197, Cambridge: Cambridge University Press, 2000.

GILOVICH, Thomas, *How We Know What Isn't So: The Fallibility of Human Reason in Everyday Life,* Nueva York: Free Press, 1991.

GILOVICH, Thomas, Dale GRIFFIN y Daniel KAHNEMAN, *Heuristics and Biases: The Psychology of Intuitive Judgement,* Cambridge: Cambridge University Press, 2002.

GILOVICH, Thomas, Victoria H. MEDVEC y Kenneth SAVITSKY, «The Spotlight Effect in Social Judgment: An Egocentric Bias in Estimates of the Salience of One's Own Actions and Appearance», *Journal of Personality and Social Psychology* 78 (2000): 211-222.

GILOVICH, Thomas, Robert VALLONE y Amos TVERSKY, «The Hot Hand in Basketball: On the Misperception of Random Sequences», *Cognitive Psychology* 17 (1985): 295-314.

GLAESER, Edward L., «Paternalism and Psychology», *University of Chicago Law Review* 73 (2006): 133-156.

GLAESER, Edward L., Bruce SACERDOTE y Jose SCHEINKMAN, «Crime and Social Interactions», *Quarterly Journal of Economics* 111 (1996): 507-548.

GOLDSTEIN, Noah J., Robert B. CIALDINI y Vladas GRISKEVICIUS, *A Room with a Viewpoint: The Role of Situational Similarity in Motivating Conformity to Social Norms,* manuscrito en preparación, 2007.

GOODIN, Robert E., «Permissible Paternalism: In Defense of the Nanny State», *Responsive Community* (1991): 42.

GOOLSBEE, Austan, «The Simple Return: Reducing America's Tax Burden Through Return-Free Filing», página web de la Brookings Institution, julio de 2006, http://www.brookings.edu/papers/2006/07useconomics_goolsbe.aspx.

GOULD, Stephen Jay, *Bully for Brontosaurus: Reflections in Natural History,* Nueva York: Norton, 1991.

GOVERNMENT ACCOUNTABILITY OFFICE, «Toxic Chemicals», informe para el Congreso, 1991.

—, «Medicare Part D: Challenges in Enrolling New Dual-Eligible Beneficiaries», junio de 2007, http://www.gao.gov/cgi-bin/getrpt?GAO-07-272.

GREENWALD, Anthony G., Catherine G. CARNOT, Rebecca BEACH y Barbara YOUNG, «Increasing Voting Behavior by Asking People if They Expect to Vote», *Journal of Applied Psychology* 2 (1987): 315-318.

GRETHER, David M., «Bayes Rule as a Descriptive Model: The Representativeness Heuristic», *Quarterly Journal of Economics* 95 (1980): 537-557.

GROSS, David B., y Nicholas S. SOULELES, «Do Liquidity Constraints and Interest Rates Matter for Consumer Behavior? Evidence from Credit Card Data», *Quarterly Journal of Economics* 117 (2002): 149-185.

GRUBER, Jonathan, «Smoking's Internalities'», *Regulation* 25, núm. 4 (2002): 52-57.

HAMILTON, James, *Regulation Through Revelation,* Nueva York: Cambridge University Press, 2005.

HARRINGTON, Brooke, *Pop Finance,* Princeton: Princeton University Press, 2008.

HEATH, Chip, y Dan HEATH, *Made to Stick: Why Some Ideas Survive and Others Die,* Nueva York: Random House, 2007.

HEINRICH, Joseph, Wulf ALBERS, Robert BOYD, Gerd GIGERENZER, Kevin A. MCCABE, Axel OCKENFELS y H. Peyton YOUNG, «What Is the Role of Culture in Bounded Rationality?», en *Bounded Rationality: The Adaptative Toolbox,* ed. Gerd Gigerenzer y Reinhard Selten: 343-359, Cambridge: MIT Press, 2001.

HENRY J. KAISER FAMILY FOUNDATION, «Seniors and Medicare Prescription Drug Benefit», diciembre de 2006, http://www.kff.org/kaiserpolls/pomr121906pkg.cfm.

—, «Low-Income Assistance Under the Medicare Drug Benefit», julio de 2007, http://www.kff.org/medicare/7327.cfm.

HERZOG, Don, *Happy Slaves: A Critique of the Consent Theory,* Chicago: University of Chicago Press, 1989.

HIRSHLEIFER, David, «The Blind Leading the Blind: Social Influence, Fads, and Information Cascades», en *The New Economics of Human Behavior,* ed. Mariano Tomasi y Kathryn Ierulli: 188, Cambridge: Cambridge University Press, 1995.

HIRSHLEIFER, David, y Tyler SHUMWAY, «Good Day Sunshine: Stock Returns and the Weather», marzo de 2001, http://papers.ssrn.com/sol3/papers.cfm?abstract_id=265674.

HOADLEY Jack, declaración durante la sesión informativa del Comité de Reforma Gubernamental sobre Prestaciones Médicas de Medicare, US House Committee on Oversight and Government Reform, 20 de enero de 2006, http://oversight.house.gov/documents/20060120130100-17757.pdf.

HOADLEY, Jack, Laura SUMMER, Jennifer THOMPSON, Elizabeth HARGRAVE y Katie MERRELL, «The Role of Beneficiary-Centered Assignment for Part D», Universidad de Georgetown y el National Opinion Research Center de la Universidad de Chicago para la Medicare Payment Advisory Commission, junio de 2007, http://www.medpac.gov/documents/June07_Bene_centered_assignment_contractor.pdf.

HOLLAND, Rob W., Merel HENDRIKS y Henk AARTS, «Smells like Clean Spirit», *Psychological Science* 16 (2005): 689-693.

HOWARTH, Richard B., Brent M. HADDAD y Bruce PATON, «The Economics of Energy Efficiency: Insights from Voluntary Participation Programs», *Energy Policy* 28 (2000): 477-486.

HSEE, Christopher K., «Attribute Evaluability and Its Implications for Joint-Separate Evaluation Reversals and Beyond», en Kahneman y Tversky (2000): 543-563.

HUBERMAN, Gur, y Wei JIANG, «Offering vs. Choice in 401(k) Plans: Equity Exposure and Number of Funds», *Journal of Finance* 61 (2006): 763-801.

INVESTMENT COMPANY INSTITUTE, «401(k) Plans: A 25-Year Retrospective», 2006, http://wwwici.org/pdf/per12-02.pdf.

IVKOVIC, Zoran, y Scott WEISBRENNER, «Local Does as Local Is: Information Content of the Geography of Individual Investors' Common Stock Investments», National Bureau of Economic Research, documento de trabajo núm. 9685, mayo 2003, http://www.nber.org/papers/w9685.pdf.

IYENGAR, Sheena S., Gur HUBERMAN y Wei JIANG, «How Much Choice Is Too Much? Contributions to 401(k) Retirement Plans», en *Pension Design and Structure: Lessons from Behavioral Finance,* ed. Olivia S. Mitchell y Stephen P. Utkus: 83-95, Oxford: Oxford University Press, 2004.

JACOBS, R. C., y D. T. CAMPBELL, «Transmission of an Arbitrary Social Tradition», *Journal of Abnormal and Social Psychology* 62 (1961): 649-658.

JIN, Ginger Zhe, y Phillip LESLIE, «The Effect of Information on Product Quality: Evidence from Restaurant Hygiene Grade Cards», *Quarterly Journal of Economics* 118 (2003): 409-451.

JOHNSON, Branden B., «Accounting for the Social Context of Risk Communication», *Science and Technology Studies* 5 (1987): 103-111.

JOHNSON, Eric J., y Daniel GOLDSTEIN, «Do Defaults Save Lives», *Science* 302 (2003): 1338-1339.

JOHNSON, Eric J., John HERSHEY, Jacqueline MESZAROS y Howard KUNREUTHER, «Framing, Probability Distortions, and Insurance Decisions», en Kahneman y Tversky (2000): 224-240.

JOLLS, Christine, Cass R. SUNSTEIN y Richard THALER, «A Behavioral Approach to Law and Economics», *Stanford Law Review* 50 (1998): 1471-1550.

JONES-LEE, Michael, y Graham LOOMES, «Private Values and Public Policy», en *Conflict and Tradeoffs in Decision Making*, ed. Elke U. Weber, Jonathan Baron y Graham Loomes: 205-230, Cambridge: Cambridge University Press, 2001.

KAHNEMAN, Daniel, «New Challenges to the Rationality Assumption», *Journal of Institutional and Theoretical Economics* 150 (1994): 18-36.

KAHNEMAN, Daniel, y Shane FREDERICK, «Representativeness Revisited: Attribute Substitution in Intuitive Judgement», en Gilovich, Griffin y Kahneman (2002): 49-81.

KAHNEMAN, Daniel, Barbara L. FREDRICKSON, Charles A. SCHREIBER y Donald A. REDELMEIER, «When More Pain Is Preferred to Less: Adding a Better End», *Psychological Science* 4 (1993): 401-405.

KAHNEMAN, Daniel, Jack L. KNETSCH y Richard H. THALER, «Experimental Tests of the Endowment Effect and the Coase Theorem», *Journal of Political Economy* 98 (1990): 1325-1348.

—, «Anomalies: The Endowment Effect, Loss Aversion, and Status Quo Bias», *Journal of Economic Perspectives* 5, núm. 1 (1991): 193-206.

KAHNEMAN, Daniel, y Richard H. THALER, «Anomalies: Utility Maximization and Experienced Utility», *Journal of Economic Perspectives*, núm. 1 (2006): 221-234.

KAHNEMAN, Daniel, y Amos TVERSKY, eds., *Choices, Values, and Frames*, Cambridge: Cambridge University Press, 2000.

KAHNEMAN, Daniel, Peter. P. WAKKER y Rakesh SARIN, «Back to Bentham? Explorations of Experienced Welfare», *Quarterly Journal of Economics* 112 (1997): 375-405.

KARLAN, Dean S., y Jonathan ZINMAN, «Expanding Credit Access: Using Randomized Supply Decisions to Estimate the Impacts», 2007, http://research. yale.edu/karlan/deankarlan/downloads/ExpandingCreditAccess.pdf.

KAY, Aaron C., S. Christian WHEELER, John A. BARGH y Lee ROSS, «Material Priming: The Influence of Mundane Physical Objects on Situational Construal and Competitive Behavioral Choice», *Organizational Behavior and Human Decision Processes* 95 (2004): 83-96.

KENNEDY, Robert, «Strategy Fads and Strategic Positioning: An Empirical Test for Herd Behavior in Prime-Time Television Programming», *Journal of Industrial Economics* 50 (2002): 57-84.

KLEVMARKEN, N. Anders, «Swedish Pension Reforms in the 1990s», abril de 2002, http://www.nek.uu.se/Pdf/wp2002_6.pdf.

KLING, Jeffrey, Sendhil MULLAINATHAN, Eldar SHAFIR, Lee VERMEULEN y Marian WROBEL, «Choosing Well: The Case of Medicare Drug Plans», documento de trabajo, Universidad de Harvard, agosto de 2007.

KOEHLER, Jay, y Caryn CONLEY, «The 'Hot Hand' Myth in Professional Basketball», *Journal of Sport and Exercise Psychology* 25 (2003): 253-259.

KOPPELL, Jonathan G. S., y Jennifer A. STEEN, «The Effects of Ballot Position on Election Outcomes», *Journal of Politics* 66 (2004): 267-281.

KOROBKIN, Russell, «The Status Quo Bias and Contract Default Rules», *Cornell Law Review* 83 (1998): 608-687.

KRAUT, Robert E., y John B. MCCONAHAY, «How Being Interviewed Affects Voting: An Experiment», *Public Opinion Quarterly* 37 (1973): 398-406.

KRECH, David, Richard S. CRUTCHFIELD y Egerton S. BALLACHEY, *Individual in Society,* Nueva York: McGraw-Hill, 1962.

KRUEGER, Alan B., *What Makes a Terrorist,* Princeton: Princeton University Press, 2007.

KRUSE, Douglas L., y Joseph BLASI, «Employee Ownership, Employee Attitudes, and Firm Performance», National Bureau of Economic Research, documento de trabajo núm. 5277, septiembre de 1995, http://www.nber.org/papers/w5277.v5.pdf.

KUNREUTHER, Howard, «Mitigating Disaster Losses Through Insurance», *Journal of Risk and Uncertainty* 12 (1996): 171-187.

KURAN, Timur, *Private Truth, Public Lies: The Social Consequences of Preference Falsification,* Cambridge: Harvard University Press, 1998.

KURAN, Timur, y Cass R. SUNSTEIN, «Availability Cascades and Risk Regulation», *Stanford Law Review* (1999): 683-768.

KURTZ, Sheldon F., y Michael J. SAKS, «The Transplant Paradox: Overwhelming Public Support for Organ Donation vs. Under-Supply of Organs: The Iowa Organ Procurement Study», *Journal of Corporation Law* 21 (1996): 767-806.

LAIBSON, David, «Golden Eggs and Hyperbolic Discounting», *Quarterly Journal of Economics* 112 (1997): 443-477.

LARRICK, Richard, y Jack SOLL, «The MPG Illusion», *Science* 320, núm. 5883 (2008): 1593-1594.

LAYTON, Deborah, *Seductive Poison: A Jonestown Survivor's Story of Life and Death in the People's Temple,* Nueva York: Anchor, 1999.

LEAVITT, Michael, «Remarks as Prepared to America's Health Insurance Plans (AHIP)», Departamento de Salud y Servicios Humanos de Estados

Unidos, 22 de marzo de 2007, http://www.hhs.gov/news/speech/sp20070322a.html.

LEDOUX, Joseph, *The Emotional Brain: The Mysterious Underpinnings of Emotional Life,* Nueva York: Simon and Schuster, 1998.

LEVAV, Jonathan, y Gavan J. FITZSIMONS, «When Questions Change Behavior», *Psychological Science* 17 (2006): 207-213.

LEVENTHAL, Howard, Robert SINGER y Susan JONES, «Effects of Fear and Specificity of Recommendation upon Attitudes and Behavior», *Journal of Personality and Social Psychology* (1965): 20-29.

LICHTENSTEIN, Sarah, y Paul SLOVIC, «Reversals of Preference Between Bids and Choices in Gambling Decisions», *Journal of Experimental Psychology* 89 (1971): 46-55.

LIEBERMAN, Matthew D., Ruth GAUNT, Daniel T. GILBERT y Yaacov TROPE, «Reflection and Reflexion: A Social Cognitive Neuroscience Approach to Attributional Interference», en *Advances in Experimental Social Psychology* 34, ed. Mark Zanna: 199-249, Nueva York: Elsevier, 2002.

LINKENBACH, Jeffrey W., «The Montana Model: Development and Overview of a Seven Step Process for Implementing Macro-Level Social Norms Campaigns», en Perkins (2003): 182-208.

LINKENBACH, Jeffrey W., y H. Wesley PERKINS, «MOST of Us Are Tobacco free: An Eight-Month Social Norms Campaign Reducing Youth Initiation of Smoking in Montana», en Perkins (2003): 224-234.

LIPMAN, Larry, «Medicare Offers Web Tools for Choosing a Drug Plan», Cox News Service, 20 de octubre de 2005, http://www.coxwashington.com/reporters/content/reporters/stories/2005/10/20/BC_MEDICARE18_COX.html.

LOEWENSTEIN, George, «Out of Control: Visceral Influences on Behavior», *Organizational Behavior and Human Decision Processes* 65 (1996): 272-292.

—, «Costs and Benefits of Health- and Retirement-Related Choice», en *Social Security and Medicare. Individual Versus Collective Risk and Responsibility,* eds. Sheila Burke, Erie Kingson y Uwe Reinhardt, Washington DC: Brookings Institution Press, 2000.

LOEWENSTEIN, George, y Lisa MARSCH, «Altered States: The Impact of Immediate Craving and the Valuation of Current and Future Opioids», documento de trabajo, Universidad Carnegie-Mellon, 2004.

LOEWENSTEIN, George, Ted O'DONOGHUE y Matthew RABIN, «Projection Bias in Predicting Future Welfare», *Quarterly Journal of Economics* 118 (2003): 1209-1248.

Loewenstein, George, y David Schkade, «Wouldn't It Be Nice: Predicting Future Feelings», en *Well-Being: The Foundations of Hedonic Psychology,* eds. Daniel Kahneman, Ed Diener y Norbert Schwarz: 85-108, Nueva York: Russell Sage, 1999.

Loewenstein, George, Elke U. Weber, Christopher K. Hsee y Ned Welch, «Risk as Feelings», *Psychological Bulletin* 127 (2001): 267-286.

Madrian, Brigitte C., y Dennis F. Shea, «The Power of Suggestion: Inertia in 401(k) Participation and Savings Behavior», *Quarterly Journal of Economics* 116 (2001): 1149-1225.

Mahar, Heather, «Why Are There So Few Prenuptial Agreements?», John M. Olin Center for Law, Economics, and Business, Harvard Law School, documento de debate núm. 436, septiembre de 2003, http://www.law.harvard.edu/programs/olin_center/papers/pdf/436.pdf.

Malmendier, Ulrike, y Stefano DellaVigna, «Paying Not to Go to the Gym», *American Economic Review* 96, núm. 3 (2006): 694-719.

McClure, Samuel M., David I. Laibson, George Loewenstein y Jonathan D. Cohen, «Separate Neural Systems Value Immediate and Delayed Monetary Rewards», *Science* 306 (2004): 503-507.

McFadden, Daniel, «Free Markets and Fettered Consumers», *American Economic Review* 96, núm. 1 (2006): 5-29.

—, «A Dog's Breakfast», *Wall Street Journal,* 16 de febrero de 2007, sección de opinión, Eastern ed.

McKay, Kim, y Jenny Bonnin, *True Green,* Washington, DC: National Geographic, 2007.

Medicare Prescription Drug Plan, «Tips and Tools for People with Medicare and Those Who Care for Them», US Department of Health and Social Services, s. f., http://www.medicare.gov/medicarereform/drugbenefit.asp.

Medicare Rights Center, «Part D 2007: Addressing Access Problems for Low Income People with Medicare», noviembre de 2006, http://www.medicarerights.org/policybrief_autoreenrollment.pdf.

Meyer, Robert J., «Why We Under-Prepare for Hazards», en *On Risk and Disaster: Lessons from Hurricane Katrina,* eds. Ronald J. Daniels, Donald F. Kettl y Howard Kunreuther: 153-174, Filadelfia: University of Pennsylvania Press, 2006.

Milgram, Stanley, *Obedience to Authority,* Nueva York: Harper Collins, 1974.

Ministerio de Desarrollo Económico de Nueva Zelanda, «Inland Revenue, KiwiSaver Evaluation: Six Month Report 1, 1 July 2007-31 December 2007», Ministerio de Desarrollo Económico, Housing New Zealand, febrero de 2008.

MOKDAD, Ali H., Barbara A. BOWMAN, Earl S. FORD, Frank VINICOR, James S. MARKS y Jeffrey P. KOPLAN, «The Continuing Epidemics of Obesity and Diabetes in the United States», *Journal of the American Medical Association* 286 (2001): 1195-1200.

MORRISON, Edward R., «Comment: Judicial Review of Discount Rates Used in Regulatory Cost-Benefit Analysis», *University of Chicago Law Review* 6 (1998): 1333-1370.

MORTON, Fiona S., Florian ZETTELMEYER y Jorge SILVA-RISSO, «Consumer Information and Discrimination: Does the Internet Affect the Pricing of New Cars on Women and Minorities?», *Quantitative Marketing and Economics* 1 (2003): 65-92.

MORWITZ, Vicki G., y Eric JOHNSON, «Does Measuring Intent Change Behavior?», *Journal of Consumer Research* 20 (1993): 46-61.

MOSER, Christine, y Christopher BARRETT, «Labor, Liquidity, Learning, Conformity, and Smallholder Technology Adoption: The Case of SRI in Madagascar», manuscrito, 2002, http://papers.ssrn.com/sol3/papers.cfm?abstract_id= 328662.

NEMORE, Patricia B., «Medicare Plan D: Issues for Dual-Eligibles on the Eve of Implementation», Center for Medicare Advocacy for the Henry J. Kaiser Family Foundation, noviembre de 2005, http://www.kff.org/medicare/7431.cfm.

NISBETT, Richard E., y David E. KANOUSE, «Obesity, Hunger, and Supermarket Shopping Behavior», *Proceedings of the Seventh Annual Meeting of the American Psychological Association* 3 (1968): 683-684.

NOCK, Steven L., Laura SANCHEZ, Julia C. WILSON y James D. WRIGHT, «Covenant Marriage Turns Five Years Old», *Michigan Journal of Gender and Law* 10 (2003): 169-188.

NORDHAUS, William D., «The Stern Review on the Economics of Climate Change», *Journal of Economic Literature* 45 (2007): 686-702.

NORDHAUS, William D., y Joseph BOYER, *Warming the World: Economic Models of Global Warming,* Cambridge: MIT Press, 2000.

NORMAN, Donald, *The Design of Everyday Things,* Sydney: Currency, 1990.

NORMANN, Goran, y Daniel J. MITCHELL, «Pension Reform in Sweden: Lessons for American Policymakers», *Heritage Foundation Backgrounder* núm. 1381, 2000, http://www.heritage.org/Research/SocialSecurity/bg1381.cfm.

O'DONOGHUE, Ted, y Matthew RABIN, «Doing It Now or Later», *American Economic Review* 89, núm. 1 (1999): 103-124.

—, «Studying Optimal Paternalism, Illustrated by a Model of Sin Taxes», *American Economic Review* 93, núm. 2 (2003): 186-191.

OKIN, Susan Moller, *Justice, Gender, and the Family,* Nueva York: Basic, 1989.

ORGANIZACIÓN PARA LA COOPERACIÓN ECONÓMICA Y EL DESARROLLO, «Programs to Reduce the Administrative Burden of Tax Regulations in Selected Countries», Centre for Tax Policy and Administration, 22 de enero de 2008.

PAYNE, John W., James R. BETTMAN y David A. SCHKADE, «Measuring Constructed Preferences: Towards a Building Code», *Journal of Risk and Uncertainty* 19 (1999): 243-270.

PEACOCK, Walter G., Betty Hearn MORROW y Hugh GLADWIN, eds., *Hurricane Andrew: Ethnicity, Gender, and the Sociology of Disasters,* Nueva York: Routledge, 1997.

PEAR, Robert, «In Texas Town, Patients and Providers Find New Prescription Drug Plan Baffling», *New York Times,* 11 de junio de 2006, sección 1, East Coast ed.

PERKINS, H. Wesley, ed., *The Social Norms Approach to Preventing School and College Age Substance Abuse,* Nueva York: Jossey-Bass, 2003.

PERRY, Ronald W., *Comprehensive Emergency Management: Evacuating Threatened Populations,* Greenwich, Connecticut: JAI Press, 1985.

PERRY, Ronald W., y Michael K. LINDELL, «The Effects of Ethnicity on Evacuation Decision-Making», *International Journal of Mass Emergencies and Disasters* 9 (1991): 47-68.

PERRY, Ronald W., Michael K. LINDELL y Marjorie R. GREENE, *Evacuation Planning in Emergency Management,* Lexington, Massachusetts: Lexington, 1981.

PEW CENTER ON GLOBAL CLIMATE CHANGE, «The European Union Emissions Trading Scheme (EU-ETS) Insights and Opportunities», Arlington, Virginia, s.f., http://www.pewclimate.org/docUploads/EU-ETS%20White%20Paper.pdf, (se accedió el 27 de septiembre de 2008).

PITTSBURGH POST-GAZETTE, «D Is for Daunting: The Medicare Drug Program», 6 de noviembre de 2005, sección de Salud, Five-star ed.

POLIKOFF, Nancy D., «We Will Get What We Ask For: Why Legalizing Gay and Lesbian Marriage Will Not 'Dismantle the Legal Structure of Gender in Every Marriage'», *Virginia Law Review* 79 (1993): 1535-1550.

PRELEC, Drazen, y Duncan SIMESTER, «Always Leave Home Without It: A Further Investigation of the Credit-Card Effect on Willingness to Pay», *Marketing Lectures* 12 (2001): 5-12.

PRENDERGAST, Canice, «The Provision of Incentives in Firms», *Journal of Economic Literature* 37 (1999): 7-63.

RAWLS, John, *A Theory of Justice,* Oxford: Clarendon, 1971.

READ, Daniel, Gerrit ANTONIDES, Laura VAN DEN OUDEN y Harry TRIENEKENS,

«Which Is Better: Simultaneous or Sequential Choice?», *Organizational Behavior and Human Decision Processes* 84 (2001): 54-70.

READ, Daniel, y George LOEWENSTEIN, «Diversificating Bias: Explaining the Discrepancy in Variety Seeking Between Combined and Separated Choices», *Journal of Experimental Psychology: Applied* 1 (1995): 34-49.

READ, Daniel, George LOEWENSTEIN y Shobana KALYANARAMA, «Mixing Virtue and Vice: Combining the Immediacy Effect and the Diversification Heuristic», *Journal of Behavioral Decision Making* 12 (1999): 257-273.

READ, Daniel, y B. VAN LEEUWEN, «Predicting Hunger: The Effects of Appetite and Delay on Choice», *Organizational Behavior and Human Decision Processes* 76 (1998):189-205.

REDELMEIER, Donald A., Joel KATZ y Daniel KAHNEMAN, «Memories of Colonoscopy: A Randomized Trial», *Pain* 104 (2003): 187-194.

REDELMEIER, Donald A., Paul ROZIN y Daniel KAHNEMAN, «Understanding Patients' Decisions: Cognitive and Emotional Perspectives», *Journal of the American Medical Association* 270 (1993): 72-76.

REVESZ, Richard L., «Environmental Regulation, Cost-Benefit Analysis, and the Discounting of Human Lives», *Columbia Law Review* 99 (1999): 941-1017.

ROSS, Lee, y Richard NISBETT, *The Person and the Situation,* Nueva York: McGraw-Hill, 1991.

ROTTENSTREICH, Yuval, y Christopher HSEE, «Money, Kisses, and Electric Shocks: On the Affective Psychology of Risk», *Psychological Science* 12 (2001): 185-190.

ROZIN, Paul, y Edward B. ROYZMAN, «Negativity Bias, Negativity Dominance, and Contagion», *Personality and Social Psychology Review* (2001): 296-320.

SACERDOTE, Bruce, «Peer Effects with Random Assignment: Results for Dartmouth Roommates», *Quarterly Journal of Economics* 116 (2001): 681-704.

SAGEMAN, Marc, *Understanding Terror Networks,* Filadelfia: University of Pennsylvania Press, 2003.

SALGANIK, Matthew J., Peter Sheridan DODDS, y Duncan J. WATTS, «Experimental Study of Inequality and Unpredictability in an Artificial Cultural Market», *Science* 311 (2006): 854-856.

SAMUELSON, William, y Richard J. ZECKHAUSER, «Status Quo Bias in Decision Making», *Journal of Risk and Uncertainty* 1 (1988): 7-59.

SCHKADE, David A., y Daniel KAHNEMAN, «Does Living in California Make People Happy? A Focusing Illusion in Judgments of Life Satisfaction», *Psychological Science* 9 (1998): 340-346.

SCHKADE, David A., Cass R. SUNSTEIN y Daniel KAHNEMAN, «Deliberating About Dollars: The Severity Shift», *Columbia Law Review* 100 (2000): 1139-1176.

SCHREIBER, Charles A., y Daniel KAHNEMAN, «Determinants of the Remembered Welfare of Aversive Sounds», *Journal of Experimental Psychology: General* 129 (2000): 27-42.

SCHULTZ, P. Wesley, Jessica M. NOLAN, Robert B. CIALDINI, Noah J. GOLDSTEIN y Vladas GRISKEVICIUS, «The Constructive, Destructive, and Reconstructive Power of Social Norms», *Psychological Science* 18 (2007): 429-434.

SCHWARZ, Norbert, *Cognition and Communication: Judgmental Biases, Research Methods, and the Logic of Conversation,* Mahwah, Nueva Jersey: Lawrence Erlbaum, 1996.

SCITOVSKY, Tibor, *The Joyless Economy,* Oxford: Oxford University Press, 1992.

SCOTT, Elizabeth, «Rational Decisionmaking About Marriage and Divorce», *Virginia Law Review* 76 (1990): 9-94.

SEN, Amartya, *Development as Freedom,* Nueva York: Knopf, 1999.

SHAPIRO, Ian, «Long Lines, Even Longer Odds, Looking for a Lucky Number? How About 1 in 76, 275, 360?», *Washington Post,* 12 de abril de 2002.

SHEPARD, Roger, *Mind Sights: Original Visual Illusions, Ambiguities, and Other Anomalies, with a Commentary on the Play of Mind in Perception and Art,* Nueva York: Freeman, 1990.

SHERIF, Muzafer, «An Experimental Approach to the Study of Attitudes», *Sociometry* 1 (1937): 90-98.

SHERMAN, Steven J., «On the Self-Erasing Nature of Errors and Prediction», *Journal of Personality and Social Psychology* 39 (1980): 211-221.

SHILLER, Robert J., *Irrational Exuberance,* Princeton: Princeton University Press, 2000 (2.ª ed., 2005).

—, *The Subprime Solution,* Princeton: Princeton University Press, 2008.

SHU, Suzanne B., «Choosing for the Long Run: Making Trade-offs in Multiperiod Borrowing», documento de trabajo, University of California, Los Ángeles, 2007.

SILVERSTEIN, Shel, *Where the Sidewalk Ends,* Nueva York: HarperCollins, 1974.

SIMON, Ruth, y James HAGGERTY, «Mortgage Mess Shines Light on Brokers' Role», *Wall Street Journal,* 5 de julio de 2007, primera página, Eastern ed.

SIMONSON, Itamar, «The Effect of Purchase Quantity and Timing on Variety Seeking Behavior», *Journal of Marketing Research* 28 (1990): 150-162.

SIMONSON, Itamar, y Russell S. WINER, «The Influence of Purchase Quantity and Display Format on Consumer Preference for Variety», *Journal of Consumer Research* 19 (1992): 133-138.

SLOVIC, Paul, Melissa L. FINUCANE, Ellen PETERS y Donald G. MACGREGOR, «The Effect Heuristic», en Gilovich, Griffin y Kahneman (2002): 397-420.

Slovic, Paul, Howard Kunreuther y Gilbert F. White, «Decision Processes, Rationality, and Adjustment to Natural Hazards», 1974, reimpreso en *The Perception of Risk,* ed. Paul Slovic: 1-31, Londres: Earthscan, 2000.

Smith, Vernon, Kathleen Gifford, Sandy Kramer y Linda Elam, «The Transition of Dual Eligibles to Medicare Part D Prescription Drug Coverage: Some Actions During Implementation», Henry J. Kaiser Family Foundation, febrero de 2006, http://www.kff.org/medicaid/7467.cfm.

Smock, Pamela J., Wendy D. Manning, y Sanjiv Gupta, «The Effect of Marriage and Divorce on Women's Economic Well-Being», *American Sociological Review* 64 (1999): 794-812.

Stephenson, Denice, ed., *Dear People: Remembering Jonestown.* Berkeley, California: Heyday, 2005.

Stewart, Richard B., y Jonathan B. Wiener, *Reconstructing Climate Policy: Beyond Kyoto,* Washington DC: American Enterprise Institute Press, 2003.

Stone, Arthur A., Joan E. Broderick, Laura S. Porter y Alan T. Kaell, «The Experience of Rheumatoid Arthritis Pain and Fatigue: Examining Momentary Reports and Correlates over One Week», *Arthritis Care and Research* 10 (1997): 185-193.

Strack, Fritz, L. L. Martin y Norbert Schwarz, «Priming and Communication: The Social Determinants of Information Use in Judgments of Life-Satisfaction», *European Journal of Social Psychology* (1988): 429-442.

Stroop, John R., «Studies of Interference in Serial Verbal Reactions», *Journal of Experimental Psychology* 12 (1935): 643-662.

Sunstein, Cass R., «Endogenous Preferences, Environmental Law», *Journal of Legal Studies* 22 (1993): 217-254.

—, «Selective Fatalism», *Journal of Legal Studies* 27 (1998): 799-823.

—, «Human Behavior and the Law of Work», *Virginia Law Review* 87 (2001): 205-276.

—, *Risk and Reason: Safety, Law, and the Environment,* Cambridge: Cambridge University Press, 2002.

—, «Switching the Default Rule», *New York University Law Review* 77 (2002): 106-134.

—, *Why Societies Need Dissent,* Cambridge: Harvard University Press, 2003.

—, «Lives, Life-Years, and Willingness to Pay», *Columbia Law Review* 104 (2004): 205-252.

—, «The Right to Marry», *Cardozo Law Review* 26 (2005): 2081-2120.

—, *Republic.com 2.0,* Princeton: Princeton University Press, 2007.

Sunstein, Cass R., Daniel Kahneman, David A. Schkade y Ilana Ritov, «Predictably and Coherent Judgments», *Stanford Law Review* 5 (2002): 1153-1216.

SUNSTEIN, Cass R., David A. SCHKADE, Lisa ELLMAN y Andres SAWICKI, *Are Judges Political?*, Washington DC: Brookings Institution Press, 2006.

SUNSTEIN, Cass R., y Richard H. THALER, «Libertarian Paternalism Is Not an Oxymoron», *University of Chicago Law Review* 70 (2003): 1159-1202.

SUNSTEIN, Cass R., y Edna ULLMANN-MARGALIT, «Second-Order Decisions», *Ethics* 110 (1999): 5-31.

THALER, Richard H. *Quasi-Rational Economics*, Nueva York: Russell Sage, 1991.

—, *The Winner's Curse: Paradoxes and Anomalies of Economic Life*, Nueva York: Free Press, 2002.

THALER, Richard H., y Shlomo BENARTZI, «Save More Tomorrow: Using Behavioral Economics to Increase Employee Saving», *Journal of Political Economy* 112 (2004): S164-187.

THALER, Richard H., y Eric J. JOHNSON, «Gambling with the House Money and Trying to Break Even: The Effects of Prior Outcomes on Risky Choice», *Management Science* 36 (1990): 643-660.

THALER, Richard H., y Hersh M. SHEFRIN, «An Economic Theory of Self-Control», *Journal of Political Economy* 89 (1981): 392-406.

THALER, Richard H., y Cass R. SUNSTEIN, «Libertarian Paternalism», *American Economic Review* 93, núm. 2 (2003): 175-179.

THOMPSON, Dennis F., *Political Ethics and Public Office*, Cambridge: Harvard University Press, 1987.

TIERNEY, John, «Magic Marker Strategy», *New York Times*, 6 de septiembre de 2005, sección A, edición de tarde.

—, «Are We Ready to Track Carbon Footprints?», *New York Times*, 25 de marzo de 2008, sección D, edición de tarde.

—, «Free and Easy Riders», *New York Times*, 17 de junio de 2000, sección de opinión, edición de tarde.

TIERNEY, Kathleen J., Michael K. LINDELL, y Ronald W. PERRY, *Facing the Unexpected: Disaster Preparedness and Response in the USA*, Washington DC: Joseph Henry, 2001.

TODEROV, Alexander, Anesu N. MANDISODZA, Amir GOREN, y Crystal C. HALL, «Interferences of Competence from Faces Predict Election Outcomes», *Science* 308 (2005): 1623-1626.

TVERSKY, Amos, «Elimination by Aspects: A Theory of Choice», *Psychological Review* 76 (1972): 31-48.

TVERSKY, Amos, y Daniel KAHNEMAN, «Availability: A Heuristic for Judging Frequency and Probability», *Cognitive Psychology* 5 (1973): 207-232.

—, «Judgment Under Uncertainty: Heuristics and Biases», *Science* 185 (1974): 1124-1131.

—, «The Framing of Decisions and the Psychology of Choice», *Science* 211 (1981): 453-458.

Unión Europea, «Questions & Answers on Emissions Trading and National Allocation Plans», Europa, página web oficial de la Unión Europea, 2005, http://europa.eu/rapid/pressReleasesAction.do?reference=MEMO/0 5/84&format=HTML&aged=1&language=EN&guiLanguage=en (se accedió el 27 de septiembre de 2008).

—, «Emissions Trading: Strong Compliance in 2006, Emissions Decoupled From Economic Growth», Europa, página web oficial de la Unión Europea, 2007, http://europa.eu/rapid/pressReleasesAction.do?reference= IP/07/776&format=HTML&aged=0&language=EN&guiLanguage=en (se accedió el 27 de septiembre de 2008).

Van Boven, Leaf, David Dunning y George Loewenstein, «Egocentric Empathy Gaps Between Owners and Buyers: Misperceptions of the Endowment Effect», *Journal of Personal and Social Psychology* 79 (2000): 66-76.

Van Boven, Leaf, y George Loewenstein, «Social Projection of Transient Drive States», *Personality and Social Psychology Bulletin* 29 (2003): 1159-1168.

Van de Veer, Donald, *Paternalistic Intervention: The Moral Bounds on Benevolence,* Princeton: Princeton University Press, 1986.

Vaughan, William, y Delani Gunawardena, «Letter to CMS Acting Administrator Leslie Norwalk», *Consumers Union,* Washington DC, 18 de diciembre de 2006.

Vicente, Kim J., *The Human Factor: Revolutionizing the Way People Live with Technology,* Nueva York: Routledge, 2006.

Viscusi, W. Kip, «Alarmist Decisions with Divergent Risk Information», *Economic Journal* 107 (1997): 1657-1670.

Vitality Program, «Overview», Destiny Health, 2007, http://www.destiny-health.com.

Waldfogel, Joel, «Does Consumer Irrationality Trump Consumer Sovereignty? Evidence from Gifts and Own Purchases», abril de 2004, http://knowledge.wharton.upenn.edu/papers/1286.pdf.

Wansink, Brian, *Mindless Eating: Why We Eat More Than We Think,* Nueva York: Bantam, 2006.

Watts, Duncan, «The Kerry Cascade: How a '50s Psychology Experiment Can Explain the Democratic Primaries», *Slate,* 24 de febrero de 2004, http://www.slate.com/id/2095993/.

Wechsler, Henry, Jae Eun Lee, Meichun Kuo, y Hang Lee, «College Binge Drinking in the 1990s: A Continuing Problem. Results of the Harvard

School of Public Health 1999 Alcohol Study», *Journal of the American College of Health* 48 (2002): 199-210.

WELLPOINT, «WellPoint to Administer Part D Enrollment Program for Low Income Medicare Beneficiaries», 20 de noviembre de 2007, http://phx.corporate-ir.net/phoenix.zhtml?c=130104&p=irol-newsArticle_general&t=Regular&id=1080037&, (se accedió el 27 de septiembre de 2008).

WEST, Joyce C., et al., «Medication Access and Continuity: The Experiences of Dual-Eligible Psychiatric Patients During the First Four Months of the Medicare Prescription Drug Benefit», *American Journal of Psychiatry* 164 (2007): 789-796.

WESTEN, Drew, *The Political Brain: The Role of Emotion in Deciding the Fate of the Nation,* Nueva York: Public Affairs, 2007.

WHITE HOUSE, THE, «President Bush Discusses Medicare Prescription Drug Benefit», comunicado de prensa, Washington, D.C., mayo de 2006, http://www.whitehouse.gov/news/releases/2006/05/20060509-5.html.

WILKINS, Lauren, «Decisionmaking and the Limits of Disclosure: The Problem of Predatory Lending: Price», *Maryland Law Review* 65 (2006): 707-840.

WILSON, Timothy D., y Daniel T. GILBERT, «Affective Forecasting», *Advances in Experimental Social Psychology* 35 (2003): 345-411.

WINTER, Joachim, Rowilma BALZA, Frank CARO, Florian HEISS, Byung-hill JUN, Rosa MATZKIN, y Daniel McFADDEN, «Medicare Prescription Drug Coverage: Consumer Information and Preferences», *Proceedings of the National Academy of Sciences* 103 (2006): 7929-7934.

WOODWARD, Susan E., «A Study of Closing Costs for FHA Mortgages», documento de trabajo, Sand Hill Econometrics, 2007.

ZELIADT, Steven B., Scott D. RAMSEY, David F. PENSON, Ingrid J. HALL, Donatus U. EKWUEME, Leonard STROUD, y Judith W. LEE, «Why Do Men Choose One Treatment over Another?», *Cancer* 106 (2006): 1865-1874.

ZELINSKY, Edward A., «Deregulating Marriage: The Pro-Marriage Case for Abolishing Civil Marriage», *Cardozo Law Review* 27 (2006): 1161-1220.

ZWEIG, Jason, «Five Investing Lessons from America's Top Pension Fund», *Money,* enero de 1998: 115-118.

ÍNDICE ANALÍTICO

319

Un pequeño empujón de Cass R. Sunstein y Richard H. Thaler
se terminó de imprimir en el mes de marzo de 2022
en los talleres de Diversidad Gráfica S.A. de C.V.
Privada de Av. 11 #1 Col. El Vergel, Iztapalapa,
C.P. 09880, Ciudad de México.